融合型·新形态教材
复旦学前云平台 fudanxueqian.com

U0730937

普通高等学校学前教育专业系列教材

幼儿教师语言表达技能训练教程

主　编　王向东

副主编　周贤英　刘　雯

编　委（按姓氏笔画排序）

王向东　刘　雯　李东瑛

李宗敏　杨　轲　杨文萍

周　俊　周贤英　唐秀丽

复旦大学出版社

内容提要

　　本书是一本学前教育专业使用的基础专业类教材。立足于学生的语言认知水平和实际工作需要，针对学生学习和掌握本专业语言表达所需基本技能，放眼于今后实际工作中的运用，努力做到实用性、新颖性、可行性的统一协调，尽力与时代接轨，寓教于乐，让学生在愉快的训练中掌握语言表达技能。

　　本书由上下两编共七章组成。上编主要从有声语言和无声语言（体态语）的表达技巧入手，包括"体态语训练""朗诵训练""演讲训练""主持人训练"，着重训练学生的语言表达能力；下编包括"儿歌表演训练""故事表演训练"和 "童话剧表演训练"，结合幼儿园教学实际，着重增强学生的语言表演能力。内容大体上按训练目标——训练指导——实例分析——实战运用四个部分进行编排。

　　通过学习和使用本书，学生可以掌握朗诵、演讲、主持的基本语言表达技能，规范坐立行走的基本体态，并能够在语言表达中灵活运用。本教材强化了在幼儿园语言表演中占重要作用的儿歌故事、童话剧的表演技能，提高了学生的实际应用能力，为培养合格的幼儿教师打下坚实的基础。

　　本教材可供普通高等学校学前教育专业使用。

复旦学前云平台
数字化教学支持说明

为提高教学服务水平，促进课程立体化建设，复旦大学出版社学前教育分社建设了"复旦学前云平台"，以为师生提供丰富的课程配套资源，可通过"电脑端"和"手机端"查看、获取。

【电脑端】

电脑端资源包括 PPT 课件、电子教案、习题答案、课程大纲、音频、视频等内容。可登录"复旦学前云平台"www.fudanxueqian.com 浏览、下载。

Step 1 登录网站"复旦学前云平台"www.fudanxueqian.com，点击右上角"登录 / 注册"，使用手机号注册。

Step 2 在"搜索"栏输入相关书名，找到该书，点击进入。

Step 3 点击【配套资源】中的"下载"（首次使用需输入教师信息），即可下载。音频、视频内容可通过搜索该书【视听包】在线浏览。

PPT 课件、音视频、阅读材料：用微信扫描书中二维码即可浏览。

扫码浏览 ➡

📖【更多相关资源】

更多资源，如专家文章、活动设计案例、绘本阅读、环境创设、图书信息等，可关注"幼师宝"微信公众号，搜索、查阅。

平台技术支持热线：029-68518879。

"幼师宝"微信公众号

编审委员会

前　言

"百年大计，教育为本"，"教育大计，教师为本"，人生百年，立于幼学。2010年《国家中长期教育改革和发展规划纲要》颁布实施，可见党中央、国务院越来越重视学前教育的发展，大力发展学前教育，已经作为贯彻落实国家教育规划纲要的一项紧迫任务。造就一支师德高尚、热爱儿童、业务精良的幼儿教师队伍，是学前教育事业发展的关键。教师质量决定着学前教育的质量，作为学前教育专业的学生，只有不断提高专业素质和实践能力，才能胜任未来幼教工作的需要。

幼儿由于识字少甚至不识字，在幼儿园就只能通过教师的口耳相传来学习，发展幼儿的语言学习，是幼儿自身的需要，也是全社会的责任和义务，因此，幼儿园教育相对于其他阶段的教育来说，最大的特点是教师的口语使用特别多，即使用的是口语教学。幼儿期是学习语言的关键时期，幼儿教师面对的是刚刚完成咿呀学语的幼童，他们天性活泼，好奇心强，模仿能力出众。幼儿教师的语言要形象生动、富有感情，才能对幼儿产生认知影响、语言影响和情感观念等方面的影响。

幼儿教师要提高自身的综合素质，有意识地加强自身的语言修养，才能完成好本职工作。而教师的语言修养绝非一日之功，需要日积月累地逐渐形成，必须加强对语言基本功的训练。幼儿教师的语言基本功训练包括了语音的训练、体态的训练，朗诵、演讲及主持的语言表达训练，儿歌、故事及童话剧的语言表演训练等。

本书是一本立足于学前教育专业学生的语言认知水平和实际工作需要，针对学前教育专业学生学习和掌握本专业语言表达基本技能，并能够在今后的实际工作中学会运用这些技能的教材。努力做到实用性、新颖性、可行性的协调统一，尽力与时代接轨，寓教于乐，让学生在愉快的训练中掌握语言表达技能。

本书由上下两编共七章构成：上编主要从有声语言和无声语言（体态语）的表达技巧入手，着重训练学生的语言表达能力；下编结合幼儿园教学实际，着重增强学生的语言表演能力。教材以章节为单位，内容大体上按训练目标——训练指导——实例分析——实战运用四个部分来编排。"幼儿教师语言表达技能训练教程"课程开设时间为一年，具体设计安排为第一学年的下学期和第二学年的上学期，以36学时计算。各校可结合教学实际，灵活安排。

本书由王向东担任主编，周贤英、刘雯担任副主编。具体编写人员如下——"体态语训练"部分：周贤英；"朗诵训练"部分：杨轲；"演讲训练"部分：李宗敏；"主持人训练"部分：刘雯；"儿歌表演训练"部分：杨文萍；"故事表演训练"部分：李东瑛；"童话剧表演训练"部分：唐秀丽、周俊。全书由周贤英、邱庆梅统稿。本书所用图片由三眼好摄影像工作室周明跃老师拍摄。

我们一直注重在自己的教学实践中积极探索，不断反思，积累经验，累积素材，加之借鉴专家们的研究成果和互联网的共享资源，编写完成了此书。但是由于我们的水平有限，经验的积累还不够，掌握的第一手素材也还不多，加之时间仓促，本书有待提高之处一定很多，敬请各位专家、同行批评指正，我们会在使用本书的过程中积极地去发现、反思，尽力在最短的时间内修订本书，以谢各位同行、专家的指导和关心。对专家们的研究成果和互联网共享资源，我们谨在此表示衷心的感谢！

编　者

目 录

下　编

上 编

第一章 体态语训练

本章目标

本章目标

1. 掌握体态语的含义、特征、作用及基本要求。
2. 培养在工作、学习、生活中关注自己言行举止的意识。
3. 能把握身姿、手势、表情、目光等每一种体态语的要求和具体做法。
4. 根据不同的情境场合,灵活地运用得体的身姿、手势、表情、目光等体态语来进行交流。

第一节 体态语概述

训练目标

1. 初步掌握体态语的含义、特征、作用及基本要求。
2. 培养在工作、学习、生活中关注自己言行举止的意识。

训练指导

在现代社会的人际交往中,人们每天说出来的话不计其数,但是,除了有声语言,还有一种对我们日常交流做出了巨大贡献的无声语言——体态语。体态语是一种表达、传递和交换信息的可视化符号系统,在现实生活中,体态语随处可见,而且有时更能无声胜有声地巧妙表达信息,同时留给对方更大的想象空间。

有声语言是人际交往的重要媒介,而体态语言在人际交往中也有着不可忽视的重要作用,特别是在情感的表达、态度、性格、意向、风度和气质等方面的表现,体态语言更能显示出它独有的特性。在中华民族几千年的历史传承中,"站有站相,坐有坐相"是对一个人行为举止最基本的要求。潇洒的风度,优雅的举止,常常被人羡慕和称赞,能给人留下深刻的印象。人们往往凭借一个人的举止动作来判断其品格、学识、能力和其他方面的修养程度。因此,作为未来的幼儿教师必须不断完善自己,真正使自己在"学高为师"的基础上做到"身正为范"。

一、体态语的含义

体态语是以人的身姿、手势、表情、目光等来表示一定语义、进行信息传递的一种伴随性无声语言,是口语交际活动的辅助手段,又称为态势语或肢体语言。

体态语包括了身姿语(站姿、坐姿、走姿、蹲姿、鞠躬)、手势语、表情语、目光语等,是构成口语交际中说话者或听话者整体形象的重要因素。

在交际过程中，体态语所表达的情感往往具有暗示作用。任何一种身姿体态都毫不掩饰地反映了人的心理状态，在口语交际过程中，说话者或听话者有意识地通过身姿、手势、表情、目光等手段传递信息，可以调动或影响交际对象的情绪。

二、体态语的特征

（一）体态是一种自然习惯

体态是人们在成长和交往的过程中逐步形成的，因而具有习惯性的特点。

首先，体态的习惯性是指人们对某一动作理解的习惯性。它一方面表现在某些动作表情达意的一致性，比如人们总是用笑容来表现欢乐、友好、喜欢等感情；另一方面，也表现在同一动作由于地域特色和文化背景的不同而具有不同的含义，比如，点头对中国人和西方人来说表示肯定，而在印度、土耳其等国却是表示否定。

其次，体态的习惯性是指每个人的体态都是在成长过程和生活环境中长期形成的，这种习惯性并不都是先天的，也可以通过后天的生活和训练形成，一旦形成，就很难改变。

（二）体态是一种无声语言

在日常交往中，人们能通过语言交流信息，但在说话的同时，面部表情、身姿、手势和动作也在传递着信息。对方在接受信息时，不仅要听其言，同时也在观其"行"。体态语言是一种极其丰富、极其复杂的语言。据研究者估计，世界上至少有七十多万种可以用来表达思想意义的体态动作，这个数字远远超过当今世界上最完整的一部词典所收集的词汇数量。表情、姿态等所起的作用，远远超过自然语言交流的本身。体态是一种很广泛、很实用的语言，往往比有声语言更富有魅力，可以收到"此时无声胜有声"的效果。

（三）体态是内在素质的真实表露

体态在表情达意方面也许不像有声语言那么明确和完善，但它在表露人的性格、气质、态度、心理活动等方面却更具真实性。一个人所说的话可能是真实的，也可能是虚假的，而人的体态却总是真实可靠的，能反映人的性格和心理，反映人的真实感受和内心需求。在社会交往中，体态还是一种无形的"名片"，人们可以通过一举一动、一笑一颦，判断出人的身份、地位、学识和能力，并因此而影响对其信任的程度、交往的深度等。只有受过良好教育的人，才可能举止得体、风度优雅。

总之，人的体态所具有的规范、高雅是长期培养磨炼的结果，它不是可以通过外表的包装修饰得到的，也不是依靠单纯的动作、表情模仿可以体现的，它有赖于人自身文化内涵的积淀、内在素质的提高、自身修养的加强，这是一个长期积累的过程。

三、体态语的作用

（一）直观形象作用

在交际过程中，说话人的身姿体态、举手投足、神情容貌，始终伴随着其有声语言，发送着各种信息。通过动态的、直观的形象，与有声语言协调统一，同时作用于人们的视觉和听觉，拓宽了信息传输渠道，补充和强化了有声语言的信息，使有声语言的表现力和感染力得到了升华。

（二）感情交流作用

有声语言是言为心声，体态语则是无言的心声，是交际双方心理状态和情感的自然流露或有意识的表现。人们可以通过体态语表情达意，也可以通过它观察、分析说话者内心的真实感受，达到双方交流、沟通情感的目的。

（三）暗示反馈作用

在口语交际中，作为说话者，要注意观察听话者身姿体态的变换，推测对方的心理状态，据此来及时调整自己的口语表达；作为听话者，也可以通过有意识的身姿体态的变换，调控口语交际过程，可以化不利为有利、化被动为主动，使口语交际的主动权掌握在自己的手中，以达到交际的目的。

四、体态语训练的基本要求

体态语训练的基本要求是得体、自然和适度。只有这样才能使体态语的辅助作用得到最好的体现。

（一）得体

体态语的运用要同特定的口语交际场合相符合，要同口语交际的目的相符合，要同交际双方的身份、年龄等方面相符合，体现出自身应有的价值。

（二）自然

体态语的运用应该随性而致，自然大方，是内容、情感的自然表达，是个性风格的自然流露，既不能矫揉造作，但也不可放任随意，而要受口语交际环境和目的的制约。

（三）适度

体态语运用的幅度、力度、频率等要受到有声语言、语境等因素的制约，要注意把握分寸。幅度不宜过分夸张，形式不宜复杂，力度和频率要适中，要有助于有声语言的表达，以有声语言表达为主，不能让体态语喧宾夺主。

实例分析

培根说过："相貌的美高于色泽的美，而秀雅合适的动作美又高于相貌之美，这是美的精华。"

有人问古雅典伟大的演说家德摩堤尼："一个演说家最重要的才能是什么?"他回答说："表情。"又问："其次呢?"他还是回答说："表情。""再次呢?"他仍然回答说："表情。"

爱美之心人皆有之，由于人们在社会中所处的地位不一样，认知水平也不一样，对"美"的认识和追求也是"仁者见仁，智者见智"。人们所谓的第一印象的喜欢与否，所涉及不外乎就是穿着打扮和长相美丑，这是浅表的；人在社会上立足，需要的是更深层次的认同、尊重甚至于尊敬，这不是仅凭高档穿着、漂亮脸蛋、婀娜身材就能获得的，也不是用金钱能买到、用权势可以强迫得到的，那是要靠我们自身的良好素质、优雅姿态来赢得的。培根的话告诉我们：姿态美比相貌美更能展现人的精神气质，也不会像外貌美会随着年龄的增长而慢慢褪去，反而会越来越具吸引力。从古雅典伟大的演说家德摩堤尼的回答中也可以看出：对人的体态语的观察和重视不是现在才提倡的，而是古已有之的。因此，我们必须在自己的生活、学习、工作中时时注意规范自己的体态，尽力向着更高的层次发展。

实战运用

1. 你在意过你自己第一次在公众前亮相做某件事的言行举止、举手投足吗?（例如，自我介绍、竞选演讲、朗读比赛……）请仔细想想有些什么"特别"的表现?

2. 请谈谈你记忆中印象深刻的一些人，并请说出理由。

（1）举止优雅给你留下好印象的人。

（2）某种生活小行为让你不屑的人。

第二节 身姿语训练

训练目标

能把握身姿语的要求和具体做法，并能根据不同的情境场合，灵活地运用得体的身姿来进行交流。

训练指导

身姿语大体包括了站姿、坐姿、走姿、蹲姿、鞠躬等身体的姿势。身姿语是由这些姿势所表达出来的。

一、站姿

站姿，是说话的基本身姿之一。站立是幼儿教师在日常交往中一种最基本的举止。

（一）站姿的要领

站姿的要领是：头正颈直肩平，下颌微收，面带微笑；挺胸收腹，提臀立腰，双肩放松，自然呼吸，使身体挺拔；双手自然下垂于身体的两侧，手指自然弯曲。

（二）站姿的做法

女士要想具有庄重大方、优美文雅的站姿，关键要让自己的双脚、双膝、双手、胸部和下颌等五个部位都处于最佳的位置。一种是双脚的脚跟靠拢在一起，两只脚尖相距 10 厘米左右，其张角为 45 度，呈"V"字状。另一种是两脚一前一后，前一只脚的脚跟轻轻地靠近后一只脚的脚弓，将重心集中于后一只脚上，切勿两脚分开，甚至呈平行状，也不要将重心均匀地分配在两条腿上。无论处于哪一种场合，双膝都应当有意识地靠拢。这样的话，方能确保双腿自上而下地全方位并拢，并使髋部自然上提。

男士的站姿外观上看有如挺拔的青松，给人以端庄、亲切、稳重、挺直、精神饱满、值得信赖的良好形象。正确的站姿是肩部平衡，挺胸抬头，两臂自然下垂，腹部收紧，两腿可略分开，大约与双肩同宽。

男女站姿中手的放法各有不同。一般而言，男士的站姿要刚毅洒脱、挺拔向上，使用更多的是双手自然侧放于身体两侧（侧放式）或交叉于身后（后背式、腰际式），还可以两手相握，自然交叉于腹前（前腹式）；女士应站得庄重大方、优美文雅，基本站姿更多的是侧放（侧放式），或两手相握，自然交叉于腹前（前腹式），或者交叉放于背后（后背式）。

女士"V"字站姿

（三）站姿的注意事项

1. 肌肉：站立时要自然放松，肌肉不能僵硬。

2. 头：不能抬得过高或埋得过低，不能给人傲慢或者颓丧的感觉。

3. 身体：不能倾斜、摇晃、抖动、趴伏。

侧放式

后背式

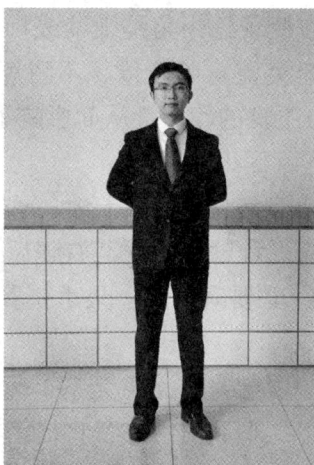
腰际式

前腹式

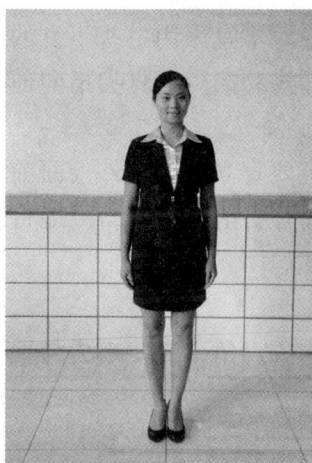
侧放式

前腹式

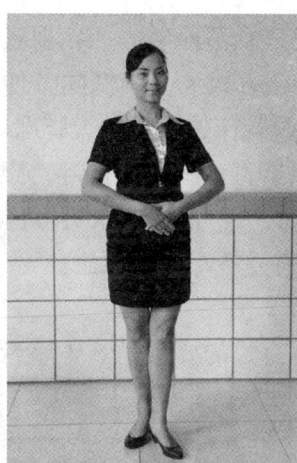
前腹式丁字步

后背式

4. 腿脚：两脚不能分得过开或靠得过紧；双腿不能交叉站立产生轻浮感；也不能以一只脚踝紧靠在另一条腿上让人感到拘束或不自然。

5. 双手：不能叉腰，也不能环抱于胸前或放于裤子口袋里。

注意：在回答幼儿提出的问题时，幼儿教师必须身体稍微前倾，这表明了对幼儿话语的重视，也体现出亲切感，更具有亲和力。幼儿教师切忌不能背对幼儿，或做其他事情，有不耐烦之感；也不能反背双手或双手插于口袋，有居高临下之感。

二、坐姿

坐姿，是口语交际中听、说双方的基本身姿。它包括人在入座、就座、离座时身体所保持的姿势。就坐姿而论，除了下肢的体位之外，上身的体位也是极其重要的，必须加强注意。

（一）坐姿的要领

坐姿的基本要领是：双眼平视，下颌微收，坐时上身端正，双肩平正放松，挺胸立腰，双臂自然弯曲，双手自然放于大腿上，表情亲切，目光柔和，双唇微闭。端庄优美的坐姿会给人以文雅、稳重、自然大方的美感。切忌：坐得太满、跷二郎腿、双腿叉开或晃动、上身左右歪斜。

（二）坐姿的要求

坐姿，常能流露出交际者的各种心态。如抬头仰身靠在座位上，反映了倨傲不恭的心理；上身略微前倾，头部侧向说话者，是洗耳恭听的态势；上身后仰并把脚放在面前的茶几或桌子上，是放纵失礼的表现；欠身或侧身坐在椅子的一角是谦恭或拘谨的反映；翘起二郎腿不时晃动的坐姿表现了听话人心不在焉；听话人变换坐姿流露了疲倦、不耐烦或想发表意见的心态。故此，我们在采用坐姿时，应时时注意不要给对方留下不良的印象，从而影响了自身的整体形象。

在采用坐姿时还应注意以下几个问题。

1. 入座。指的是人们坐到座位上去的行动。左入原则：入座时，要毫无声息，减慢速度，放松动作，先侧身从左方走近座椅，背对着站立，右腿后退一点，以小腿确认一下座椅的位置，然后随势坐下（只坐椅子的三分之二），必要时，用一只手扶着座椅的把手。要坐在椅、凳等常规的位置，尽量不要坐得座椅乱响，噪音扰人。

2. 离座。左出原则：轻缓起身，无声无息，优雅地站立，左脚向椅子左方迈出，右脚跟随其后向左脚并拢，采用基本的站姿，双手扶住椅背将椅子靠回桌旁，方可从左离开。不能起身便跑，或是离座与走开同时进行，会显得自己过于匆忙，尤其要避免"拖泥带水"，弄响座椅，或将椅垫、椅罩弄得掉在地上。

3. 下肢的体位。在大庭广众落座时，一定要遵守律己敬人的基本规定，绝对不宜采用一些不良的坐姿，如双腿叉开过大、架腿方式欠妥、双腿直伸出去、将腿放上桌椅、腿部抖动摇晃、脚尖指向他人、以脚蹬踏他物、以脚自脱鞋袜、以手触摸脚部、双手抱在腿上、将手夹在腿间等。

4. 上肢的体位。躯干要挺直，胸部要挺起，腹部要内收，腰部与背部一定要直立。如在外人面前就座时，应避免出现仰头、低头、歪头、扭头等情况。在回答他人问题时，务必要抬起头来，不能将后脑勺对着对方，否则就带有爱答不理的意思。

（三）常见的坐姿类型

1. 双腿垂直式。双腿垂直式的要领是：入座者上身与大腿、大腿与小腿均成直角，并使小腿与地

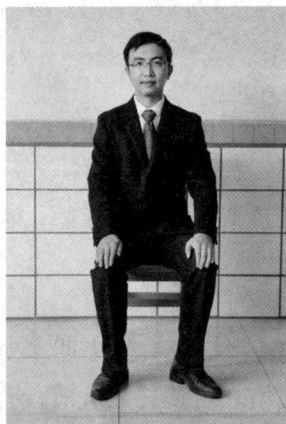

男士垂腿开膝式　　　　　　　　　　　女士双腿垂直式

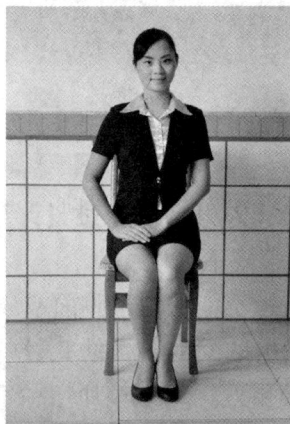

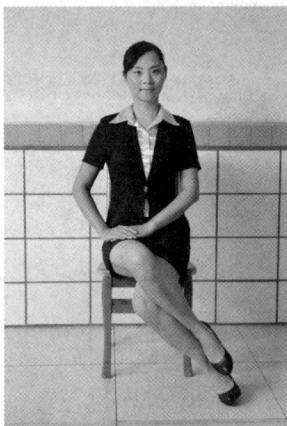

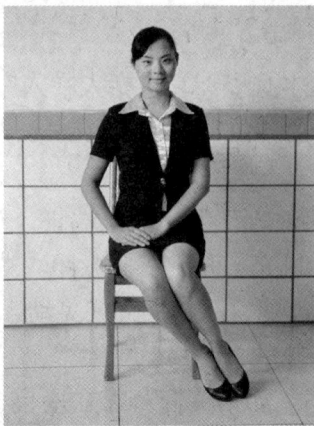

女士双腿叠放式　　　　　女士双腿斜放式　　　　　女士脚踝盘住收起式

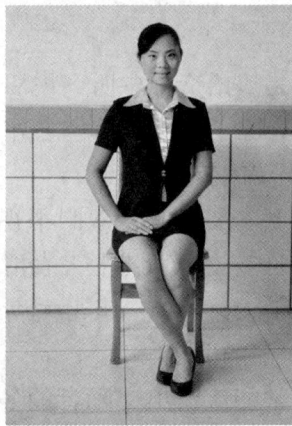

面垂直，双膝双脚完全并拢。这种坐姿适用于最正规的工作场合，男女都适宜，但是要注意在尊长者面前不宜把椅子坐满，以表示对尊长者的尊重。

2. 垂腿开膝式。垂腿开膝式的要领与双腿垂直式一致，只是双膝稍许分开，但是不应超过肩宽，这种坐姿多用于男士，女士不适宜。

3. 双腿叠放式。双腿叠放式的要领是：双腿一上一下完全交叠在一起，叠放在上的那只脚，脚尖应垂向地面。这种坐姿适合穿短裙的女性，但切忌双手抱膝。

4. 双腿斜放式。双腿斜放式的要领是：双腿并拢后，双腿同时向左侧或向右侧斜放，并与地面呈45度角。这种坐姿适用于穿短裙的女士在较低的椅子上就座。

5. 脚踝盘住收起式。脚踝盘住收起式的要领是：双膝并拢，双脚在脚踝部位交叉后向身后靠拢，这种坐姿男女都适宜。

男士坐姿不外乎有：双腿垂直式、垂腿开膝式、脚踝盘住收起式。

而女士坐姿则包括：双腿垂直式、双腿叠放式、双腿斜放式、脚踝盘住收起式。

（四）坐姿的注意事项

1. 入座时要轻柔和缓，离座要端庄稳重，不可猛起猛坐，弄得桌椅乱响，造成尴尬气氛。

2. 落座后要保持上身挺直，两腿不要摇晃，女性双膝要并拢，男性双膝可分开一些，但一般不超过肩宽。

3. 男士双手可以自然放在膝盖或椅子扶手上，女士可以一只手搭在另一只手的手背上并置于大腿上。

4. 女性穿裙子入座时，应用手将裙子稍稍拢一下，不要坐下后再拉拽整理衣裙；尽可能侧坐，但答礼时，应正坐；女性切记不要两脚成八字伸开而坐。

5. 无论男女，不能双腿叉得很开，也不要跷二郎腿并晃荡。女性也不要过于做作，给人以正襟危坐的感觉。

三、走姿

走姿，是说话的前奏，是给人的第一印象，是一个人在行走之时所采取的具体姿势，是人体美的动态表现。

（一）走姿的要领

走姿的基本要点是：头正肩平，目光平视前方，面带微笑，精神饱满；双臂自由前后摆动，身体协调，姿势优美；步伐从容，步态平稳，步幅适中，步速均匀，走成直线；身体的重心随着前进的步伐而略向前倾，两腿间的重心转移要协调，保持优美稳健的姿态。

（二）走姿的做法

1. 前行时的走姿。前行时应脚跟先着地，由脚跟向脚尖方向抬脚，并直线行走。男士的步幅一般在50厘米左右，女士的步幅一般在30厘米左右，双臂前后摆动的幅度为30～40厘米，速度以每分钟70～80步为宜。男士两只脚走出的是两条平行线（平行步），女士应尽可能走在一条直线上（一字步）。

2. 后退时的走姿。后退时应该先后退两三步，再转身离去，退步时脚轻擦地面，步幅要小，先转身后转头。

3. 引导时的走姿。引导时要走在宾客的左前方，整个身体半转向宾客方向，保持两步的距离，遇到上下楼梯、进门、拐角时，要伸出左手示意，同时用语言加以告知。

（三）走姿的注意事项

眼睛不左顾右盼，步伐不能过快或过慢，不弯腰驼背，不摇晃肩膀，不扭腰摆臀，不手插口袋，鞋跟不拖地，不能走出八字步。

四、蹲姿

欧美国家的人们认为，"蹲"这个动作是不雅观的，所以只有在非常必要的时候才会蹲下来。为此，我们就必须具有一些蹲姿常识，保持自然、得体、大方、端庄，蹲姿不仅体现了一个人举止的细节，也体现了一个人的修养和学识。

（一）蹲姿的基本要领

人们在捡起地上物品时需要下蹲。下蹲前，先走到物品的旁边，一只脚退半步后再蹲下来，脊背保持挺直，头、胸、膝关节应在一个角度上，使蹲姿优美。

下蹲时，上身稍微向前倾，一脚在前，一脚在后，两腿向下蹲，前脚全着地，小腿基本垂直于地面，后脚跟提起，脚掌着地，臀部向下，在前的那只脚作为身体的支点。

（二）常见蹲姿类型

常见的蹲姿有以下两种形式：

1. 高低式蹲姿。男女均可用。下蹲时一脚在前，一脚稍后，两腿靠紧向下蹲。前脚全脚着地，小腿基本垂直于地面，后脚脚跟提起，脚掌着地。后脚膝盖低于前脚膝盖，后脚膝盖内侧靠于前脚小腿内侧，形成前脚膝盖高后脚膝盖低的姿态，基本上以后腿支撑身体，臀部向下，上身保持挺拔直立。

2. 交叉式蹲姿。一般只用于女士。下蹲时一脚在前，一脚在后，前脚小腿垂直于地面，全脚着地。后脚膝盖由后面伸向前脚侧，后脚跟抬起，脚掌着地。两腿靠紧，合力支撑身体，臀部向下，上身稍前倾。

男士高低式蹲姿　　　　　女士高低式蹲姿　　　　　女士交叉式蹲姿

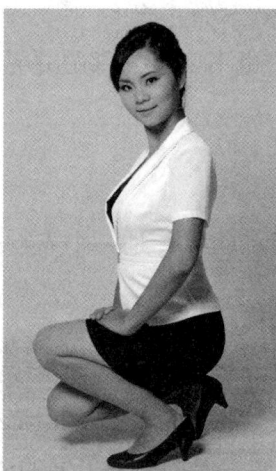

（三）蹲姿的注意事项

1. 内衣不可以露，不可以透；外衣不可以短。特别是穿高腰衣服搭配的低腰裤子时更要注意尽量不采用蹲姿。

2. 弯腰捡拾物品时，不能两腿叉开、臀部向后撅起，这是不雅观的蹲姿。

3. 蹲下捡拾物品时，也不能双腿叉开而蹲，这也是不雅观的蹲姿。

4. 尽量不面对或背对他人而蹲。

错误蹲姿：臀部撅起　　　　　错误蹲姿：双腿叉开

五、鞠躬

鞠躬是人们在生活中用来表示对别人的恭敬的身姿，适用于庄严、肃穆或喜庆欢乐的仪式，也适用于一般的社交场合。

（一）鞠躬的做法

1. 身体的要求。身体立正，目光平视，自然微笑，面对受礼者。以腰部为轴，腰、背、颈、头呈一条直线，身体前倾15～90度，视线也随之自然下垂。身体前倾到位后，暂时保留停顿此姿势再恢复原状，鞠躬的同时致以问候或告别语。

2. 前倾的做法。前倾的度数不同，所表达的含义也不一样：前倾15度为点头鞠躬礼；前倾30度为普通鞠躬礼；前倾45度或90度表示深深的敬意。在社交场合一般施行15度左右的点头鞠躬礼即可。

3. 手的放法。男士双手在体侧自然下垂或相握在背后，女士则将双手以握手式在体前轻轻搭放在一起。

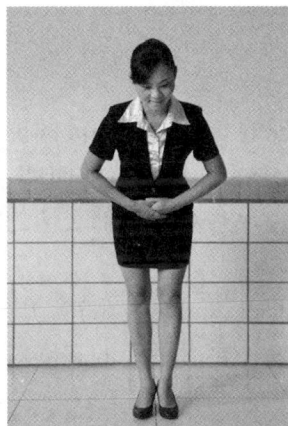   

15度鞠躬　　　　　　30度鞠躬　　　　　　45度鞠躬　　　　　　90度鞠躬

（二）鞠躬的注意事项

1. 鞠躬应在距离对方2米左右时进行。

2. 戴帽者鞠躬时必须先脱帽。

3. 如果是在行进中向对方行鞠躬礼，礼仪毕后应向旁边跨出一步，给对方让路。

4. 受鞠躬礼应还以鞠躬礼，地位较低的人要先鞠躬，并且鞠躬的度数相对要深一些。

5. 鞠躬不是单纯的点头，上半身一定要向前弯下去。

 实例分析

回顾本节的规范体态示范（见上文各图示），坐姿上身躯干挺直，下肢姿势是垂腿开膝式、双腿垂直式、脚踝盘住收起式，双手自然放在腿上，不难看出优雅体态所显示出的自信、端庄、文雅、从容、规范，体现了个人的风度和气质。

实战运用

1. 你对"站如松，坐如钟，行如风"的理解是什么？请你进行表演，并请老师和同学加以评判。

2. 分组训练：每四五个同学分为一组围坐在一起进行交谈训练，注意交谈中对坐姿要领的把握，结束后相互进行评价和指正。

3. 站姿训练：要求头顶一本书，双膝间夹一本书，按照站姿要求坚持 10 分钟。

4. 表演训练：请同学表演前往主考官办公室求职面试的全过程，并请全班同学及教师评议，特别注意其中每一个环节的做法。

5. 你在行走中，若你的某样小物品掉到地上了，你怎么把它捡起来？请你示范，并请师生共同评议。

第三节　表情语训练

训练目标

能把握表情语的要求和具体做法，并能根据不同的情境场合，灵活地运用得体的表情来进行交流。

训练指导

表情是人内心思想感情的面部外化，这种外化是通过面部肌肉的运动来实现的。表情是心灵的屏幕，它像镜子一样把交际双方复杂变化的内心活动反映出来。口语表达时，要注意自身表情的明朗、真挚、有分寸，克制影响交际效果的表情；听人说话时，要"听其言而观其色"，观察对方面部表情的变化，窥测出对方的心态或言不由衷处。

美国心理学家艾伯特·梅拉比安把人的感情表达效果总结为一个公式：感情的表达 = 语言（7%）+ 声音（38%）+ 表情（55%），由此可见表情在人际沟通时的重要性。表情要适度，要以平等的态度对待对方，尊重对方的感情、人格和自尊心，不能过分夸张，以避哗众取宠之嫌。

面部表情包括面部肌肉、眉、眼、唇等的变化，其中微笑是面部表情的基本形式，也是表情语的核心。学会在口语交际中多一些真诚的微笑，会有助于同对方的沟通，有助于交际目的的实现。

法国作家雨果说："笑，就是阳光，它能消除人脸上的冬色。"微笑是一种国际礼仪，能充分体现一个人的热情、修养和魅力。在面对交际对象时，应养成微笑的好习惯。

下面就微笑进行阐释。

一、微笑的要求

微笑的要求是：自然、大方，发自内心并显得很亲切，要防止生硬、虚伪、笑不由衷。

不适合微笑的场景：升国旗时，别人沉闷时，别人尴尬出洋相时，悲痛哀悼时……

二、微笑的作用

（一）表明心境良好。

面露平和欢愉的微笑，说明心情愉快，充实满足，乐观向上，善待人生，这样的人才会产生吸引别人的魅力。

（二）表明充满自信。

面带微笑，表明对自己的能力有充分的信心，以不卑不亢的态度与人交往，能使别人产生信任感并被别人真正地接受。

（三）表明真诚友善。

微笑反映自己心底坦荡，善良友好，待人真心实意，让别人在交往中自然放松，不知不觉地缩短了心理距离。

（四）表明乐业敬业。

在工作岗位上保持微笑，说明热爱本职工作，乐于恪尽职守。

三、微笑的做法

微笑的做法是：不发声，肌肉放松，嘴角两端向上略微提起，面含笑意，使人如沐春风。练习时，使双颊肌肉向上抬，口中发出普通话的"一"字音，甜美的微笑就自然呈现了。

四、微笑的三结合

（一）与眼睛的结合。当人微笑时，人的眼睛也要"微笑"，否则，会给人皮笑肉不笑的感觉。眼睛会说话，也会笑。眼睛的笑容有两种：一是"眼形笑"；一是"眼神笑"。

（二）与语言的结合。微笑着说"早上好"、"您好"、"欢迎"、"谢谢"等礼貌用语时，不要光笑不说，或光说不笑。

（三）与身体的结合。微笑要与正确的身体语言、动作相结合，才会相得益彰，给人以最佳印象。

要笑得好并非易事，除了注意自己笑的表现形式，更要进行心态调整。闭上眼睛，调动感情，回忆美好的过去或展望美好的未来，使微笑源自内心，有感而发；然后对着镜子练习，使眉、眼、面部肌肉、口形在微笑时和谐、统一。

五、微笑的原则

为了最好地表现自己，对于微笑我们要做到"四要"与"四不要"。

（一）微笑的"四要"原则

1. 要口眼鼻眉肌结合，发自内心的笑，会自然调动人的五官，使眼睛略眯、眉毛上扬、鼻翼张开、脸肌收拢、嘴角上翘。

2. 要神情结合，显出气质。笑的时候要精神饱满、神采奕奕、亲切甜美。

3. 要声情并茂，相辅相成，只有这样，人的热情、诚意才能为人理解，并达到锦上添花的效果。

4. 要与仪表举止的美和谐一致，形成完美的统一。

（二）微笑的"四不要"原则

1. 不要缺乏诚意，强装笑脸。

2. 不要刚一露出笑容随即就收起。

3. 不要仅仅为情绪左右而想笑就笑。

4. 不要只把微笑留给上级、朋友等少数人。

六、微笑的训练

（一）第一阶段——放松肌肉

放松嘴唇周围肌肉是微笑练习的第一阶段，又名"哆来咪练习"的嘴唇肌肉放松运动，是从低音哆开始，到高音哆，大声地、清楚地说三次每个音。不是连着练，而是一个音节一个音节地发音，为了正确地发音应注意嘴形。

（二）第二阶段——给嘴唇肌肉增加弹性

形成笑容时最重要的部位是嘴角。如果锻炼嘴唇周围的肌肉，能使嘴角的移动变得更干练好看，整体表情就给人有弹性的感觉。具体做法是：首先，张大嘴巴，使嘴唇周围的肌肉最大限度地伸张到使颚骨受到强烈的刺激。其次，拉伸嘴角——闭嘴，拉紧两侧的嘴角，使嘴唇在水平线上紧张起来。最后，聚拢嘴唇，让嘴角在紧张状态下，慢慢地聚拢呈现圆圆的卷起来的状态。依此反复训练。

用门牙轻轻地咬住木筷。把嘴角对准木筷，两边都翘起，并观察连接嘴唇两端的线是否与木筷在同一水平线上。保持这个状态，轻轻地拔出木筷之后，练习维持此状态不变。

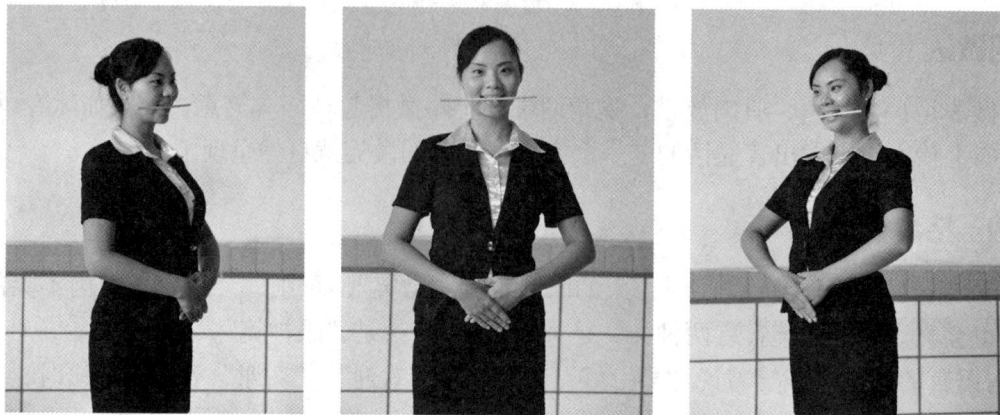

（三）第三阶段——形成微笑

这是在放松的状态下，根据笑容大小练习笑容的过程，练习的关键是使嘴角上升的程度一致。在练习各种笑容的过程中，发现并找到最适合自己的微笑。

1. 小微笑：把嘴角两端一齐往上提，稍微露出 2 颗门牙，恢复原来的状态并放松。

2. 普通微笑：慢慢使肌肉紧张起来，把嘴角两端一齐往上提，露出 6 颗左右的上门牙。

3. 大微笑：一边拉紧肌肉，使之强烈地紧张起来；一边把嘴角两端一齐往上提，露出 8 颗左右的上门牙。

（四）第四阶段——保持微笑

一旦寻找到满意的微笑，就要坚持进行维持那个表情的训练，从而可以在生活、学习中获得良好的效果。

（五）第五阶段——修正微笑

虽然认真地进行了训练，但如果笑容还是不那么完美，就要寻找其他部分是否有问题，例如，嘴角上升时歪斜，或笑时露出牙龈超过 2 mm 以上等。在稍微露出牙龈的程度上，以各种形状尽情地试着笑，在其中挑选最满意的笑容，反复练习美丽的笑容。

（六）第六阶段——修饰有魅力的微笑

伸直背部和胸部，用正确的姿势在镜子前面一边敞开笑，一边修饰自己的微笑，只有拥有了有魅力的微笑，才能使自己的交际目的更为顺利地实现。

实例分析

主持人丰富生动的表情，给人们留下深刻的印象，使他们成为许多人心中的偶像。这是因为他们的笑是真诚的、发自内心的，眼形在笑，眼神也在笑。正如外国谚语说的："美本身必须是真的"、"失去了真，同时也就失去了美"；柏拉图也说："美具有引人向善的作用和力量"。为此，不管他们主持的是宣传党和政府的政策、传播天下大事的新闻联播节目，还是冷静客观的经济类节目，亦或是幽默诙谐的文艺节目、活泼可

文艺晚会上的主持人

爱的少儿节目等，虽然节目性质不同、风格各异，但是配合着有声语言所表达的体态语都是令人久久难以忘怀的。虽然我们可能达不到他们的水平，但是，只要我们肯努力，我们的表情会更丰富、更自然、更贴切、更规范，只要功夫深，铁杵也能磨成针。相信我们自己吧！

实战运用

1. 请写出下列带有"哭"的词语，并加以表演。

无泪无声的哭是（　　　　　　）　　有泪有声的哭是（　　　　　　）

无泪有声的哭是（　　　　　　）　　有泪无声的哭是（　　　　　　）

声音低低的哭是（　　　　　　）　　尽情的大哭是（　　　　　　　）

悲痛欲绝的哭是（　　　　　　）　　连喊带叫的哭是（　　　　　　）

一吸一顿的哭是（　　　　　　）　　发出长长抽泣声的哭是（　　　　　）

2. 请按要求写出带有"笑"的词语各十个。

（1）褒义的"笑"的词语十个。

（2）中性的"笑"的词语十个。

（3）贬义的"笑"的词语十个。

3. 面对镜子进行"笑"的训练。

（1）小微笑　　　　　（2）普通微笑　　　　　（3）大微笑

4. 词语书写比赛：在规定时间内，使用方格本，写出带有表情动作的四字词语，看谁写得又多又正确。

第四节　目光语和手势语训练

训练目标

能把握目光语和手势语的要求和具体做法，并能根据不同的情境场合，灵活地运用得体的目光和手势来进行交流。

训练指导

一、目光语

目光语是人们通过视线接触所传递的信息，也称眼神。人的心理特征的表达和接受往往是与眼睛分不开的，眼睛是心灵的窗户，是人类表情达意最丰富的渠道，可以传递出人们细微的感情，并传递许多有声语言和其他体态语所不能准确表示的信息。内心充实、情感丰富的人的眼睛都是十分动人的。教师的目光要具有神采，用丰富明快的眼神使口语表达更加生动传神。

（一）目光语的表达

1. 凝视。凝视指集中目光看对方，如果是工作中，目光限制于前额到双眼，使人感觉其诚恳认真；如果是社交场合，就看双眼到嘴三角区；如果是关系非常亲密的朋友，就看双眼到胸。

2. 环视。环视指眼睛看向前方后有目的地扫射全场，兼顾到所有在场的人，能使所有听话者的注意力集中，较全面地了解听者的心理反应。而且可根据自己的环视随时调整说话的节奏、内容、语调，把说话的主动权牢牢地控制住。具体方法是：以正视为主，适时地把视线从左至右，又从右至左（甚至从前至后，又从后至前）地移动，达到与所有在场的人同时交流的效果，避免了某些人的被冷落感，这样就容易获得在场所有人的一致好感。

3. 虚视。虚视就是似视非视，演讲就需要这种虚与实的目光交替。"实"看某一部分人，"非"看大家，演讲要做到"目中无人，心中有人"，就必须学会虚视的做法。

（二）目光注视的分区

人们在和别人说话时，目光注视的部位有所讲究：胸部以上为安全区，腰部以下为隐蔽区，身体以外为敏感区，具体如下：

1. 公务凝视区。以两眼为底线、额中为顶角形成的一个三角区。在公务交谈时，如果看着对方的这个区域就会显得严肃认真，对方也会感觉到其人的诚意；在交谈时，如果目光总是落在这个凝视区，就更能把握谈话的主动权和控制权。

2. 社交凝视区。以两眼为底线、唇心为下顶点所形成的倒三角形区域，通常在社交场所使用这种凝视。和他人谈话时注视着对方的这个部位，能给人一种平等而轻松的感觉，营造出一种良好的社交气氛。

3. 亲密凝视区。即亲人、恋人之间使用的一种凝视。这个位置是从双眼到胸部之间。这种凝视往往带有亲昵和爱恋的感情色彩，一般在关系亲密的人与人之间才采用这种方式。

（三）目光注视时的做法

在人际交往中，人的目光总要注视别人，在注视的时候应该做到以下几个方面：

1. 注视的时间。与人相处，若注视对方的时间占全部时间的三分之一左右，表示友好；不足三分之一表示轻视；占到三分之二左右，表示重视；超过了三分之二，则表示兴趣十足或者怀有敌意。

2. 注视的角度。平视，适用于与身份、地位相当之人进行平等交往；侧视，含有轻蔑不敬之意；仰视，表示尊重敬畏；俯视，表示对晚辈的宽容、怜爱，也可表示轻慢、歧视。

3. 注视的部位。短时地注视对方双眼，表示聚精会神、专心致志，称为关注型注视；注视对方额头，表示严肃、认真、公事公办，称作公务型注视；注视对方眼部至唇部，是交际场合的常规，称为社交型注视；随意一瞥他人身上任意部位叫作随意型注视，也叫瞥视，表示注意或者敌意。

4. 注视的方式。直视，表示认真、尊重、坦诚；虚视，即目光不聚焦于某处，眼神不集中，表示胆怯、疑虑或失意；扫视，即上下左右反复打量，表示好奇、吃惊；环视，即与多人交往时有节奏地注视不同的人或物，表示"一视同仁"；他视，即与人交往时眼望他处，表示胆怯、害羞、心虚、反感、心不在焉；无视，即闭上眼睛不看对方，表示疲惫、反感或没有兴趣。

5. 注视的变化。目光、视线、眼神的变化，都反映着内心情感的变化。比如：眼皮眨动过快表示活跃、思索，过慢表示轻蔑、厌恶；瞳孔突然变大放光表示惊奇、喜悦，突然缩小无神表示伤感、失去兴趣；眼球反复转动表示心有所思。

（四）目光注视时的注意事项

1. 与人打交道时，视线不要总盯其他地方不与对方交流，一直冷落听话者；或长时间死死盯住对方，使对方受到目光侵犯。

2. 视物时不能眼动头不动，做手势时不能手到眼不到，说话时不能边想边说、频繁眨眼或闭目思索。

3. 说话时挤眉弄眼、左顾右盼、眼球滴溜溜乱转、视角频繁更换飘忽不定，会给人心不在焉的感觉，让人有莫名其妙等感觉。

4. 听话时低头含胸，显得胆小畏缩或者对谈话不感兴趣；高高昂头，两眼望天，显得傲慢，都是失礼和缺乏教养的表现。

5. 在交谈过程中双方目光相遇，不慌忙移开，应当顺其自然地对视 1 ~ 3 秒钟才缓缓移开，这样显得心地坦荡，容易取得对方的信任，一遇到对方的目光就躲闪的人，容易引起对方的猜疑，或被认为是胆怯的表现。

6. 一般情况下，每分钟眨眼 6 ~ 8 次为正常，若眨眼次数过多，表示在怀疑对方所说内容的真实性，而眨眼时间超过一秒钟就成了闭眼，表示厌恶或不感兴趣。

二、手势语

手是人身体上最为灵活自如的部位，所以手势是体态语中内容最丰富、最富有表现力的。手的动作是体态语的重要组成部分，因此有人说，手是人的第二张脸。

（一）手势的做法

1. 保持站姿时。保持站姿时一般采用自然垂放式，这是最基本和常用的手姿。其做法有三种：

（1）双手自然下垂，掌心向内，叠放或相握于腹前。

（2）双手伸直自然下垂，四指并拢，大拇指张开，掌心向内，中指放于裤缝两侧，它多用于肃立站姿之时。

（3）双手四指并拢，大拇指张开，两手相握于指根处，虎口交叉自然放于腹前，常用于女士的丁字步站姿。

2. 持物时。持物时既可用一只手，也可用双手，用双手时表示尊敬。无论是单手还是双手，都应该动作自然，五指并拢，用力均匀。不可翘起无名指和小指，显得成心作态，给人以不稳重的感觉。

3. 鼓掌时。鼓掌，是表示欢迎、祝贺、支持的手势。鼓掌时以右手掌心向下，有节奏地拍击掌心向上的左掌，必要时，还应起身站立。但是，不应以此表示反对、拒绝、讽刺、驱赶之意，即不允许"鼓倒掌"。

4. 夸奖时。这种手势主要用于表扬、赞同他人。其做法是：伸出右手，翘起拇指，指尖向上，指腹面向被称道者。

（二）常用手势的要求

1. 横摆式。横摆式是引导、指引物品或者指引较近距离，迎接来宾做"请进"、"请"时常用的手势。手掌和地面成45度，上下臂的弯曲以 130 ~ 140 度为宜，手与身体距离为 15 ~ 20 cm；并且要求欲上先下、欲左先右，动作圆滑不能生硬。

2. 直臂式。直臂式适用于引导、指引较远一些距离，做"请往前走"手势时常用。上臂、下臂与手掌成一条直线。

3. 斜臂式。斜臂式是请来宾入座做"请坐"手势时常用。一般要求上臂和下臂在一条水平线上，与身体成45度。

4. 曲臂式。曲臂式是当一只手拿东西，同时又要做出"请"的手势或指示方向时采用。

5. 双臂横摆式。双臂横摆式是举行重大庆典活动、来宾比较多时，用来表示"诸位请"或指示方向的手势时所采用的。

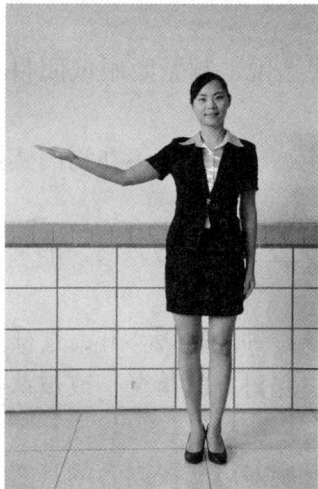   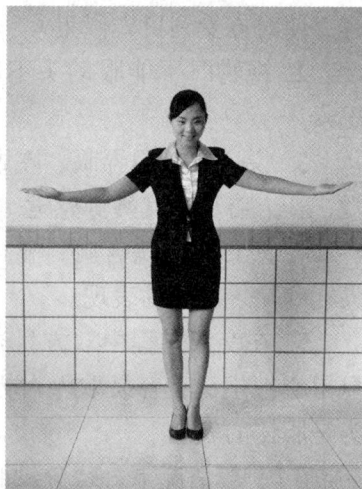

| 横摆式手势 | 直臂式手势 | 曲臂式手势 | 双臂横摆式手势 |

（三）手势的活动区域及其意义

根据手的动作范围，一般将手势大体分为三个区域，其含义大体如下。

1. 上区手势。手势位于肩部以上。手形是拳时，上臂抬起与肩呈直线，下臂呈垂直状态向上；如果手形是掌时，上臂、下臂、手掌向上伸出举成一条直线。上区手势多表现积极、振奋、肯定、张扬等意义。

2. 中区手势。手势位于肩部至腰部。上臂自然下垂，下臂抬起与上臂垂直，手形是拳时置于胸前，手形是掌时向外，且可有一定的动态。中区手势表现坦诚、平静、和气、表决心等叙述、说明的中性意义。

3. 下区手势。手势位于腰部以下。是下臂和手掌的动作，一般还同时伴有眼神不屑、嘴角下撇、转身等体态。下区手势多表现憎恶、鄙视、压抑、否定等贬义。

| 上区手势 | 上区手势 | 中区手势 | 中区手势 |

手势的方向，如向上或向下、向前或向后、向内或向外，以及手势的定型、不定型等，也可以表达不同的含义，应注意根据国家、民族、地域等共同理解的意义来选用，并适当体现个性特点。

（四）手势的规范要求

手势要目的鲜明，规范标准，克服随意性，并且要做到"出势稳、停势准、收势慢"。

1. 范围和速度。手势的上界一般不超过对方的视线，下界不低于自己的腰所在的水平线，左右摆动的范围不要太宽，应在胸前或右方进行，不然有失端庄大方；手势过快会给人一种紧张感，尤其是女性过快过猛的动作有失优雅的气质。

2. 幅度和频率。手势动作幅度不宜过大，次数不宜过多，不宜重复。手势宜少不宜多，多余的手势，会给人留下装腔作势、缺乏涵养的感觉。

3. 对己对人。说到自己的时候，不要用手指自己的鼻尖，而应用手掌置于自己的胸口部位。说到别人的时候，不要用食指指着别人，这是对他人极端不尊重的表现，这个动作应该用整只右手手掌来完成。当然，也不能有在背后对人指指指点点等不礼貌的手势。

4. 不"随兴所至"。双手乱动、乱摸、乱举、乱扶、乱放，或是折衣角、咬指甲、抱大腿、抬胳膊、拢头发等手姿，都会给人烦躁不安、心神不定，甚至是轻佻的感觉。用单手或双手抱在脑后，本意是放松，但这个手势却给人一种目中无人的感觉。

5. 不卫生的手势。搔头皮、剜眼屎、掏耳朵、抠鼻孔、抓痒痒、剔牙齿、摸脚丫等这样一些手势，极不卫生，令人厌恶，自然是不当之举。

实例分析

有一次，李鸿章向曾国藩举荐了三个人，一行人来到曾府时，恰巧曾国藩到园子里散步去了。李鸿章就让这三人在厅外等候。曾国藩散步回来，李鸿章告知了此次的来意，并让曾国藩考察这三人。谁知，曾国藩却说："不必考察了。"李鸿章听后大吃一惊，不明就里。

接着，曾国藩说："面对大厅站在左边的人，是位忠厚老实的人，办事小心谨慎，能让人放心，可以派他做后勤之类的工作。中间的那个人两面三刀，阳奉阴违，不能让人信任，给他安排一些无足轻重的差事就行了，不能让他担当重任。右边的那位是一位将才，可以重用。"

李鸿章十分吃惊，不知道曾国藩怎么看一下就快速得出了结论。曾国藩笑着说："我刚才散步回来，看见这三个人站在这里，当我从他们的身边走过的时候，左边的那个低着头不敢仰视，可见他是一个老实、谨慎的人，所以我说他适合做一些后勤方面的工作。中间的那个人，表面上看起来恭恭敬敬，当我走过之后，他就左顾右盼，可见他是个诡计多端的人，阳奉阴违，不可重用。最后的那位，他一直保持着挺拔的站姿，是个栋梁之材，双眼正视前方，不卑不亢，所以我说他是可塑之才，我们可以重用他。"

后来的事实证明，曾国藩慧眼识英才，那位栋梁之材，就是淮军勇将、名垂史册的台湾巡抚刘铭传。

生活中看似无足轻重的言行举止、一举手一投足都潜在地表现着每个人的内心世界，有声语言可以包装或者伪装，但是体态语却无法完全遮掩，只要做生活中的有心人，就不难揣度出别人的心思。体态语的实用性和重要性，由此小故事可见一斑。

实战运用

1. 请给下面的句子设计相应的有声语言和体态语，然后表演出来。

（1）看！太阳升起来了，它光芒四射，普照人间。

（2）昨夜西风凋碧树。独上高楼，望尽天涯路。

（3）小赵，你真是好样的！

（4）中国人民是无所畏惧的，就是天塌下来，我们也顶得起。

（5）你可曾注意到，在我们学校阶梯教室的墙上，有这样一幅标语："知恩成良才，感恩是美德。"

（6）父母为我们付出了太多太多，他们的恩情比山高、比海深，难道我们不应该常怀一颗感恩的心，去感激父母，去报答父母吗？

（7）罗伯特·乔丹看到坡下的公路、桥和桥对面那几长列的车辆。这时他全神贯注，对这一切望了好一会儿。然后他抬头望着天空，天上有大块大块的白云。他用手掌摸摸身边的松针，摸摸身前那棵松树的树皮。

（8）众里寻他千百度，蓦然回首，那人却在，灯火阑珊处。

（9）亲爱的同学们，请不要吝啬感恩！乘着感恩节的春风，大声地向我们的父母、老师说出：亲爱的爸爸妈妈，谢谢你们！敬爱的老师，谢谢你们！

（10）新媳妇这时脸发白，劈手夺过被子，狠狠地瞪了他们一眼。自己动手把半条被子平展展地铺在棺材底，半条盖在他身上。卫生员为难地说："被子……是借老百姓的。""是我的……"她气汹汹地嚷了半句，就扭过脸去。在月光下，我看见她眼里晶莹发亮，我也看见那条枣红底色上洒满白色百合花的被子，这象征纯洁与感情的花，盖上了这位平常的、拖毛竹的青年人的脸。

2. 目光语表演小游戏：请学生以龙摆尾方式挨次进行，说出一个关于"看"的词语，并在说的同时表演出来，老师同学加以评议，教师作最后总结（注意：单音节、双音节、四音节的词语均可）。

3. 请自选一篇演讲稿进行演讲，演讲中注意手势和表情的正确运用。

第二章 朗诵训练

本章目标

1. 了解朗诵的基本特点和要求。
2. 基本掌握科学发声的技巧和朗诵的整个流程。
3. 能够了解并运用重音、停连、语气语调、节奏等技巧进行朗诵。
4. 能运用基本技巧，形象地朗诵诗歌和散文。

第一节 朗诵概述

训练目标

1. 了解朗诵的基本特点。
2. 掌握朗诵的基本要求。

训练指导

一、朗诵的含义

朗诵，是用清晰、响亮的声音，结合各种语言手段来完善地表达作品思想感情的一种语言艺术，属于把文学作品转化为有声语言的再创作活动。

二、朗诵的特点

（一）音声性

朗诵是把文字作品转化为有声语言的艺术创作。因此，在进行朗诵的训练过程中，练声既是基础性的工作——它是进行朗诵的必备条件，也是贯穿始终的工作——它制约着朗诵水平提高的幅度。

（二）规范性

规范性主要表现在朗诵所选择的文字作品和所使用的语言上。一般来说，一方面朗诵时选择的文字作品都是规范的；另一方面，要求朗诵作品要使用规范的普通话。

（三）艺术性

朗诵时声音运用有其特殊的要求：因其感情浓烈，所以朗诵时语气、节奏的变化幅度相对较大；因其音声性的特点，所以要求朗诵者要通过训练增强其语言的表现力和感染力等。所有这些要求，都体现出朗诵艺术性的特点。

（四）综合性

朗诵艺术是一项综合性的艺术，它不仅要求朗诵者对文学作品的理解力、感受力以及有声语言的表现力和感染力要强，有时还要求配乐、灯光、舞美等多种因素的完美配合。

（五）依赖性

一般来说，朗诵都要依据一定的文字作品来进行。无论是理解作品、引发情感，还是运用技巧、形之于声，都是在文字作品的规定之下进行的。作品基调的确定、情感的浓淡、具体表达技巧的运用都受到文字作品的制约。

（六）创作性

动听的声音、高超的表达技巧都在一定程度上为文字作品增色，加之配乐、灯光、舞美的设计等，都使得朗诵成为一项创造性的活动。朗诵最终效果的好坏也一定程度上体现着朗诵者的再创作能力。

（七）大众性

诗歌朗诵艺术性的特点并不影响其大众性特点的存在。除却朗诵无止境的艺术追求以外，人们还是比较容易了解这种艺术形式的，并且都可以在某种程度上掌握它。

三、朗诵的基本要求

（一）吐字准确有力，声音清晰流畅

朗诵与阅读不同，前者诉诸听觉，后者诉诸视觉，阅读可以反复，朗诵则不可以，声音一过即逝，想再听一遍已不可能。因此，朗诵者要让听众听明白，容易接受，就一定要做到语音标准，符合普通话的要求，符合规范，不读错别字。吐字要干净利落、清晰有力、自然流畅，不能含糊不清、结结巴巴。

（二）声音洪亮圆润，朴实明朗

朗诵主要是声音的艺术，声音的好坏，对朗诵效果关系极大。圆润悦耳的声音能愉悦听众，嘶哑、刺耳的声音会刺激听众，引起听众的反感。因此，一定要注意对声音的锻炼，要让自己的声音好听、好用、富有表现力。与此同时，朗诵应让人感到亲切、自然，所以声音方面在做到洪亮、圆润的同时，还要朴实，不能太夸张。

（三）节奏分明适度，变化有序

朗诵语言的节奏，即轻重缓急，抑扬顿挫，应该是有一定起伏的。随着作品内容和朗诵者的感情变化，节奏起伏会有所不同。但朗诵中的这种节奏对比与表演中的节奏对比不同，它较为接近自然状态的自然节奏。

（四）表达恰切充分，生动自如

表达要准确，从宏观的把握到微观的处理，从整体的态度、情感到具体的停顿、重音、语气、节奏，都应当是准确的。要充分地体现作品的思想内容和精神实质，要形象生动，亲切自如。

（五）表情适度得体，自然大方

这里的表情指的是体态表情，包括面部表情、手势和身体动作。朗诵主要靠面部表情，手势动作也需要。朗诵虽然带有表演的成分，但毕竟不同于表演，所以面部表情和手势动作一定要适度、得体，符合作品的要求，切不可过多、过滥。动作、表情还要自然、大方，不可装腔作势、生硬造作。

四、朗诵中常见的问题

（一）心理素质较差

不少的朗诵者在台下练习时非常熟练，但是一旦上台面对观众，尤其是在比较大型的朗诵比赛或表演现场时，就会出现忘词、声音颤抖、手势变形甚至没法完成作品的情况。对于这一类的朗诵者，他们缺乏的是上台的经验以及合理缓解压力的方式。其实，在比赛前需要的不是反复的练习，而是放松自己的心态，在上台前做深呼吸可以降低血压和澄清头脑；也可以有意识地借由放松伸展动作，让左右脑进入较佳的整合；还可以通过做脸部动作放松脸上的肌肉，比如张大再闭紧你的眼睛和嘴。这些方式都可以一定程度地减轻心理上的紧张。

（二）气息不畅

部分朗诵者感觉说话费劲，气不够用，口干舌燥，声音嘶哑，声音传不远。出现这种情况大致有两个原因：其一是没有充分利用共鸣器官；其二是气息不稳。关于气息的训练要求和训练方式，本章第二节有详细介绍。

（三）声不达情

有的朗诵者以为拥有洪亮的声音就能朗诵好，于是朗诵时就亮开嗓子，猛喊一通，朗读出来的文学作品既无层次，也无变化；既无感情，也无趣味。也许他有一副宽音大嗓，但却没有声音的弹性，更没有语言的感受力。这样的朗诵者很可能缺乏语言的感悟能力，不能随机应变。

有的朗诵者是把作品小心翼翼、语调平平地念一遍，他认为这样可以避免读错，而不读错就是好的朗诵。实则不然。不读错是朗诵最基本的要求，这是评判语言反应能力的最低标准。有比较刻薄的人把一字一顿、四平八稳、一马平川的朗诵叫作"电脑人声"，想一想真是比较形象。谁喜欢听那种酷似电脑合成的人声呢？

有的朗诵者有这样的误区：认为朗诵流畅非常重要。这是不错的，但这只是朗诵的一个基本标准。有的人唇舌的功夫实在了得，就是俗话说的"嘴皮子利索"，词句就像"连珠炮"一样冲出口来，读一大段读不错，也不换气。流利真的是很流利，但听得人直憋气，巴不得他赶快停一停、歇一歇。这时，谁能听明白他在说什么，又有谁愿意再接着听他说什么呢？

（四）文化底蕴不够

如果我们把一名从事"应用语言学"的朗诵艺术工作者所拥有的文化底蕴比作一个金字塔的话，那么他对于朗诵艺术表演的展示，只不过是金字塔的顶部，而其余部分则是他的文化知识的底蕴。

文以载道，以文化人；春风化雨，浸润心灵；用心朗诵，用爱发声。朗诵非此不可。所以我以为，没有文化是读不好的。就一名从事朗诵艺术的表演工作者而言，丰厚扎实的文化底蕴是其能够完美展示朗诵才艺的根本。

有的人简单地认为朗诵艺术仅仅是学说普通话而已，但他们却忽略了丰厚扎实的文化底蕴才是完美展示朗诵艺术的基础。

文化底蕴从何而来呢？接受过系统、规范教育的人，尤其是接受过高等教育的人，一般来说，其文化底蕴，相对地好于那些学历较低的人员。当然这也不是绝对的。更重要的是，一个人生活在当今世界里，一定要养成孜孜不倦学习的良好习惯，不断与时俱进地充实、更新自己的文化知识。

实战运用

请你说说：你有过朗诵的经历吗？你第一次朗诵是什么状况？为什么会产生这样的状况？

第二节　朗诵科学发声技巧训练

训练目标

1. 了解朗诵发声的基本要求。
2. 基本掌握科学发声的技巧。

训练指导

一、朗诵对声音的要求

朗诵主要是用声音进行工作，有声语言是朗诵创作的主要手段，声音的好坏与朗诵的效果有直接的关系。依据朗诵语言的特殊活动方式和受众的审美要求，朗诵在声音上有以下几个基本要求。

（一）清晰纯净，自然流畅

这主要是对咬字的要求。朗诵是一种有声言语活动，离不开咬字。朗诵咬字在准确规范的基础上，必须讲究干净利落、朴实自然、连贯流畅，不能含混不清、矫揉造作、板滞阻塞。

（二）宽松通畅，圆润明朗

这主要是对音色的要求。声音要上下贯通，不憋不挤；要宽厚松弛，不尖细逼紧；要"珠圆玉润"，不干涩扁散；要爽朗明亮，不阴暗低沉。

（三）色调丰富，运用自如

这是对声音的弹性和表现力的要求。朗诵题材内容广泛，形式风格多样，这就要求朗诵者的声音不能太单一，要色调丰富，而且善于变化。要能刚能柔，刚而不硬，柔而不弱，刚中寓柔，柔中有刚，刚柔相济，软硬适度；要有实有虚，以实为主，虚实结合。另外，在明暗、高低、强弱等方面，也应该有对比，善变化，而且这种变化是应情而生，流畅自如。

二、朗诵的科学呼吸方法

（一）呼吸的重要意义

正确的呼吸是朗诵艺术中的一个重要因素。气息是发声的动力、基础。发声的能力、音质的优美和情感的表达，都与呼吸密切相关；朗诵声音的高低、强弱、抑扬、顿挫等种种变化，全靠肌肉准确而灵活的运动。

（二）朗诵对气息的要求

朗诵发声对气息控制有较高的要求，概括起来是十个字：稳劲、节省、持久、自如、协调。

1. 稳劲。呼吸控制要有力，始终保持"对抗"和"橡皮球"的感觉，不能松懈，不能塌瘪。呼气必须均匀、平稳，要在保持稳定的基础上适度灵活调节。

2. 节省。节省气息的原则是指在发声时用最少的气息产生最好的声音效果。气不在多而在巧。要充分发挥气息的功能，有效地把能量转化为声音。

3. 持久。一是指一口气能用较长时间；二是指长时间的控制能力。不至于读了一半就"没气"，就声嘶力竭了。

4. 自如。一是指气息调节的"自动化"；二是指技巧运用的熟练化。呼吸是一种生理活动，这种生理活动是受心理活动支配的。不同的思想感情必定产生不同的声音，不同的声音必定依托于不同的气息运动。要做到以情运气，以气托声。呼吸技巧要高度熟练，调节要十分灵活。

5. 协调。气声结合协调，做到声高气低，声低气提，声强气沉，声弱气稳。发什么样的声就用什么样的气，一分声，一分气。在朗诵过程中还要注意先收声，后收气，再收情。如果先收情，声音就失去依托而没有了灵魂；如果先收气，声音就失去了动力支持而变得模糊或中断，破坏了语流线条的完美统一。只有先收声，后收气，再收情，才能给人以有头有尾的完整感觉，显示朗诵语言的艺术美。

（三）朗诵的呼吸方法

朗诵宜采用的是胸腹联合呼吸法。这是一种用胸腔、横膈膜和腹部肌肉共同控制气息的呼吸方法。胸腹联合呼吸法的控制要领如下所述。

1. 吸气。

（1）吸气的做法。小腹收，横膈降，两肋开。腹部肌肉向"丹田"（脐下三指，下腹部中心）位置收缩，形成下部的支持力量。吸气时，肺叶扩张，推动横膈膜（胸腔与腹腔分界的一层薄膜，肺的底部正好落在膈膜上）下降使胸腔底部向下伸展。吸气时，肺叶扩张，把两肋撑开，使胸腔全面扩大，特别是胸的下部明显扩大。

（2）吸气时应注意的问题。

① 气吸在胸腔下部（肺底），不可过浅，也不可过深。

② 吸气要柔和、平稳，使整个胸部自然扩张，不可用强制的力量。呼吸器官各部分不能有僵硬逼紧的感觉。

③ 用口鼻一道吸气，要尽量做到吸气无声。

④ 吸气量要适度。吸得过满，会引起发音器官紧张，失去弹性。吸入气息的多少，应根据语句的长短、力度的大小、声音的高低和情感表达的要求来决定。一般情况下，吸六七分满就可以了。

2. 呼气。

（1）呼气的做法。呼气时必须是两个力起作用。一种是向上向外的呼气的力量，这是发声的动力，称为"推动力"。只有这种推动力，气一下子就会泄掉，不能满足发声的需要。必须找到另外一种力与推动力相互作用来控制气息，这个力称为"保持力"。这是一种人为的、向下向后的力量，是一种慢慢往下放、徐徐向下渗的运动感觉。

（2）呼气时应注意的问题。

① 朗诵的呼气与日常生活中的呼气是有很大差别的，必须学会控制呼气的本领，持续地、平稳地、有节制地呼气。

② 吸气肌肉要始终积极工作，不能"偷懒"，以免气息一下子泄出。

③ 控制气息的力量要适度，也就是两种力量的大小要掌握好。"保持"的力量太大，就会把气压住，不能顺畅地呼出。"保持"的力量过小，呼气便控制不住，气就会很快用光，声音也就会发不好。要根据发声的需要，很好地调节两个力的压力差，使呼气自然、均匀、积极而富有弹性。

④ 气不可僵硬、单调，要根据声音的高低、强弱、断连、收放等具体情况，灵活地加以变化和调控，做到稳、匀、细。

3. 补气。

朗诵过程中需要不断地补气。这不仅仅是生理的需要，更是表达的需要。补气时要保持朗诵状态——也就是在气动而发声状态不动的前提下补气。补气要轻巧无声，不费力，无杂音，给人以情绪贯通、自然轻松的感觉。声道畅通，喉头打开，用口鼻同时进气。朗诵中的补气，依情感、内容的不同而采用不同的方式。

实例分析

1. 声音的高低。一般说来，高嗓音多用于表现积极的情感，比如激动、紧张、喜悦等；低嗓音多用于表现平和、消极的情感，比如安静、放松、悲伤、情绪低落等。

例如，李白的《静夜思》："举头望明月，低头思故乡。"声音高低起伏如下：

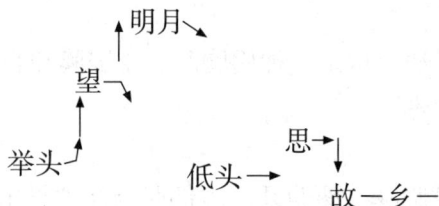

2. 声音的强弱。一般而言，表现坚定、有力或激昂等感情色彩时，多用偏强的声音；表现软弱、无力或消沉的感情色彩时，多用偏弱的声音。

从诗篇上看，节奏凝重、高亢、紧张的诗作较强，节奏轻快、舒缓、低沉的诗作较弱。

例如：（1）毛泽东的《卜算子·咏梅》："风雨送春归，飞雪迎春到，已是悬崖百丈冰，犹有花枝俏。"

（2）杜牧的《泊秦淮》："烟笼寒水月笼沙，夜泊秦淮近酒家。商女不知亡国恨，隔江犹唱后庭花。"

毛泽东《卜算子·咏梅》是写梅花的美丽、积极、坚贞，所表现的内涵不是愁而是笑，不是孤傲而是具有新时代革命者的操守与傲骨。毛主席的确以一代大诗人的风范，出手不凡地力扫过去文人咏梅诗中那种哀怨、颓唐、隐逸之气，创造出一种全新的景观与全新的气象，令人叹为观止，心服口服。因此在朗诵时应更多采用偏强的声音。

《泊秦淮》是唐代文学家杜牧的诗作。此诗是诗人夜泊秦淮时的触景感怀之作，借陈后主因追求荒淫享乐终至亡国的历史，讽刺那些不从中汲取教训而醉生梦死的晚唐统治者，表现了作者对国家命运无比关怀、深切忧虑的情怀。全诗寓情于景，意境悲凉，感情深沉含蓄，多用偏弱的声音。

3. 声音的快慢。诵读语流的速度必须有快慢变化，不要一快就快到底，一慢就拖到尾，要快而不乱，慢而不断。从音节到词语，从词语到节奏单元，从句子到句群，从诗行到篇章，都存在这个问题。快与急切、高兴、紧张、激动等情绪、场面有关；慢与迟缓、平和、凝重、深沉、悲痛、沉静等情绪、场面有关。

例如，李白的《赠汪伦》一诗：

李白乘舟——将—欲行——，忽闻——岸上——踏—歌声——。
桃花——潭水——深—千尺——，不及—汪伦——送——我—情——。

4. 声音的虚实。平和、舒缓、轻松、柔婉的情感、场面常用偏虚的声音，严肃、激动、紧张、兴奋、激昂、坚定、豪迈的情感、场面常用偏实的声音。

例如，李白的《望庐山瀑布》："日照香炉生紫烟，遥看瀑布挂前川。飞流直下三千尺，疑是银河落九天。"

"日照香炉生紫烟"中，紫烟的飘渺让整个画面轻松柔婉，宜用偏虚的声音。"飞流直下三千尺"一句中，情绪兴奋激昂，宜用偏实的声音。

实战运用

请朗诵下面的诗文，注意声音的高低、强弱、快慢、虚实的对比。

1. 一棵开花的树
席慕容

如何让你遇见我
在我最美丽的时刻　为这
我已在佛前求了五百年
求佛让我们结一段尘缘
佛于是把我化作一棵树
长在你必经的路旁
阳光下慎重地开满了花
朵朵都是我前世的盼望
当你走近　请你细听
那颤抖的叶是我等待的热情
而当你终于无视地走过
在你身后落了一地的
朋友啊　那不是花瓣
是我凋零的心

2. 春鸟
臧克家

当我带着梦里的心跳，
睁大发狂的眼睛，
把黎明叫到了我的窗纸上——
你真理一样的歌声。
我吐一口长气，
捐一下心胸
从床上的恶梦
走进了地上的恶梦。
歌声，
像煞黑天上的星星，
越听越灿烂，
像若干只女神的手
一齐按着生命的键。
美妙的音流
从绿树的云间，
从蓝天的海上，

汇成了活泼自由的一潭。
是应该放开嗓子
歌唱自己的季节，
歌声的警钟
把宇宙
从冬眠的床上叫醒，
寒冷被踏死了，
到处是东风的脚踪。
你的口
歌向青山，
青山添了媚眼；
你的口
歌向流水，
流水野孩子一般；
你的口
歌向草木，
草木开出了青春的花朵；
你的口
歌向大地，
大地的身子应声酥软；
蛰虫听到你的歌声，
揭开土被
到太阳底下去爬行；
人类听到你的歌声
活力冲涌得仿佛新生；
而我，有着同样早醒的一颗诗心，
也是同样的不惯寒冷，
我也有一串生命的歌，
我想唱，像你一样，
但是，我的喉头上锁着链子，
我的嗓子在痛苦的发痒。

第三节　重音、停连的训练

训练目标

1. 了解朗诵的整个流程。
2. 了解并运用重音和停连的技巧进行朗诵。

训练指导

一、朗诵前的准备

（一）弄清朗诵作品内容

一篇作品到底写了些什么——什么人，什么事，什么理，什么景，什么情，首先要弄清楚。在弄清内容的基础上概括主题，把握作品的中心思想。一般现当代的白话文作品，弄清内容并不太难，古诗文就不那么容易了，一定要多花点工夫。特别是古诗文中典故较多，如果不弄清楚，势必影响对内容的理解。

（二）了解朗诵作品的写作背景

背景属于语境问题，它告诉我们作品是在什么情况下写作的。了解背景对理解作品有重要意义，不可忽视。例如杜甫诗的风格是沉郁顿挫的，然而他的《绝句》（"两个黄鹂鸣翠柳，一行白鹭上青天。窗含西岭千秋雪，门泊东吴万里船。"）却是清新欢畅的。这是因为饱尝战乱之苦的诗人，在"安史之乱"以后，回到成都草堂，此时他的心情特别好，面对生气勃勃的景象，情不自禁，兴到笔随，写下了这首即景小诗。了解背景，还应该了解作者其人，这样才能对作品把握得更深刻、更全面。

（三）分析朗诵作品的结构

结构是思路的具体展现，只有分析结构，才能把握作者的思路；只有理清作者的思路，才能真正理解作者的写作意图。要弄清楚作品内部段与段之间、句与句之间的层次关系，即先写什么，后写什么，如何开头结尾，怎样过渡照应等。层次有大小，篇有层次，段有层次，句也有层次。要由大到小、由粗到细依次划分。

（四）研究朗诵作品的表达方式

在表达方式上，看看用的是记叙、描写、说明、议论、抒情中的哪一种，或是兼而有之。在表现方法上，看看是象征，是对比，还是衬托？是托物言志，还是借景抒情？朗诵作品的表达方式方法不同，朗诵时的情感表达方式和技巧也不同。

（五）把握朗诵作品的基调

基调，是指由作品总的情感所决定的语言的基本特色。有庄重严肃的，有轻松活泼的；有深沉凝重的，有清新明快的；有激越澎湃的，有平静徐缓的；有雄浑豪放的，有秀丽婉约的。如《周总理，你在哪里？》一诗的感情基调是深沉、哀婉、思念；童话《卖火柴的小女孩》则是同情、爱怜、愤懑交织一起；而诗歌《风流歌》的基调是亲切、优美、深沉。

把握基调主要是指要把握作品整体感情倾向，使之鲜明、恰当。但是，这并不意味着全篇作品要用一成不变的腔调来读，不同内容、不同人物、不同心情都应有不同的语气表达，只是异中有同，在生动丰富的语音表现之中有着内在的和谐色彩。例如《风流歌》的基调是亲切、优美、深沉，是倾心的交流，但全诗分四部分，"追求"、"引路"、"苦思"、"号召"，每一部分的感情表达各有偏重，朗诵时一定要区别对待，灵活变化。作品的基调是一种整体风格体现，一种整体感是对部分、层次、段落、语句中具体思想感情的综合表现，

没有整体感，具体感则会支离破碎；没有具体感，整体感也会空泛僵硬。因此，把握基调要处理好整体性与变化性的关系。无论怎么变化，万变不离其宗，语言风格、主体感情自始至终要和谐统一。

二、朗诵中重音的练习

有声语言表达的技巧包括重音、停连、语气、节奏。不论我们对于文字稿件的理解多么透彻，最

终都要通过有声语言这种听觉形式来构思和传达，而有声语言的表达技巧，就成为构思和传达提供者重要的必不可少的方法。

（一）什么是重音

我们所说的重音是就语句而言的。词和词组内部的轻读、重读我们叫它轻重格式，段和全篇的重要句子或层次我们叫它重点。语句重音，是指那些最能体现语句目的，需要着意强调的词和词组。

在有声语言的表达中，"重音"这种技巧的作用是很大的，它可以使语句的目的更突出，使逻辑关系更严密，使感情色彩更鲜明。但对此很多时候我们都会忽略。很多人在舞台上用电视剧的台词方式，而没有人注意到重音。有时候强调了重音，又忽略了其他，于是轻重变得悬殊。所谓轻重是在比较中得出的，在重音的地方要加强、突出，但不要把其他部分弱化。多练习朗诵中的轻重音变化，是语言训练课中相当重要的过程。

（二）重音的分类

重音可以分为逻辑重音和感情重音。

1. 逻辑重音：为了突出句子中某种特殊含义而把某个词加以重读就叫逻辑重音。它是点明语义、突出作品中心思想、揭示主题和内涵的有力手段，同时又使语言的目的性能清晰、明确。逻辑重音没有固定的位置，由于意义不同，位置也不同，要依据语言环境来确定。

2. 感情重音：是表达强烈爱憎感情的手法，这种重音应该在逻辑重音的基础上来确定，绝不能乱用。

（三）重音的读法

重音的读法不是单纯地重读，而是根据作品内容和表达的情感进行处理。重音可以重读，也可以轻读；可以慢读，也可以快读；另外拖腔重读、实中见虚、慢中见快也是重音的表达形式。

三、朗诵中停连的练习

（一）什么是停连

停连是指停顿和连接。在有声语言的语流中，那些为表情达意所需要的声音的中断和休止就是停顿，那些声音不中断、不休止的地方就是连接。

（二）停连的作用

停连的作用表现在很多方面：有的组织区分，使语义明确；有的造成转折呼应，使逻辑严密；有的可以强调重点，使目的鲜明；有的并列分合，使内容完整；有的体现思考判断，使传情更加生动；有的令人回味想象，创造意境。

实例分析

（一）重音的实例分析

我不会写诗。（他会写）

我不会写诗。（谁说我会写）

我不会写诗。（不是我不愿意写）

我不会写诗。（但是我会读）

我不会写诗。（我会写小说和杂文）

以上例子中加点字就是逻辑重音，可见，逻辑重音不是一成不变的，而是随着语言的目的性、说话的环境、对象的变化，而产生丰富多彩的变动。

1. 逻辑重音的规律

（1）对比观念的词要重读。

例如：水是从您那儿流到我这儿来的，不是从我这儿流到您那儿去的。

（2）对应句中的对应词重读。

例如：冬天过去了，微风悄悄地送来了春天。

（3）比喻句中的比喻词重读。

例如：姑娘像花一样美丽。

（4）并列对比句重读。

例如：花堆成山，人汇成海。

（5）歇后语的后半句结论部分重读。

例如：黄鼠狼给鸡拜年——没安好心。

（6）一般短句中动词重读。

例如：太阳出来了。

中国人民从此站起来了。

（7）副词重读。

例如：我觉得自己做得很不够，应该做的事太多了。

（8）代词重读。

例如：这主意是谁出的呢？

（9）数词重读。

例如：就是给我五十万，我也不干！

2. 感情重音的处理

例如：这是张吃人的卖身契啊！

太可恨了！

再见了，亲人！再见了，亲爱的土地！

可见，感情重音的特点几乎是字字重读，表达了强烈的感情色彩。

重音的四种处理方式分别是：

（1）轻处理（重音轻读）。

例如：啊，轻些啊，轻些，他正在中南海接见外宾。

（2）强处理（增强音量音势）。

例如：这是英雄的中国人民坚强不屈的声音，这声音惊天动地，气壮山河！

（3）拖腔重读（拖长重音）。

例如：一个高尚的人，一个纯粹的人，一个有道德的人，一个脱离了低级趣味的人，一个有益于人民的人。

（4）夸张的读法。

例如：天就是塌下来，我们也要把它顶住。

（5）利用颤音、气声、滑音。

例如：我觉得太可怕了！

我可被你当猴耍了啊！

快走，有危险！

（二）停连的实例分析

试用不同停顿来区分一下这句话的意思。

1. 妈妈说我不对。

（1）妈妈说，我不对。（我错了）

（2）妈妈说我，不对。（我没错）

（3）妈妈说："我不对。"（妈妈错了）

在整理台词的过程中，要弄清楚停连，不要随意停顿。

2. 无鸡鸭也可无鱼肉也可青菜豆腐不可少不得一文工钱。

（1）无鸡鸭，也可，无鱼肉，也可，青菜豆腐不可少，不得一文工钱。

（2）无鸡，鸭也可，无鱼，肉也可，青菜豆腐不可，少不得一文工钱。

以上属于句读停顿。另外有些时候，有意识地停顿可以产生不同的效果。台词要求"抑扬顿挫"，顿就是指停顿。这种停顿是一种特殊技巧，也是为了更好地突出体现连接，它不受语法标志的限制，不像句读停顿那么固定，是由语义和情感来支配的，这种停顿虽然是声音的休止，却是情感和内心活动的延续，常常是"此时无声胜有声"。

例如：在南京，在大屠杀纪念馆，一个巨大的头颅，一张巨大的嘴，在呐喊。呐喊声，在无涯的时间和空间，凝固了。一个被日本人活埋的中国人，一个人，喊出了一个民族的痛。

这里的"痛"，与前面的文字之间运用一个停顿，再用颤声读出，仿佛朗读者自己也已经心痛得无以复加，以至于无法连贯地读出这句话。这个停顿即心理停顿。

实战运用

1. 请朗读易殿选的诗歌《父亲的信仰》，注意诗句中重音的正确处理。

父亲的信仰

是褐色的

就像那片土地一样

因此他自信

他知道，那片土地

会如期吐出

绿色的希望

父亲的信仰

是金色的

就像天上的太阳一样

因此他热情

他知道，那轮太阳

会忠实地送来

灿烂的时光

父亲的信仰

是黄色的

就像我的肢体一样

因此他满足

他知道，我的身上

绘着他的形象

他的幻想

• • • •

2. 请分析刘定中的诗歌《生日情思》，用"｜"标注其中的停顿，然后进行朗诵。

我的生日是母亲的劫难是母亲的喜悦。

那年月那日子有许多黑色的梦，苦难横流。

母亲临产前背回一捆小山似的牛吃的冬茅草，

却背不回温暖，背不回幸福。

母亲临产时没有鸡蛋吃没有米饭吃，

只得了祖母的一掬同情一句叹息。

寒风从板壁裂缝中挤进来，

雪粒从屋顶破瓦口里喷下来，

母亲失去寒冷感，失去疼痛感，

晕死过去，晕死过去……

母亲终于跳出死亡河，生命在杨柳岸延伸。

母亲用外婆的遗产——

她穿了多年的破棉衣包裹了我，

她凭补丁贴补丁的单衣与冬神对抗……

祖母把母亲生我时的苦难向我展览。

祖母流泪母亲流泪。

祖母欢笑母亲欢笑。

我的心成为一个展览厅，永不关闭。

从此，我理解了大地的广漠与深情，

理解了太阳的伟大与神圣。

如今，我的儿子又懂得祝贺我的生日了，

但我在生日这天却悄悄流泪。

泪，是心窝里养育的珍珠，装进信封里，

寄给在遥远故乡祝福我生日的母亲。

啊，母亲，我的大地、我的蓝天、我的太阳！

第四节　语气语调、节奏的训练

训练目标

1. 能够运用语调和节奏的技巧对作品进行朗诵。

2. 能够运用各种辅助手段对作品进行设计并朗诵。

训练指导

一、朗诵中语气语调的训练

（一）什么是语气语调

语气语调是指在一定的具体的思想感情支配下具体语句的声音形式。由于全篇稿件和整个思想感情的运动状态的要求，各个语句的本质不同，语言环境不同，每一个语句必然呈现出这一句的具体感情色彩和分量，并且表现为千差万别的声音形式。

（二）语气语调的运用技巧

在运用语言技巧的时候，要把握住三个相辅相成的环节：一是要受到一定的具体感情支配；二是要以具体语句为范围；三是要化为某种声音形式。

情感、语气的关系，张颂先生曾如此总结过："一般来说，爱的感情气徐声柔；憎的感情气足声硬；悲的感情气沉声缓；喜的感情气满声高；惧的感情气提声凝；欲的感情气多声放；急的感情气短声促；冷的感情气少声平；怒的感情气粗声重；疑的感情气细声粘。"

语调的四种类型为高升调、降抑调、平直调和曲折调。

二、朗诵中节奏的训练

（一）什么是节奏

在朗读中，朗读者由一定的思想感情的波澜起伏所形成的，在有声语言的表达上所显示的快与慢、抑与扬、轻与重、虚与实等种种回环交替的声音形式，就是节奏。

节奏是有声语言运动的一种形式。语气是以语句为单位的，节奏是以全篇为单位的。一般来说，由事件所激起的强弱叫节奏，说话的快慢缓急叫速度。速度是由内心节奏所决定的，我们统称为语言节奏。语言节奏一定要以感情为依据，随着内心节奏的变化而变化，内心节奏强，话就快，内心节奏弱，话就慢。

（二）节奏的类型

朗读所形成的节奏，种类很多，主要有以下几种类型：

紧张型——急促、紧张，气急、音短；

轻快型——多扬、少抑，轻快、欢畅；

高亢型——语势向高峰逐步推进，高昂、爽朗；

低沉型——语势抑闷、沉重，语音缓慢、偏暗；

凝重型——多抑少扬，语音沉着、坚实、有力；

舒缓型——气长而稳，语音舒展自如。

需要注意的是，每一种节奏类型都是对作品的全局性概括，并不是每一句话都符合这一类型。朗读实践证明，善于从具体作品、具体层次、具体思想感情中确定节奏类型，但又不拘泥于某种类型之中，根据需要，合理转换，才是真正把握了节奏。

三、辅助手段的运用

（一）外形设计

朗诵者的形象要意气风发、光彩照人，仪表要端庄大方、亲切自然。男士要将头发梳理整齐，将胡须修理干净；女士要注意发型大方，化妆得体。

诗朗诵《使命》。图中男性朗诵者诵身着白色衬衣、红色领带，梳妆整齐；女性朗诵者身着粉色小西装、A字裙，大方得体。

诗朗诵《使命》。为了配合诗朗诵的时代背景，演员身穿红军军服，挥舞党旗，向观众展现了红军的英姿，让观众可以更好地理解诗朗诵所表达的内容和情感。

朗诵者的服装应整洁大方，男士一般着西装，系领带；女士可着套裙，最好穿八成新的衣鞋，以免给自己制造紧张感。服饰要和朗诵的内容、朗诵者的体貌相配合；服装和鞋子要配套，上装和下装从款式到颜色要和谐；装饰物要和服饰及人物身份统一，戴手表等应松紧适度，女性所配饰品最多不超过三件，不要佩戴叮咚作响或太夸张的首饰。朗诵古典诗词可着古装，如朗诵李白的诗《将进酒》可穿古代长袍，衣袂飘飘，以展现这首诗飘逸豪放的风格。朗诵近代作品可着近代服装，如朗诵艾青的诗歌《大堰河，我的保姆》可穿五四运动时期流行的学生装。

（二）舞美设计

简单的道具、布景、灯光舞台等辅助手段，对朗诵也有很大好处，能更好地体现朗诵作品的意境，烘托朗诵的气氛。

朗诵的道具应简朴，如朗诵李清照的词《声声慢》，可在蓝背景里放两个暗红的灯笼；朗诵海明威的《老人与海》片段，可垂一片晾晒的渔网。

朗诵的布景应令人赏心悦目，图案和色彩要与朗诵的主题相匹配，或热烈如火，或沉静幽雅，或古色古香，还可用高低不同的台阶作背景。

根据朗诵形式和内容的不同，可采用不同色彩的灯光来烘托气氛。例如，朗诵朱自清的《春》，光线的主色调可用绿色；朗诵郭沫若的《雷电颂》时，可把前台的灯光熄掉，增加明暗对比度，还可根据朗诵的内容在高潮时突然打开舞台上所有灯光，令受众产生眼前为之一亮的感觉，将作品的感染力推向最高潮，或根据朗诵的内容需要采用追光等。

（三）乐舞设计

朗诵中配以适当的音乐，有助于营造气氛，渲染人物内心的情感，增强艺术感染力。乐曲可以是播放录音，也可以是现场伴奏。例如，中央电视台2007新年新诗会《情感的花朵》，中央电视台主持人张泽群穿着浅色长袍朗诵徐志摩的诗歌《沙扬娜拉——赠日本女郎》，旁边坐着一位美少女弹奏古筝。

精心选择和编配乐曲，有时甚至需要将几首曲子加以剪辑编配。配乐应选择情绪变化不大、风格稳定统一的乐曲，或选择一些主题不明朗或无主题的乐曲。这样，乐曲一旦与朗诵相配合，朗诵会自然而然地赋予它某种情绪色彩。所选乐曲还应尽量突出所朗诵作品的风格，如朗诵闻捷的《吐鲁番情歌》，可配以新疆民乐；朗诵中国古典诗词，可配以二胡、箫、笛、琵琶等；而朗诵抒情、深沉的现当代文学作品，可配以钢琴、小提琴或大提琴等。音乐常在朗诵前开始，有时也可根据需要等朗诵一段内容后再演奏或播放配乐。若是乐曲组合，要注意过渡、衔接应自然，一般应做到淡入淡出，即前一首曲子渐止，后一首曲子渐行渐起。有时，在两首曲子中也可适当留有空白。朗诵时，还可配以哼唱、合唱或舞蹈、情景表演等辅助手段，但舞台、情景表演等要以增强朗诵的感染力为目的，不能喧宾夺主。

（四）形式设计

朗诵时，配以新颖恰当、富有创意的朗诵方式，往往能让受众耳目一新。近年来，随着我国一年一度的中华经典诗文朗诵大赛、中央电视台的新年新诗会等朗诵活动的不断开展，朗诵的形式不断创新，更增强了朗诵的感染力。朗诵的形式分为独诵、对诵、联诵、分角色朗诵、群诵、合诵等。

1. 独诵。朗诵材料的绝大部分适合独诵，有关个人情感的内容则更要通过独诵来实现。例如，李清照的《声声慢》、莎士比亚的《哈姆雷特》中那段经典的独白片断，非独诵不可。

2. 对诵。对诵指两人朗诵，一般为男女对诵。在朗诵时，男女交替，有的地方也需要男女合诵。对诵适合于较长的作品，特别是内容带有两极化色彩的作品。例如，中央电视台 2008 新年新诗会，中央电视台主持人李修平和王世林朗诵的《我在一棵石榴里看见了我的祖国》就是对诵。对诵的关键是搭档配合要协调默契，表现出来的风格要统一，形式与内容要一致，双方的音色、音质、身高体态、气质风度等条件最好比较接近，以利于整体的协调。有时，根据作品内容的特殊要求，也可以有较大的反差。

3. 联诵。联诵有两种情况：第一种是指若干个朗诵者分别担当各朗诵材料中不同部分的朗读，如诗的节或文章的段落，以组合成朗诵的整体，这种联诵适合较长的诗文；第二种是指若干个朗诵者各诵一首独立的短诗，连缀在一起组成系列式的单元，如朗诵唐诗绝句组合。联诵的实质仍是独诵，但比独诵有着更丰富的表现力。

4. 分角色朗诵。分角色朗诵比较适合于童话、寓言、叙事散文、剧本等作品，或生动活泼，或绘声绘色，或锋芒毕露，或异彩纷呈，富有艺术感染力。

5. 群诵。群诵是集体朗诵的一种形式，适合气势磅礴的作品，可安排一人或数人担任领诵，高潮部分由大家齐声朗诵。例如，朗诵梁启超的《少年中国说》，可先由一人领诵，朗诵到"少年智则国智，少年富则国富，少年强则国强……"时，改为群诵，中间"旭日初升，其道大光……"部分又由领诵朗诵，结尾再次群诵。这样表现作品富有排山倒海的气势，具有很强的鼓舞性。

6. 合诵。合诵指作品的一部分由一人或几人领诵，其余部分由大家齐声朗诵，其实质是独诵、对诵与群诵的结合，要求领诵和齐声朗诵配置得当。合诵变化多样、气势恢弘，给人以强烈的震撼，在大型演出中分量较重。

在对诵、合诵、群诵中，还可以采用压字朗读、重复朗读等富有变化的形式，以更好地表现作品的感染力。例如，中央电视台 2010 新年新诗会《囚歌》的朗诵，就多处运用了压字、重复的技巧。当朗诵者读到"爬出来吧，给你自由"时，背景音乐中依次出现了"自由"、"自由"的和声，产生了回声般的效果，显得非常有厚重感。

朗诵时，形象设计、舞美设计、乐舞设计和形式设计的和谐统一、相得益彰，往往能将受众带入优美的意境，使他们获得愉悦的享受。中央电视台 2007 新年新诗会《情感的花朵》，中央电视台主持人朱军和梦桐朗诵穆旦的诗歌《在寒冷腊月的夜里》，其道具是一张旧桌子、一把旧椅子，桌上放着一叠发黄的信纸和一支笔，朱军身着蓝色粗布长衫，围着灰色的长围巾，梦桐身穿深色的旗袍。深蓝的灯光、飘雪的背景，让受众回到了 20 世纪 40 年代。钢琴曲响起，朱军坐在桌前，拿着笔，轻轻朗诵，时而搓手，时而呵手，时而写字，表现出气候的严寒。至尾声时，他站起来，走到梦桐身边并肩站着，合诵结束全诗。这一节目将道具、布景、朗诵、态势语言、配乐、灯光等和谐完美地统一起来，既符合诗歌的具体情境（天气寒冷），又符合诗歌的时代历史背景，向受众很好地诠释了诗的内容，感染力极强，令人回味无穷。

四、提高朗诵水平的途径

如何提高自己的朗诵水平，这是每一个朗诵爱好者关心的问题。除了掌握基本的发声技巧、朗诵技巧和辅助手段之外，还需要注意以下几个方面。

首先是注意积累。要想演绎好作品，需要朗诵者对作品有深刻的理解和感受，而影响理解感受的重要因素之一就是文化的积累。这需要朗诵者在日常生活中多学习、多阅读，让自己的阅历丰富起来，这样在理解作品时有更加丰富的感受，对作品会有更深层次的解读。

其次是坚持多听多看。坚持收听广播、收听名家朗诵录音，并且加以模仿，这是提高朗诵水平的一个重要途径。聆听名家朗诵，先让自己对作品作者和朗诵者的经历有一个基本的了解，这样会更有效地感悟朗诵中每一个字、词、句、语气的含义，适当地留意其中的技巧，加以总结，这样才能较快地提高，这对丰富自己的内心世界，提高文学感悟能力，是有很大帮助的。

最后是坚持训练，积极参加各类朗诵活动。积累和多听多看都是在学习经验，只有自己付诸行动，将所学运用到实际的朗诵中，才能够有真正的提高。朗诵者不能纸上谈兵，而需要亲身去实践，积极参加各类朗诵的表演、竞赛，积累丰富的舞台经验，让自己成为一个自信、大方、富有情感和技巧的朗诵者。

实例分析

（一）语气语调的实例分析

这是一百万元。（一手交钱，一手交货，司空见惯）

这是一百万元！（强调金额很大）

这是一百万元？（怀疑，不相信有这么多）

这是一百万元？（惊讶，怎么这么多）

这是一百万元？（喜悦，为一下子有这么多钱而高兴）

这是一百万元！（后悔，不该错过赚大钱的机会）

语气语调的四种类型：

1. 高升调。一般用来表达号召、鼓动、设问、反问、呼唤等语气。由低到高，句尾语势上升。人的感情比较强烈时语气上升。

　　例如：难道我们班就甘心落后吗？

　　　　　马老师！马老师！

　　　　　近来你的学习成绩怎么下降了！

　　　　　全世界无产阶级联合起来！

2. 降抑调。用来表示肯定、坚信、赞叹、祝愿等语气，由高到低，句尾下降。一般是半降，加重语气时全降。人的情绪平稳时下降。

　　例如：勇士们，我将加入你们的队伍。（半降）

　　　　　王木匠可真是一把好手啊。（全降）

　　　　　我们的理想一定能实现。

　　　　　请你帮我解决这个问题吧。

3. 平直调。整个句子语势平稳舒展，没有明显的高低变化。一般用于陈述、说明、解释，表示严肃、庄重、平静、冷漠、悼念等。

　　例如：想从我这里发洋财，你们想错了。（鄙视冷淡）

　　　　　人民英雄纪念碑矗立在天安门广场中央。（庄重严肃）

　　　　　我们面临着严峻的考验。

　　　　　周总理永远活在我们心中。

4. 曲折调。有抑扬升降的曲折变化，呈波浪形。一般是降—升—降或者升—降—升。表示讽刺、诙谐、滑稽、双关、踌躇、狡猾等复杂语气。

　　例如：好个"友邦人士"，是些什么东西！

你是班长，你不能死。

她太可爱了，连哭鼻子的样子也招人喜欢。

啊，亲爱的狼先生，去年我还没有出生呢！

（二）节奏的实例分析

以朱自清的《春》为例，体会轻快型节奏。

盼望着，盼望着，东风来了，春天的脚步近了。

一切都像刚睡醒的样子，欣欣然张开了眼。山朗润起来了，水涨起来了，太阳的脸红起来了。

小草偷偷地从土地里钻出来，嫩嫩的，绿绿的。园子里，田野里，瞧去，一大片一大片满是的。坐着，躺着，打两个滚，踢几脚球，赛几趟跑，捉几回迷藏。风轻悄悄的，草软绵绵的。

桃树，杏树，梨树，你不让我，我不让你，都开满了花赶趟儿。红的像火，粉的像霞，白的像雪。花里带着甜味；闭了眼，树上仿佛已经满是桃儿，杏儿，梨儿。花下成千成百的蜜蜂嗡嗡的闹着，大小的蝴蝶飞来飞去。野花遍地是：杂样儿，有名字的，没名字的，散在草丛里像眼睛像星星，还眨呀眨的。

"吹面不寒杨柳风"，不错的，像母亲的手抚摸着你，风里带着些新翻的泥土的气息，混着青草味儿，还有各种花的香，都在微微润湿的空气里酝酿。鸟儿将巢安在繁花嫩叶当中，高兴起来了，呼朋引伴的卖弄清脆的歌喉，唱出婉转的曲子，跟清风流水应和着。牛背上牧童的短笛，这时候也成天嘹亮的响着。

雨是最寻常的，一下就是三两天。可别恼。看，像牛毛，像花针，像细丝，密密地斜织着，人家屋顶上全笼着一层薄烟。树叶却绿得发亮，小草也青得逼你的眼。傍晚时候，上灯了，一点点黄晕的光，烘托出一片安静而和平的夜。在乡下，小路上，石桥边，有撑着伞慢慢走着的人，地里还有工作的农民，披着蓑戴着笠。他们的房屋稀稀疏疏的，在雨里静默着。

天上的风筝渐渐多了，地上的孩子也多了。城里乡下，家家户户，老老小小，也赶趟似的，一个个都出来了。舒活舒活筋骨，抖擞抖擞精神，各做各的一份事儿去。"一年之计在于春"，刚起头儿，有的是功夫，有的是希望。

春天像刚落地的娃娃，从头到脚都是新的，它生长着。

春天像小姑娘，花枝招展的，笑着走着。

春天像健壮的青年，有铁一般的胳膊和腰脚，领着我们向前去。

作者以细腻的笔触，描写春草、春风、春花、春雨、春天的人们，展现了一幅幅满含希望、生机勃勃的春的画图，表达了作者盼春、惜春、爱春的美好情感。语句短小，活泼欢畅。朗读时应以轻快的节奏表现令人心醉、引人欢畅的新春景象和对充满希望的美好事物的赞美之情。

实战运用

1. 请朗读下面作品的片段，注意不同情感支配下语气语调的处理。

（1）春风吹遍了山川，春雨洒满了田园，春风春雨带来了美丽的春天。百鸟和鸣清脆婉转，百花盛开桃红李艳。

（2）"注意，这节钢轨情况异常！"刘学增突然大叫一声！一点不假，一根钢轨一端120毫米处已经断裂，此时，若有列车通过，那后果……

（3）中央领导特别强调青年知识分子要密切联系实际，同工农群众相结合，深入体制改革、经济建设和科学实验的实际中去，深入到工农群众中去，把书本知识和我国建设的实际结合起来，在实践中把自己锻炼成为祖国建设的得力人才。

（4）明明是二等品，却硬要涂上一级样，让它升级；明明是积压的次品，却硬要换个合格证，充当好货。钢锉厂弄虚作假的手段，实在恶劣！这样对待产品质量，确实应当好好整一整。

（5）他沉默了很久很久，才断断续续地说："我不怕死，可我不能死……我还没有完成总理给我的任务……"

2. 请朗读安徒生《卖火柴的小女孩》，体会低沉型节奏。

天冷极了，下着雪，又快黑了。这是一年的最后一天——圣诞节。在这又冷又黑的晚上，一个乖巧的小女孩赤着脚在街上走着。她从家里出来的时候还穿着一双拖鞋，但是有什么用呢？那是一双很大的拖鞋——那么大，一向是她妈妈穿的。她穿过马路的时候，两辆马车飞快地冲过来，吓得她把鞋都跑掉了。一只怎么也找不着，另一只叫一个男孩捡起来拿着跑了。他说，将来他有了孩子可以拿它当摇篮。

小女孩只好赤着脚走，一双小脚冻得红一块青一块的。她的旧围裙里兜着许多火柴，手里还拿着一把。这一整天，谁也没买过她一根火柴，谁也没给过她一个硬币。

可怜的小女孩！她又冷又饿，哆哆嗦嗦地向前走。雪花落在她的金黄的长头发上，那头发打成卷儿披在肩上，看上去很美丽，不过她没注意这些。每个窗子里都透出灯光来，街上飘着一股烤鹅的香味，因为这是大年夜——她可忘不了这个。

她在一座房子的墙角里坐下来，蜷着腿缩成一团。她觉得更冷了。她不敢回家，因为她没卖掉一根火柴，没挣到一个钱，爸爸一定会打她的。再说，家里跟街上一样冷。他们头上只有个房顶，虽然最大的裂缝已经用草和破布堵住了，风还是可以灌进来。

她的一双小手几乎冻僵了。啊，哪怕一根小小的火柴，对她也是有好处的！她敢从一大把火柴里抽出一小根，在墙上擦燃了，来暖和暖和自己的小手吗？她终于抽出了一根。哧！火柴燃起来了，冒出火焰来了！她把小手拢在火焰上。多么温暖多么明亮的火焰啊，简直像一支小小的蜡烛！这是一道奇异的火光！小女孩觉得自己好像坐在一个大火炉前面，火炉装着闪亮的铜脚和铜把手，烧得旺旺的，暖烘烘的，多么舒服啊！哎，这是怎么回事呢？她刚把脚伸出去，想让脚也暖和一下，火柴灭了，火炉不见了。她坐在那儿，手里只有一根烧过了的火柴梗。

她又擦了一根。火柴燃起来了，发出亮光来了。亮光落在墙上，那儿忽然变得像薄纱那么透明，她可以一直看到屋里。桌上铺着雪白的台布，摆着精致的盘子和碗，肚子里填满了苹果和梅子的烤鹅正冒着香气。更妙的是这只鹅从盘子里跳下来，背上插着刀和叉，摇摇摆摆地在地板上走着，一直向这个穷苦的小女孩走来。这时候，火柴又灭了，她面前只有一堵又厚又冷的墙。

她又擦着了一根火柴。这一回，她坐在美丽的圣诞树下。这棵圣诞树，比她去年圣诞节透过富商家的玻璃门看到的还要大，还要美。翠绿的树枝上点着几千支明晃晃的蜡烛，许多幅美丽的彩色画片，跟挂在商店橱窗里的一个样，在向她眨眼睛。小女孩向画片伸出手去。这时候，火柴又灭了。只见圣诞树上的烛光越升越高，最后成了在天空中闪烁的星星。有一颗星星落下来了，在天空中划出了一道细长的红光。

"有一个什么人快要死了。"小女孩说。唯一疼她的奶奶活着的时候告诉过她：一颗星星落下来，就有一个灵魂要到上帝那儿去了。

她在墙上又擦着了一根火柴。这一回，火柴把周围全照亮了。奶奶出现在亮光里，是那么温和，那么慈爱。"奶奶！"小女孩叫起来，"啊！请把我带走吧！我知道，火柴一灭，您就会不见的，像那暖和的火炉，喷香的烤鹅，美丽的圣诞树一样，就会不见的！"

她赶紧擦着了一大把火柴，要把奶奶留住。一大把火柴发出强烈的光，照得跟白天一样明亮。奶奶从来没有像现在这样高大，这样美丽。她把小女孩抱起来，搂在怀里。她们俩在光明和快乐中飞走了，越飞越高，飞到那没有寒冷，没有饥饿，也没有痛苦的地方去了。

第二天清晨，这个小女孩坐在墙角里，两腮通红，嘴上带着微笑。她死了，在旧年的大年夜冻死了。新年的太阳升起来了，照在她小小的尸体上。小女孩坐在那儿，手里还捏着一把烧过了的火柴梗。

"她想给自己暖和一下。"人们说。谁也不知道她曾经看到过多么美丽的东西，她曾经多么幸福，跟着她奶奶一起走向新年的幸福中去。

3. 请为史铁生的《秋天的怀念》设计舞美、配乐和朗读形式。

双腿瘫痪后，我的脾气变得暴怒无常。望着望着天上北归的雁阵，我会突然把面前的玻璃砸碎；听着听着李谷一甜美的歌声，我会猛地把手边的东西摔向四周的墙壁。母亲就悄悄地躲出去，在我看不见的地方偷偷地听着我的动静。当一切恢复沉寂，她又悄悄地进来，眼边红红的，看着我。"听说北海的花儿都开了，我推着你去走走。"她总是这么说。母亲喜欢花，可自从我的腿瘫痪后，她侍弄的那些花都死了。"不，我不去！"我狠命地捶打这两条可恨的腿，喊着："我活着有什么劲！"母亲扑过来抓住我的手，忍住哭声说："咱娘儿俩在一块儿，好好儿活，好好儿活……"可我却一直都不知道，她的病已经到了那步田地。后来妹妹告诉我，她常常肝疼得整宿整宿翻来覆去地睡不了觉。

那天我又独自坐在屋里，看着窗外的树叶"唰唰啦啦"地飘落。母亲进来了，挡在窗前："北海的菊花开了，我推着你去看看吧。"她憔悴的脸上现出央求般的神色。"什么时候？""你要是愿意，就明天？"她说。我的回答已经让她喜出望外了。"好吧，就明天。"我说。她高兴得一会坐下，一会站起："那就赶紧准备准备。""唉呀，烦不烦？几步路，有什么好准备的！"她也笑了，坐在我身边，絮絮叨叨地说着："看完菊花，咱们就去'仿膳'，你小时候最爱吃那儿的豌豆黄儿。还记得那回我带你去北海吗？你偏说那杨树花是毛毛虫，跑着，一脚踩扁一个……"她忽然不说了。对于"跑"和"踩"一类的字眼儿。她比我还敏感。她又悄悄地出去了。

她出去了，就再也没回来。

邻居们把她抬上车时，她还在大口大口地吐着鲜血。我没想到她已经病成那样。看着三轮车远去，也绝没有想到那竟是永远的诀别。

邻居的小伙子背着我去看她的时候，她正艰难地呼吸着，像她那一生艰难的生活。别人告诉我，她昏迷前的最后一句话是："我那个有病的儿子和我那个还未成年的女儿……"

又是秋天，妹妹推我去北海看了菊花。黄色的花淡雅、白色的花高洁、紫红色的花热烈而深沉，泼泼洒洒，秋风中正开得烂漫。我懂得母亲没有说完的话。妹妹也懂。我俩在一块儿，要好好儿活……

第五节　诗歌、散文的朗诵

训练目标

能运用基本技巧，形象地朗诵诗歌和散文。

训练指导

一、诗歌的朗诵

诗歌是一种文学体裁，它以抒情的方式，高度凝练、集中地反映社会生活。用丰富的想象、富有韵律感的语言和分行排列的形式来抒发思想情感。诗歌是有节奏、有韵律和感情色彩的一种语言艺术形式。这门艺术同别的艺术形式一样，也要讲究技巧和方法。诗歌的朗诵要深入心灵，激起诗情，运用技巧表现诗情。

（一）技巧

1. 身份定位，是朗读的前提。

2. 节奏是朗诵的生命。

3. 语气、停顿、重音一定要突出。

4. 要从感性入手，揣摩感受诗歌的情感。

（二）具体方法

1. 政治诗朗诵时要有激情，要饱满，音高、音值、音强要丰富。用层层推进的方式宣泄内心的激情。

2. 爱情诗朗诵时要声音柔美、情感细腻，声音不要过高。

3. 朦胧诗、哲理诗声音对比幅度不要太大，语速要慢，多停顿，给大家回味思考的时间。

4. 叙事诗要平实自然，语气要真挚。

二、散文的朗诵

广义上讲除了韵文以外的文章就是散文；狭义上讲是与诗歌小说戏剧文学并列的一种文体。

散文具有形散神聚的特点，朗诵散文时要理清线索，摸准神韵；表达细腻，点染得体；语气要轻柔，抒情要真挚；文辞美，音韵美；叙事要清楚、诱人，有感情，议论时要带情而议。

实例分析

1. 诗歌朗诵分析。

冬天，小窗内外的谈话
[德国] 布莱希特

一

"我是一只小麻雀"
我要饿死了，小朋友，救救我呦……
夏天，我给果园看守人发出警报，
果子才不被乌鸦吃掉。
小朋友，请给我吃点东西好不好!"

"来吧，小麻雀，过来吧，
朋友，我这就给你吃个饱。
我们感谢你，你干得好!"

二

"我是花花斑斑的啄木鸟。
我要饿死了，小朋友，救救我呦……
我整个夏天都用嘴在树上笃笃地啄，
歼灭害虫有多少，有多少。

小朋友，请给我吃点东西好不好！"

"来吧，啄木鸟，过来吧。
朋友，我这就给你吃个饱。
我们感谢你，你干得好！"

三

"我是金莺，金莺就是我。
我要饿死了，小朋友，救救我呦……
一年到头我从白天唱到晚上，
花园有我的歌声才特别美妙。
小朋友，请给我吃点东西好不好！"

"过来，歌手，过来吧！
朋友，我这就给你吃个饱，
我们感谢你，你唱得好！"

这是一首儿童诗，写了冬天鸟雀无处觅食，在寒冷与饥饿的情况下，向孩子发出了请求。诗所取的角度和写法都很单纯，能唤起孩子的悲悯情怀。

第一部分第一小节，第一句用不高不低的语气陈述介绍自己；第二句要用虚的声音来表现麻雀饥饿时的脆弱，"救救我呦"声音虚、弱和缓；第三、四句同第一句的语气；第五句语气缓慢，语调慢慢变低，气息绵长。第二小节，第一句语速急促而语调偏高；第二句语速正常语气里带着关心的口吻；第三句语气用赞扬之意，"感谢"、"干得好"为重音。

第二部分第一小节，第一句用不高不低的语气陈述介绍自己，"花花斑斑"重读；第二句要用虚的声音来表现啄木鸟饥饿时的脆弱，"救救我呦"声音虚、弱和缓；第三、四句"整个"、"笃笃"为重读，"有多少，有多少"感情渐强；第五句语气缓慢，语调慢慢变低，气息绵长。第二小节，第一句语速急促而语调偏高；第二句语速正常，语气里带着关心的口吻，且语气更强于第一部分；第三句语气用赞扬之意，"感谢"、"干得好"为重音。

第三部分第一小节，第一句用尖而悦耳的声音介绍自己；第二句要用虚的声音来表现金莺饥饿时的脆弱，"救救我呦"声音虚、弱和缓；第三、四句语调舒缓、温和、愉悦；第五句语气缓慢，语调慢慢变低，气息绵长，语气中带着乞求。第二小节，第一句语速催促而语调偏高；第二句语速正常语气里带着关心的口吻，且语气更强于第一部分；第三句语气用赞扬之意，"感谢"、"唱得好"为重音。

2. 巴金的散文《繁星》朗诵分析。

我爱月夜，但我也爱星天。从前在家乡七八月的夜晚在庭院里纳凉的时候，我最爱看天上密密麻麻的繁星。望着星天，我就会忘记一切，仿佛回到了母亲的怀里似的。

三年前在南京我住的地方有一道后门，每晚我打开后门，便看见一个静寂的夜。下面是一片菜园，上面是星群密布的蓝天。星光在我们的肉眼里虽微小，然而它使我们觉得光明无处不在。那时候我正在读一些天文学的书，也认得一些星星，好像它们就是我的朋友，它们常常在和我谈话一样。

如今在海上，每晚和繁星相对，我把它们认得很熟了。我躺在舱面上，仰望天空。深蓝色的天空里悬着无数半明半昧的星。船在动，星也在动，它们是这样低，真是摇摇欲坠呢！渐渐地我的眼睛模糊了，我好像看见无数萤火虫在我的周围飞舞。海上的夜是柔和的，是静寂的，是梦幻的。我望着许多认识的星，我仿佛看见它们在对我眨眼，我仿佛听见它们在小声说话。这时我忘记了一切。在星的怀抱中我微笑着，我沉睡着。我觉得自己是一个小孩子，现在睡在母亲的怀里了。

有一夜，那个在哥伦波上船的英国人指给我看天上的巨人。他用手指着：那四颗明亮的星是头，下面的几颗是身子，这几颗是手，那几颗是腿和脚，还有三颗星算是腰带。经他这一番指点，我果然看清楚了那个天上的巨人。看，那个巨人还在跑呢！

巴金先生的《繁星》是一篇优美的写景抒情散文，通过对天上繁星的观察，将"我"对繁星的细腻而独特的感受融于精致的文字中，从中不难看出作者对自然和美好生活的向往与憧憬，通篇采用由实到虚、虚实结合的写作方法，同时运用了比喻、拟人和排比等修辞手法，表现作者仰望星空产生的种种奇妙的感受和"我"的童心、童趣，要采用舒缓、中等的语速。

实战运用

结合诗歌的朗诵特点和朗诵技巧，朗诵下面的作品。

1. 泥土的梦
杜谷

泥土的梦是黑腻的
当春天悄悄来到北温带的日子
泥土有最美丽的梦

泥土有绿郁的梦
灌木林的梦
繁花的梦
发散着果实的酒香的梦
金色的谷粒的梦
它在梦中听到了
孩子们的　草镰
和风车水磨转动的声音

它在梦中听见了
潺潺的流水
和牦牛低沉的鸣叫
和布谷鸟催耕的歌
和在温暖的池沼
划着橘色的桨的白鹅的恋曲

我们从南方回来的漂亮的旅客
太阳，正用它的金色的修长的睫毛
搔痒着它
春风又吹着它隆起的乳房

它美丽的长发
它红润的裸足
吹卷着
它的宽大的印花布衫的衣角

一天夜里
旷野降下了滂沱的大雨
雨以它密密的柔和的小蹄
不停地吻着泥土
激动地拍打着泥土
热情地抚摸着泥土

泥土从深沉的梦里醒来
慢慢睁开晶莹黑亮的大眼
它眼里充满了喜悦的泪水
看，我们的泥土是怀孕了

一九四〇年三月　成都

2. 江城子·乙卯正月二十日夜记梦
苏轼

十年生死两茫茫，不思量，自难忘。千里孤坟，无处话凄凉。纵使相逢应不识，尘满面，鬓如霜。夜来幽梦忽还乡，小轩窗，正梳妆。相顾无言，惟有泪千行。料得年年肠断处，明月夜，短松冈。

3. 海燕
高尔基

在苍茫的大海上，狂风卷集着乌云。在乌云和大海之间，海燕像黑色的闪电，在高傲地飞翔。

一会儿翅膀碰着波浪，一会儿箭一般地直冲向乌云，它叫喊着——就在这鸟儿勇敢的叫喊声里，乌云听出了欢乐。

在这叫喊声里——充满着对暴风雨的渴望！在这叫喊声里，乌云听出了愤怒的力量、热情的火焰和胜利的信心。

海鸥在暴风雨来临之前呻吟着——呻吟着，它们在大海上飞窜，想把自己对暴风雨的恐惧，掩藏到大海深处。

海鸭也在呻吟着——它们这些海鸭啊，享受不了生活的战斗的欢乐：轰隆隆的雷声就把它们吓坏了。

蠢笨的企鹅，胆怯地把肥胖的身体躲藏在悬崖底下……只有那高傲的海燕，勇敢地，自由自在的，在泛起白沫的大海上飞翔！

乌云越来越暗，越来越低，向海面直压下来，而波浪一边歌唱，一边冲向高空，去迎接那雷声。

雷声轰响。波浪在愤怒的飞沫中呼叫，跟狂风争鸣。看吧，狂风紧紧抱起一层层巨浪，恶狠狠地把它们摔到悬崖上，把这些大块的翡翠摔成尘雾和碎末。

海燕叫喊着，飞翔着，像黑色的闪电，箭一般地穿过乌云，翅膀掠起波浪的飞沫。

看吧，它飞舞着，像个精灵——高傲的、黑色的暴风雨的精灵——它在大笑，它又在号叫……它笑那些乌云，它因为欢乐而号叫！

这个敏感的精灵——它从雷声的震怒里，早就听出了困乏，它深信，乌云是遮不住太阳的——是的，遮不住的！

狂风吼叫……雷声轰响……

一堆堆乌云，像青色的火焰，在无底的大海上燃烧。大海抓住闪电的箭光，把它们熄灭在自己的深渊里。这些闪电的影子，活像一条条火蛇，在大海里蜿蜒游动，一晃就消失了。

——暴风雨！暴风雨就要来啦！

这是勇敢的海燕，在怒吼的大海上，在闪电中间，高傲的飞翔；这是胜利的预言家在叫喊：

——让暴风雨来得更猛烈些吧！

4. 我用残损的手掌
戴望舒

我用残损的手掌，
摸索这广大的土地；
这一角已变成灰烬，
那一角只是血和泥；
这一片湖该是我的家乡。
春天，堤上繁花如锦幛；
嫩柳枝折断有奇异的芬芳，
我触到荇藻和水的微凉；
这长白山的雪峰冷到彻骨，
这黄河的水夹泥沙在指间滑出；
江南的水田，你当年新生的禾草，
是那么细，那么软……现在只有蓬蒿；
我用残损的手掌，

岭南的荔枝花寂寞地憔悴，

尽那边，我蘸着南海没有渔船的苦水……

无形的手掌掠过无限的江山，

手指沾了血和灰，

手掌沾了阴暗，

只有那辽远的一角依然完整，

温暖，明朗，坚固而蓬勃生春。

在那上面，我用残损的手掌轻抚，

像恋人的柔发，婴孩手中乳。

我把全部的力量运在手掌，

贴在上面，寄与爱和一切希望，

因为只有那里是太阳，是春，

将驱逐阴暗，带来苏生，

因为只有那里我们不像牲口一样活，

蝼蚁一样死……那里，永恒的中国！

5. 我的南方和北方
赵凌云

自从认识了那条奔腾不息的大江，我就认识了我的南方和北方。我的南方和北方相距很近，近得可以隔岸相望。我的南方和北方相距很远，远得无法用脚步丈量。

大雁南飞，用翅膀缩短着我的南方与北方之间的距离。燕子归来，衔着春泥表达着我的南方与北方温暖的情意。在我的南方，越剧、黄梅戏好像水稻和甘蔗一样生长。在我的北方，京剧、秦腔好像大豆和高粱一样茁壮。太湖、西湖、鄱阳湖、洞庭湖倒映着我的南方的妩媚和秀丽。黄河、渭河、漠河、塔里木河展现着我的北方的粗犷与壮美。

我的南方，也是李煜和柳永的南方。一江春水滔滔东流，流去的是落花般美丽的往事和忧愁。梦醒时分，定格在杨柳岸晓风残月中的那种伤痛，也只能是南方的才子佳人的伤痛。

我的北方，也是岑参和高适的北方。烽烟滚滚，战马嘶鸣。在胡天八月的飞雪中，骑马饮酒的北方将士，正向着刀光剑影的疆场上逼近。

所有的胜利与失败，最后都消失在边关冷月下的风中……

我曾经走过黄山、庐山、衡山、峨眉山、雁荡山，寻找着我的南方。我的南方却在乌篷船、青石桥、油纸伞、鱼鳞瓦的深处隐藏。在秦淮河的灯影里，我凝视着我的南方。在寒山寺的钟声里，我倾听着我的南方。在富春江的柔波里，我拥抱着我的南方。我的南方啊！草长莺飞，小桥流水，杏花春雨。

我曾经走过天山、昆仑山、长白山、祁连山、喜马拉雅山，寻找着我的北方。我的北方却在黄土窑、窗花纸、热土炕、蒙古包中隐藏。在雁门关、山海关、嘉峪关，我与我的北方相对无言。在大平原、大草原、戈壁滩，我与我的北方倾心交谈。在骆驼和牦牛的背景里，我陪伴着我的北方走向遥远的地平线。我的北方啊！大漠孤烟，长河落日，唢呐万里。

自从认识了那条奔腾不息的大江，我就认识了我的南方和北方。

从古到今，那条奔腾不息的大江就像一根琴弦，弹奏着几多兴亡，几多沧桑。在东南风的琴音中，我的南方雨打芭蕉，荷香轻飘，婉约而又缠绵。在西北风的琴音中，我的北方雪飘荒原，腰鼓震天，凝重而又旷远。

啊！我的南方和北方，我的永远的故乡和天堂。

第三章 演讲训练

本章目标

1. 了解演讲的本质和特征。
2. 能够根据演讲的要求设计恰当的有声语言和体态语。
3. 综合运用语音、体态语等各种技巧进行完整清楚的演讲。

第一节 演讲概述

训练目标

1. 了解演讲的本质和特征。
2. 掌握演讲的分类，能根据表达需要选择恰当的演讲类型。

训练指导

一、演讲的本质和特征

演讲，是以宣传鼓动为目的，带有一定艺术性的严肃的社会实践活动。要求演讲者面对听众，以有声语言为主要表达形式，以态势语言为辅助形式，系统、鲜明地阐明自己的观点和主张。

演讲作为人类一种社会实践活动，它必须具备以下四个条件：演讲者、听众、沟通两者的媒介以及时间和环境。离开其中任何一个条件都构成不了演讲。演讲的传达手段包括：有声语言、态势语言和主体形象。

（一）演讲的本质

是演讲者在特定的时境中，借助有声语言和态势语言的艺术手段，针对社会的现实和未来，面对广大听众发表意见，抒发情感，从而达到感召听众并促使其行动的一种现实的信息交流活动。

（二）演讲的特征

1. 演讲不同于朗诵。

（1）演讲与朗诵的范畴不同，演讲属精神实用艺术，侧重于宣传鼓动；朗诵属表演艺术，侧重于表演与欣赏。

（2）演讲的选题有很强的现实性、时代性；朗诵的材料有很大的超越性。

（3）演讲讲究激情，其语言有特殊性，有生活化的舞台语言，有舞台化的生活语言，演讲一定要有激情点（高潮）；朗诵追求意境，其语言属舞台表演语言。

2. 演讲不同于报告。

（1）内容上，演讲注重典型性、鲜明性；报告注重政策性、权威性、指导性。

（2）语言上，朗诵必须要有起伏，而报告要求朴实，感情表达不要求大起大落，应基调平稳。演讲不是表演，是表现，要注重控制情绪，最好的演讲者是这样的：他的眼泪在眼眶里，而听众的眼泪在脸上。

3. 演讲不同于表演、作文。

（1）演讲是演讲者就人们普遍关注的某种有意义的事物或问题，通过口头语言面对一定场合的听众，直接发表意见的一种社会活动，而不是像表演一样，是演员在舞台上面对观看艺术表演的观众进行艺术表演。

（2）作文是作者通过文章向读者单方面地输出信息，演讲则是演讲者在现场与听众双向交流信息。严格地讲，演讲是演讲者与听众、听众与听众的三角信息交流，演讲者不能以传达自己的思想和情感、情绪为满足，他必须能控制住自己与听众、听众与听众情绪的应和与交流。

二、演讲稿的特点

为演讲准备的演讲稿具有以下三个方面的特点。

第一，针对性。首先，作者提出的问题应是听众所关心的问题，要能为听众所接受并心悦诚服，这样，才能起到应有的社会效果；其次，要懂得听众有不同的对象和不同的层次，而公众场合也有不同的类型，写作时要根据不同场合和不同对象，为听众设计不同的演讲内容。

第二，可讲性。演讲的本质在于"讲"，而不在于"演"，它以"讲"为主，以"演"为辅。由于演讲要诉诸口头，拟稿时必须以易说能讲为前提。

第三，鼓动性。演讲是一门艺术。好的演讲自有一种激发听众情绪、赢得好感的鼓动性。要做到这一点，首先要依靠演讲稿思想内容的丰富、深刻，见解精辟，有独到之处，发人深思，语言表达要形象、生动，富有感染力。

三、演讲的作用

1. 促进作用。促进历史转变，促进文明建设，促进人才成长。

2. 教育作用。既是教育别人，又是自我教育。

3. 美感作用。演讲的题材首先是真实的，必须歌颂真善美，要求形式是美的，语言是美的，态势是美的。能使人产生愉悦，听一次演讲不仅是一次心灵的净化，而且是一次审美观的升华。

四、演讲的分类

（一）从功能上划分，可分为五种类型

1. "使人知"演讲。这是一种以传达信息、阐明事理为主要功能的演讲。它的目的在于使人知道、明白。如美学家朱光潜的演讲《谈作文》，讲了作文前的准备、文章体裁、构思、选材等，使听众明白了作文的基本知识。它的特点是知识性强，语言准确。

2. "使人信"演讲。这种演讲的主要目的是使人信赖、相信。它从"使人知"演讲发展而来。如恽代英的演讲《怎样才是好人》，不仅告知人们哪些人不是好人，也提出了三条衡量好人的标准，通过一系列的道理论述，改变了人们以往的旧观念。它的特点是观点独到、正确，论据翔实、确凿，论证合理、严密。

3. "使人激"演讲。这种演讲意在使听众激动起来，在思想感情上与演讲者产生共鸣，从而欢呼、雀跃。如美国黑人运动领袖马丁·路德·金的《在林肯纪念堂前的演说》，用他的几个"梦想"激发广大黑人听众的自尊感、自强感，激励他们为"生而平等"而奋斗。

4. "使人动"演讲。这比"使人激"演讲又进了一步，它可使听众产生一种欲与演讲者一起行动的想法。法国前总统戴高乐在第二次世界大战期间于英国伦敦作的演讲《告法国人民书》，号召法国人民行动起来，投身反法西斯的行列。它的特点是鼓动性强，多以号召、呼吁式的语言结尾。

5. "使人乐"演讲。这是一种以活跃气氛、调节情绪、使人快乐为主要功能的演讲，多以幽默、笑话或调侃为材料，一般常出现在喜庆的场合。这种演讲的事例很多，人们大都能听到。它的特点是材料幽默，语言诙谐。

（二）从表达形式上划分，可分为三种类型

1. 命题演讲。即由别人拟定题目或演讲范围，并经过准备后所作的演讲。它包含两种形式：全命题演讲和半命题演讲。

全命题演讲的题目一般是由演讲组织部门来确定的。某单位搞"让雷锋精神在岗位上闪光"主题演讲，为了让演讲者各有侧重，分别拟了《把爱送到每个顾客的心坎上》、《练好本领，为民服务》、《从一点一滴做起》三个题目，给了三个演讲者，要求以此组织材料，准备演讲。

半命题演讲是指演讲者根据演讲活动组织单位限定的范围，自己拟定题目进行的演讲。有一次，中央电视台和《演讲与口才》杂志社联合举办的"十城市青少年演讲邀请赛"命题演讲即以"四有教育"为范围，具体题目自拟。

命题演讲的特点是：主题鲜明、针对性强、内容稳定、结构完整。

2. 即兴演讲。即演讲者在事先无准备的情况下就眼前场面、情境、事物、人物临时起兴发表的演讲。如婚礼祝辞、欢迎致辞、丧事悼念、聚会演讲等。它的特点是：有感而发、时境感强、篇幅短小。它要求演讲者要紧扣主题，抓住由头，迅速组合，言简意赅。

3. 论辩演讲。即指由两方或两方以上的人们因对某个问题产生不同意见而展开的面对面的语言交锋。其目的是坚持真理、批驳谬误、明辨是非。比如，我们生活中常见的法庭论辩、外交论辩、赛场论辩，以及每个人都曾经历过的生活论辩等。它的特点是：针锋相对，短兵相接。论辩演讲较之命题演讲、即兴演讲更难些，要求演讲者必须具备：正确的思想、高尚的品质、严密的逻辑性、较强的应变能力。

（三）从内容上划分，大致可分为六种类型

1. 政治演讲。凡是为了一定的政治目的，出于某种政治动机，就某个政治问题以及与政治有关的问题而发表的演讲均属此类。它包括外交演讲、军事演讲、政府工作报告、政治宣传等。

例如：罗斯福1941年所作的演讲《一个遗臭万年的日子》。

副总统先生、议长先生、参众两院各位议员：

昨天，1941年12月7日——一个遗臭万年的日子——美利坚合众国遭到日本帝国海军的蓄谋已久的突然袭击。

合众国当时应该同处于和平状态，而且，根据日本的请求，当时仍在同该国政府和该国天皇进行着对话，对于维持太平洋的和平有所期待。实际上，就在日本空军中队已经开始轰炸美国瓦胡岛之后一小时，日本驻合众国大使及其同事还向我们国务卿提交了对美国最近致日方的信函的正式答复。虽然复函声言继续现行外交谈判似已无用，它并未包含有关战争或武装进攻的威胁或暗示。

应该记录在案的是，由于夏威夷同日本的距离，这次进攻显然是许多天乃至若干星期以前就已蓄谋策划好了的。在策划过程中，日本政府通过虚伪的声明和表示希望维系和平而蓄谋欺骗了合众国。

昨天对夏威夷群岛的进攻，给美国海陆军队造成了严重的损害，我遗憾地告诉各位，很多美国人丧失了生命。此外，据报，美国船只在旧金山和火奴鲁鲁之间的公海上遭到了鱼雷袭击。

昨天，日本政府已发动了对马来西亚的进攻。

　　昨夜，日本军队进攻了香港。

　　昨夜，日本军队进攻了关岛。

　　昨夜，日本军队进攻了菲律宾群岛。

　　昨夜，日本人进攻了威克岛。

　　今晨，日本人进攻了中途岛。……

　　我要求国会宣布：自 1941 年 12 月 7 日——星期日日本进行无缘无故和卑鄙怯懦的进攻时起，合众国和日本帝国之间已处于战争状态。

　　这是美国总统罗斯福就珍珠港事件发表的一篇政治演讲，在讲稿中表明了自己的观点和看法，要求国会对日本宣战。

　　2. 生活演讲。是指演讲者就社会生活中存在的各种问题、风俗、现象而作的演讲，它表达了演讲者对这些问题的看法、见解和观点。这种演讲涵盖的内容更加广泛，如亲情友谊、吊贺、迎送、答谢等均属此类。学校每周一的国旗下的演讲属于此类演讲。

　　3. 学术演讲。是指演讲者就某些系统、专门的知识和学问而发表的演讲。一般指学校和其他场合的专题讲座、学术报告、学术发言、学术评论。

　　4. 法庭演讲。是指公诉人、辩护代理人在法庭上所作的演讲，律师的辩护演讲。法庭演讲有自己的突出特征：公正性和针对性。

　　5. 宗教演讲。是指一切与宗教仪式、宗教宣传有关的演讲。它主要包括布道演讲和一些宗教会议演讲。这种演讲在我国的影响不大，听演讲和作演讲的人都不多。

　　6. 竞聘演讲。是指参加竞聘者为了实现竞争上岗而展示自我竞聘条件、未来的施政目标和构想所发表的公开演讲。事先为这种演讲写成的书面材料就是竞聘演讲词。竞聘演讲越来越有实用价值，引起了越来越多人的重视。要想在竞争的年代实现自我目标，做好竞聘演讲是十分重要的。

　　由于演讲的内容、形式、功能复杂多样，我们以上对演讲的分类不可能做到绝对的划一和标准。这里介绍的几种基本类型，旨在为演讲爱好者提供一些参考。

实例分析

我有一个梦想

马丁·路德·金

　　今天，我高兴地同大家一起参加这次将成为我国历史上为争取自由而举行的最伟大的示威集会。100 年前，一位伟大的美国人签署了《解放黑奴宣言》，今天我们就是在他的雕像前集会。这一庄严宣言犹如灯塔的光芒，给千百万在那摧残生命的不义之火中饱受煎熬的黑奴带来了希望。它之到来犹如欢乐的黎明，结束了束缚黑人的漫漫长夜。

　　然而 100 年后的今天，我们必须正视黑人还没有得到自由这一悲惨的事实。100 年后的今天，在种族隔离的镣铐和种族歧视的枷锁下，黑人的生活备受压榨。100 年后的今天，黑人仍生活在物质充裕的海洋中一个穷困的孤岛上。100 年后的今天，黑人仍然萎缩在美国社会的角落里，并且意识到自己是故土家园中的流亡者。今天我们在这里集会，就是要把这种骇人听闻的情况公之于世。

　　就某种意义而言，今天我们是为了要求兑现诺言而汇集到我们国家的首都来的。我们共和国的缔造者草拟宪法和独立宣言的气壮山河的词句时，曾向每一个美国人许下了诺言，他们承诺所有人——不论白人还是黑人——都享有不可让渡的生存权、自由权和追求幸福权。

　　就有色公民而论，美国显然没有实践她的诺言。美国没有履行这项神圣的义务，只是给黑人开了一张空头支票，支票上盖着"资金不足"的戳子后便退了回来。但是我们不相信正义的银行已经破产，我们不相信，在这个国家巨大的机会之库里已没有足够的储备。因此今天我们要求将支票兑现——这张支票将给予我们宝贵的自由和正义保障。

我们来到这个圣地也是为了提醒美国，现在是非常急迫的时刻。现在决非侈谈冷静下来或服用渐进主义的镇静剂的时候。现在是实现民主的诺言时候。现在是从种族隔离的荒凉阴暗的深谷攀登种族平等的光明大道的时候，现在是向上帝所有的儿女开放机会之门的时候，现在是把我们的国家从种族不平等的流沙中拯救出来，置于兄弟情谊的磐石上的时候。

如果美国忽视时间的迫切性和低估黑人的决心，那么，这对美国来说，将是致命伤。自由和平等的爽朗秋天如不到来，黑人义愤填膺的酷暑就不会过去。1963年并不意味着斗争的结束，而是开始。有人希望，黑人只要撒撒气就会满足；如果国家安之若素，毫无反应，这些人必会大失所望的。黑人得不到公民的基本权利，美国就不可能有安宁或平静，正义的光明的一天不到来，叛乱的旋风就将继续动摇这个国家的基础。

但是对于等候在正义之宫门口的心急如焚的人们，有些话我是必须说的。在争取合法地位的过程中，我们不要采取错误的做法。我们不要为了满足对自由的渴望而抱着敌对和仇恨之杯痛饮。我们斗争时必须永远举止得体，纪律严明。我们不能容许我们的具有崭新内容的抗议蜕变为暴力行动。我们要不断地升华到以精神力量对付物质力量的崇高境界中去。

现在黑人社会充满着了不起的新的战斗精神，但是不能因此而不信任所有的白人。因为我们的许多白人兄弟已经认识到，他们的命运与我们的命运是紧密相连的，他们今天参加游行集会就是明证。他们的自由与我们的自由是息息相关的。我们不能单独行动。

当我们行动时，我们必须保证向前进。我们不能倒退。现在有人问热心民权运动的人，"你们什么时候才能满足？"

只要黑人仍然遭受警察难以形容的野蛮迫害，我们就绝不会满足。

只要我们在外奔波而疲乏的身躯不能在公路旁的汽车旅馆和城里的旅馆找到住宿之所，我们就绝不会满足。

只要黑人的基本活动范围只是从少数民族聚居的小贫民区转移到大贫民区，我们就绝不会满足。

只要我们的孩子被"仅限白人"的标语剥夺自我和尊严，我们就绝不会满足。

只要密西西比州仍然有一个黑人不能参加选举，只要纽约有一个黑人认为他投票无济于事，我们就绝不会满足。

不！我们现在并不满足，我们将来也不满足，除非正义和公正犹如江海之波涛，汹涌澎湃，滚滚而来。

我并非没有注意到，参加今天集会的人中，有些受尽苦难和折磨，有些刚刚走出窄小的牢房，有些由于寻求自由，曾在居住地惨遭疯狂迫害的打击，并在警察暴行的旋风中摇摇欲坠。你们是人为痛苦的长期受难者。坚持下去吧，要坚决相信，忍受不应得的痛苦是一种赎罪。

让我们回到密西西比去，回到亚拉巴马去，回到南卡罗来纳去，回到佐治亚去，回到路易斯安那去，回到我们北方城市中的贫民区和少数民族居住区去，要心中有数，这种状况是能够也必将改变的。我们不要陷入绝望而不可自拔。

朋友们，今天我对你们说，在此时此刻，我们虽然遭受种种困难和挫折，我仍然有一个梦想，这个梦想深深扎根于美国的梦想之中。

我梦想有一天，这个国家会站立起来，真正实现其信条的真谛："我们认为真理是不言而喻，人人生而平等。"

我梦想有一天，在佐治亚的红山上，昔日奴隶的儿子将能够和昔日奴隶主的儿子坐在一起，共叙兄弟情谊。

我梦想有一天，甚至连密西西比州这个正义匿迹，压迫成风，如同沙漠般的地方，也将变成自由和正义的绿洲。

我梦想有一天，我的四个孩子将在一个不是以他们的肤色，而是以他们的品格优劣来评价他们的国度里生活。

今天，我有一个梦想。我梦想有一天，亚拉巴马州能够有所转变，尽管该州州长现在仍然满口异议，反对联邦法令，但有朝一日，那里的黑人男孩和女孩将能与白人男孩和女孩情同骨肉，携手并进。

今天，我有一个梦想。

我梦想有一天，幽谷上升，高山下降；坎坷曲折之路成坦途，圣光披露，满照人间。

这就是我们的希望。我怀着这种信念回到南方。有了这个信念，我们将能从绝望之岭劈出一块希望之石。有了这个信念，我们将能把这个国家刺耳的争吵声，改变成为一支洋溢手足之情的优美交响曲。

有了这个信念，我们将能一起工作，一起祈祷，一起斗争，一起坐牢，一起维护自由；因为我们知道，终有一天，我们是会自由的。

在自由到来的那一天，上帝的所有儿女们将以新的含义高唱这支歌："我的祖国，美丽的自由之乡，我为您歌唱。您是父辈逝去的地方，您是最初移民的骄傲，让自由之声响彻每个山冈。"

如果美国要成为一个伟大的国家，这个梦想必须实现！

让自由之声从新罕布什尔州的巍峨的崇山峻岭响起来！

让自由之声从纽约州的崇山峻岭响起来！

让自由之声从宾夕法尼亚州的阿勒格尼山响起来！

让自由之声从科罗拉多州冰雪覆盖的落基山响起来！

让自由之声从加利福尼亚州蜿蜒的群峰响起来！

不仅如此，还要让自由之声从佐治亚州的石岭响起来！

让自由之声从田纳西州的瞭望山响起来！

让自由之声从密西西比的每一座丘陵响起来！

让自由之声从每一片山坡响起来！

当我们让自由之声响起，让自由之声从每一个大小村庄、每一个州和每一个城市响起来时，我们将能够加速这一天的到来，那时，上帝的所有儿女，黑人和白人，犹太教徒和非犹太教徒，耶稣教徒和天主教徒，都将手携手，合唱一首古老的黑人灵歌："自由啦！自由啦！感谢全能上帝，我们终于自由啦！"

这篇演讲词的逻辑非常严密。文章一开始，马丁·路德·金就以形象生动的语言阐述了此次游行的起因和目的。他从一百年前林肯签署解放黑奴宣言讲起，自然而然地引到目前黑人生活的现状：黑人仍然生活在种族隔离和种族歧视的镣铐和枷锁下，不仅物质上极度贫困，而且精神上备受屈辱，虽然生活在自己的家园，却像流亡者一样缺少归宿和安全感。正因为如此，民权组织组织了这次盛大的游行，要求"兑现诺言"，争取民权和自由。这是宪法所赋予黑人的正当权利，是正义的，是合理合法的。

紧接着，作者提醒美国政府，现在正是"兑现诺言"的最佳时机，改善黑人的生存现状已到了刻不容缓的时候。如果忽视了时间的迫切性，低估黑人争取正当权利的决心，将会给美国带来致命伤，"叛乱的旋风就将继续动摇这个国家的基础"。

但另一方面，作者也反过来提醒黑人同胞，一定要注意斗争的方式和策略。

因为是面对黑人同胞演讲，马丁·路德·金在这一场合必须鼓舞同胞士气，帮助他们树立信念和理想，团结他们共同前进。接下来的几段，马丁·路德·金用一系列气势磅礴的排比句，表达了黑人民权运动的目标，以及对黑人同胞的深切希望。那就是斗争一定要彻底，每个人都要有顽强的斗争精神和韧劲，无论在怎样艰难的环境和痛苦的遭遇中都要坚持下去。他充满激情地呼吁大家回到那些最冥顽不化的地方，坚持战斗，不要绝望，胜利的那一天一定会到来。

最后一部分是全文的高潮。作者连用六个"我梦想有一天"，以诗一样的语言和酣畅淋漓的排比句式，正面表达了对自由和平等的渴望，抒发了他作为一个黑人内心最热烈的梦想。他呼吁种族平等、人格尊严和兄弟般的情谊能早日到来！他呼吁自由与平等在美国的各个角落都能得到实现！这几段文字情感充沛，文采斐然，犹如长江大河，一泻千里，不可阻挡，具有极强的感染力。

这篇演讲词饱含激情。作者从"结束了束缚黑人的漫漫长夜"的期待开始，到对一百年之后黑人现状的失望，到要求政府兑现"支票"的义正词严，再到"我有一个梦想"的热烈憧憬，其间无不充满着作者悲愤而热烈的情感。正因为作者饱含深情，而且在演讲中把梦幻、心曲和圣歌联系起来，所以演讲如交响乐一般在听众中回荡，使听众的情绪受到感染并得以升华，产生了极强的号召力。而这正是演讲成功的必要条件。

作者运用多种修辞手法，几乎每一段都有大量形象的比喻，如用"灯塔"和"黎明"来比喻林肯签署的解放黑奴宣言，用"物质充裕的海洋中一个穷困的孤岛"和"故土家园中的流亡者"等来比喻黑人的处境，生动地描绘出美国黑人的生存现状和他们内心的渴望。"空头支票"等则形象地表现出了政府许诺与现实之间的距离。文中华丽的词句，典雅的语言，为演讲锦上添花。文中还大量运用了排比、呼告和反复等修辞手法，使作者的思想表达得更充分、更鲜明，有着排山倒海的气势，增强了作品的感染力和表达效果。

实战运用

1. 请分析《不抱怨是一种智慧》选段，理解演讲特点及作用。

同学们，当你们面对一大堆作业时，你抱怨过吗？当你们面对严谨的校规时，是否会觉得郁闷？郁闷，那是正常的。谁不渴望自由，谁不想过得无拘无束！但是，在抱怨之后，你快乐吗？在郁闷过后，事情就能解决了吗？没有。那你为何不试一试，在面对那些作业和校规时，将抱怨化做成长的动力，寻找生活中的美丽阳光：史蒂芬·霍金，是本世纪享有国际盛誉的伟人之一，他因患病，只有一只眼睛能看见东西，一根手指能活动！但他身残志不残，克服重重困难，最终成为国际物理界的不朽传奇！这正是因为他拥有一颗不抱怨的心，不抱怨疾病给他带来的不便，不抱怨命运的不仁慈，将困难化为了前进的动力。

曾听到这样一个故事：有一头老驴掉进一个大坑里，它怎么也爬不上来。它的主人嫌它太老、没有用处，便想活埋了它，它对主人抱怨道：为什么，你不愿拉我一把？显然，抱怨是没有用的，主人依旧要活埋它。老驴并没有因为主人的抛弃而放弃自己的生命。它化抱怨为求生的动力，借着主人用来埋它的土，艰难地向上爬。最后跳出了坑，终于能够重新奔跑在自由的天空下。

同学们，每当你们遇到困难和挫折想要抱怨时，请先冷静下来，请记住：不抱怨，是一种智慧！半期考试在即，希望同学们从容地面对，把抱怨转化为学习的动力，争取在考试中取得优异的成绩。

2. 请分析俞敏洪的经典励志演讲词的特点、本质及作用。

人的生活方式有两种，第一种是像草一样活着。你尽管活着，每年还在成长，但是你毕竟是一棵草；你吸收雨露阳光，但是长不大。人们可以踩过你，人们不会因为你的痛苦而产生痛苦；

人们不会因为你被踩了，而来怜悯你，因为人们本身就没看到你。所以，我们每一个人都应该像树一样成长。即使我们现在什么都不是，但是只要你有树的种子，即使被人踩到泥土中间，你依然能够吸收泥土的养分，自己成长起来。也许两年、三年你长不大，但是十年、八年、二十年，你一定能长成参天大树，当你长成参天大树以后，遥远的地方，人们就能看到你；走近你，你能给人一片绿色、一片阴凉，你能帮助别人。即使人们离开你以后，回头一看，你依然是地平线上一道美丽的风景线。树，活着是美丽的风景，死了依然是栋梁之才。活着死了都有用，这就是我们每一个同学做人的标准和成长的标准。

当一个人为别人活着的时候，就非常麻烦。因为别人的标准是不一样的，没有坚持自己的追求而想要的东西，你的尊严和自尊是得不到保证的，因为你总是在飘摇中间。保持自己尊严和自尊的最好的方法是什么呢？就是说你有一个梦想，通过从最基本的一个步骤，你就可以开始追求。比如说最后你想取代我，成为新东方的董事长和总裁，你能不能做到？只要你有足够的心态和足够做事情的方法，以及胸怀，肯定是能做到的。

凡是想要一下子把一件事情干成的人，就算他干成这件事情，他也没有基础，因为等于是在沙滩上造的房子，最后一定会倒塌。只有慢慢地一步一步把事情干成的，每一步都给自己打下坚实的基础，每一步都给自己一个良好的交代，再重新向未来更高去走每一步的人，他才能够把事情真正地做成功。

当你决定了一辈子干什么以后，你就要坚定不移地干下去，就不要随便地换。你可以像一条河流一样，越流越宽阔，但是千万不要再想去变成另外一条河，或者变成一座高山。有了这样一个目标以后，你生命就不会摇晃，不会因为有某种机会，你就到处乱窜，这样你才能够做出成绩。

我们未来生活的一种重要能力，叫做忍辱负重的能力。很多社会名流会遇到很多很多你不能忍受的事情，但是你不得不忍受。而你不忍受就不可能成功。为什么，因为你不忍辱负重，你就没有时间，你就没有空间，没有走向未来的空间。如果你想走向未来，最后变得更加强大、更加繁荣，你就必须要做好，给自己留下足够的时间和空间。轮到我们自己的生命，要想为一个伟大的目标而奋斗的时候，你必须排除你生命中一切琐碎的干扰，因此你就必须忍辱负重。

不管我们是什么年龄，我们哪能做一时气不过的事情。这个世界上让你气不过的事情太多了，只有你气得过的时候，这个世界在你面前才能展开最光辉的一面。

我有这么一个比喻，每一条河流都有自己不同的生命曲线。长江和黄河的曲线，是绝对不一样的。但是每一条河流都有自己的梦想，那就是奔向大海。所以不管黄河是多么的曲折，绕过了多少的障碍；长江拐的弯不如黄河多，但是她冲破了悬崖峭壁，用的方式是不一样的，但是最后都走到了大海。当我们遇到困难时，不管是冲过去还是绕过去，只要我们能过去就行。我希望大家能使自己的生命向梦想流过去，像长江、黄河一样流到自己梦想的尽头，进入宽阔的海洋，使自己的生命变得开阔，使自己的事业变得开阔。但是并不是你想流就能流过去，其实这里面就具备了一种精神，毫无疑问就是水的精神。我们的生命有时候会是泥沙，尽管你也跟着水一起往前流，但是由于你个性的缺陷，面对困难的退步或者说胆怯，你可能慢慢地就会像泥沙一样沉淀下去，一旦你沉淀下去，也许你不用为前进而努力了，但是你却永远见不得阳光了。你沉淀了下去，上面的泥沙就会不断地把你压住，最后你会暗无天日。所以我建议大家，不管你现在的生命是什么样的，一定要有水的精神。哪怕被污染了，也能洗净自己。像水一样，不断地积蓄自己的力量，不断地冲破障碍，当你发现时机不到的时候，把自己的厚度给积累起来，当有一天时机来临的时候，你就能够奔腾入海，成就自己的生命。

渡过难关是一种心态，你想要跨过去的话，就必然能跨过去。

很多人在工作的时候，带着怨气和怨恨在工作，你的工作就永远做不好。

如何能够把事情做得更成功的几个要点。第一要点，尽可能把自己的长期目标和短期目标结合起来。我们要先分清楚，哪些事情是我们想一辈子干的事情，哪些事情是一下子干完，我们就可以不用干的事情。中国有句话叫急事慢做，你越着急的事情，你做得越仔细、越认真，越能把事情做好。而你越着急的事情，做得越快反而越做得七零八落，我把这个急事也叫做大事。第二个要素就是要决定自己一辈子干什么。那么还有一个我觉得非常重要的，就是平时做事情的时候，对时间的计划性。还有一点，就是成功要自我约束。任何时候，当你前面面临一个巨大的诱惑，和其他任何可能产生诱惑的时候，如果你觉得自己停不下来，你千万别去追那个东西。因为你追了那个东西停不下来，最后栽跟头的一定就是你。

千万记住一点，做任何事情的时间都是能挤出来的。

伟大与平凡的不同之处，一个平凡的人每天过着琐碎的生活，但是他把琐碎堆砌出来，还是一堆琐碎的生命。所谓伟大的人，是把一堆琐碎的事情，通过一个伟大的目标，每天积累起来以后，变成一个伟大的事业。

我的核心价值观就是，以善为生，用善良的心态来对待自己的生命和别人的生命。

有两句话我是比较欣赏的。生命是一种过程；事业是一种结果。

我们每一个人是活在每一天的，假如说你每一天不高兴，你把所有的每一天都组合起来，就是你一辈子不高兴。但是假如你每一天都高兴了，其实你一辈子就是幸福快乐的。有一次我在往黄河边上走的时候，我就用矿泉水瓶灌了一瓶水。大家知道黄河水特别的浑，后来我就放在路边，大概有一个小时左右。让我非常吃惊的发现，四分之三已经变成了非常清澈的一瓶水，而只有四分之一呢，是沉淀下来的泥沙。假如说我们把这瓶水，清水部分比喻我们的幸福和快乐，而把那个浑浊的沉淀的泥沙，比喻我们痛苦的话，你就明白了；当你摇晃一下以后，你的生命中整个充满的是浑浊，也就是充满的都是痛苦和烦恼。但是当你把心静下以后，尽管泥沙总的分量一点都没有减少，但是它沉淀在你的心中，因为你的心比较沉静，所以就再也不会被搅和起来，因此你的生命的四分之三，就一定是幸福和快乐的。

人的生命道路其实很不平坦，靠你一个人是绝对走不完的，这个世界上只有你跟别人在一起，为了同一个目标一起做事情的时候，才能把这件事情做成。一个人的力量很有限，但是一群人的力量是无限的。当五个手指头伸出来的时候，它是五个手指头，但是当你把五个手指头握起来的时候，它是一个拳头。未来除了你自己成功，一定要跟别人一起成功，跟别人团结在一起，形成我们，你才能把事情做成功。

3. 请结合你最近听过的感受最深的一次演讲谈谈演讲的特点、作用以及带给你的启示。

第二节 演讲稿"讲"的技巧训练

训练目标

1. 能够根据演讲要求，正确设计演讲稿的语言表达技巧。
2. 综合运用各种语音技巧进行完整清楚的演讲。

训练指导

演讲是"演"与"讲"的有机结合，"演"与"讲"的和谐必须是以"讲"为主，以"演"为辅，

"演"必须建立在"讲"的基础上，否则便失去了演讲的意义。如果只有"演"而没有"讲"，只作用于听众的视觉器官而不作用于听众的听觉器官，听众就不能明白演讲者的意图；如果只有"讲"而没有"演"，则不易感染听众、打动听众，达不到演讲的目的。

一、演讲的语言特点

演讲语言是人们交流思想、表达情感、传递信息的工具。演讲语言运用得好与坏，将直接影响着演讲的社会效果。所以要想提高演讲质量，就必须研究和掌握演讲的语言特点。演讲语言是经过精心锤炼和构筑的，是生活化的语言，它的语汇、句式和语气都有浓厚的口语色彩。

（一）实现口语化有三个途径

1. 书面语中的单音节词在口语里都要变双音节词。比如，书面语"此时"，口语表述就要用"这个时候"。

2. 文言词变白话词。例如有这么一篇演讲稿："教育历来被视为一片未加污染的绿洲"，如果说出去就有两个地方要变动一下，"教育历来被人认为是一片没有受到污染的绿洲"，显然第二句效果好些。这就是说，第一要把单音词变多音词，第二要把文言变白话，书面语"良久"，口语就只能说"很久"。

3. 书面语停顿靠标点，而口语靠情感的处理、语气的变化。把书面的停顿变成口语的停顿，书面上靠标点符号表示的停顿之处，口语上靠词与词（组）之间、句子与句子之间间歇的时间来表现，而且，远远多于书面语停顿的时间。

（二）口语表达的基本要求

1. 清晰。即要让人知道你说的是什么东西。当然，有时要说得幽默一点，那或是生活的玩笑，或是说相声，一般的情况下一定要说得清晰，让人听得懂。

2. 流畅。不要有口头禅，有的人作报告开头喜欢用"这个、那个"，有的人喜欢每句后面用"啊、啊"，让人听起来很不是滋味。

3. 响亮。说话是说给大家听的，除非是悄悄话，有隐私。一般说话要把音送到人家耳朵里，让人听得清楚，所以要响亮。

演讲中制造气氛最关键的便是充满生命力的声音，演讲者演讲时，可以抑扬顿挫，像一个优秀的指挥家，将语言的表达当作一首优美的交响乐随意指挥，随心所欲地演奏出扣人心弦的乐曲，把控整个氛围。

例如，在某校举行的纪念五四的青年演讲比赛中，轮到有个善于演讲的同学演讲时，她发现前面七名同学的演讲的称呼大多是"老师们、同学们"，如果她还用这个称呼，是很难引起听众注意的，于是她改变了语言："未来的工程师、会计师、厂长、经理们，大家好！"这一富有新意、充满深情的声音，霎时像巨大磁石吸引了听众，说话声没有了，一双双眼睛都集中到她的身上，从而为她的演讲创设了良好的情境，定下了成功的基调。

此语言以新奇制胜。前面的演讲语言让听众产生疲劳，你不能按照原定模式演讲，要考虑变换语言，提高听众的兴趣。

二、口语的表达技巧

（一）重音运用

重音具有区别词义的作用，读重读轻表达的意思不一样，生活中经常运用重音，重音在生活中必不可少。例如："这篇文章的大意是什么"，"大意"是"大概"的意思，如果把"意"轻念，就是"粗心"的意思。所以，重音具有区别词义的作用，重音可分为以下三种。

1. 语法重音。是按句子的语法规律重读的音，语法重音是有规律的，重音的位置一般比较固定。

（1）一般主谓词组和短语中的谓语稍重些。

例如：A 风停了，雨住了，太阳出来了。

　　　　B 风吹雨打。

（2）动宾词组中的宾语和前置宾语一般稍重些。

例如：A 上班制造轮船。

　　　　B 王把花瓶拿走了。

（3）定语、状语、补语一般比中心语稍重些。

例如：A 我们担负着光荣的使命。

　　　　B 同志们干得热火朝天。

（4）疑问代词和指示代词一般稍重些。

例如：A 他什么都知道。

　　　　B 那是什么？

2. 强调重音。为了突出强调某种意思或是思想感情而说或读得重些的音节。

（1）突出话语重点。

例如：妈妈，我又没有干坏事。

（2）表示对比、反衬、比喻、夸张、排比等。

例如：寒风吹不倒它，洪水淹不没它，严寒冻不死它，干旱旱不坏它。它只是一味地无忧无虑地生长，松树的命运可谓强矣。

（3）表达强烈的情感，使语言感情色彩丰富，充满生气，增强了感染力。

以《图桑将军》为例——

　　我要称他为拿破仑，可是拿破仑经过了毁约、失言和血流成河的战争，而获得王位；我要称他为克伦威尔，可是克伦威尔只是一个军人，他所建立的国家，同时与他埋葬在坟墓中；我要称他为华盛顿，可是这位伟大的弗吉尼亚州人却使用奴隶。

3. 显示重音的方法。

（1）加大重音或音势。

例如：这个敏感的精灵，早就听出震怒的雷声已经困乏，它深信乌云遮不住太阳——是的，遮不住的。（高尔基《海燕》）

（2）重音轻吐。

例如：风轻悄悄的，草软绵绵的。

（3）拖长音节。

例如：立正——，向前——看——，向后——转。

（二）停连技巧

1. 语法停顿。又叫自然停顿。一个词的中间是不能停顿的，如把"新疆代表团长途跋涉来到北京"，念成"新疆代表团长，途跋涉来到北京"，就把意思搞错了。从语法上说中心语与附加语往往有一个小小的停顿，书面语用标点符号表示要停顿的地方，口语中哪些地方该停顿，停顿时间的长短又该如何把握呢？

（1）按标点符号停顿。停顿时间是：句号（包括问号、感叹号）＞分号＞冒号＞逗号＞顿号。省略号和破折号停顿的时间酌情而定。

（2）按词组停顿。一般主谓之间、谓宾之间、修饰语与中心语之间等，都可以停顿。

例如：始终微笑的 | 和蔼的 | 刘和珍君 || 确实死掉了，这是真的，有她自己的尸骸 | 为证。

（3）结构停顿。停顿时间长短是：段落＞层次＞句子

2. 强调停顿。为了强调某一事物或突出某种特殊情感所作的停顿。要求声停情不断，声断意相连。

例如：他急忙地赶印，到早晨五点钟，突然 | 听到一阵急促的脚步声。

（例句中的停顿，强调了情况的紧急变化，这样可以造成悬念，烘托紧张的气氛。）

3. 特殊停顿。第一，可以变含糊为清晰。例如："最贵的一张∥值一千元"，表示最贵的只有一张，其他的不足一千元。

第二，变平直为起伏。例如"大堤上的人∥谁∥都明白"就有起伏。

第三，变松散为整齐。有些排比句通过停顿变得很美，节奏很好，如写交通安全的一篇演讲稿："每天的太阳是您的，晚霞是您的，健康是您的，安全也是您的"，要声断气不断，情更不断。要重复强调的是：停顿不是中断，只是声音的消失，它绝对是依靠气流与感情连起来的，有停就有连，而且某种激烈、紧张的情况下更需要连接。

4. 连接的表现力。连接就是在书面上标有停顿的地方赶快连起来，不换气、不偷气，一气呵成。

第一，渲染气氛，烘托感情。

第二，增强气势，表达激情推进内容。表现停连技巧要靠气息调解，比较大的停顿地方要换气，小的停顿要偷气（不明显的换气），另外要就气（一气呵成）。

第三，接头要扣"环"。即两个内容相联的句子，第一句的节尾压低，第二句的起音也要低，这样两个句子中的音位差就小，给人感觉环环相扣。另外，句子的末尾音节不要往下滑，每层的意思要有鲜明的起始感、整体感。

（三）节奏变化技巧

说话要有节奏，该快的时候快，该慢的时候慢，该起的时候起，这样有起伏有快慢，有轻重，才形成口语的乐感和悦耳动听，否则话语不感人、不动人，口语中这种带规律性的变化，叫节奏，有了这个变化语言才生动，否则便是呆板的。有位意大利的音乐家，他上台不是唱歌，而是把数字有节奏、有变化地从 1 数到 100，结果倾倒了所有的观众，有的人甚至感动得流下了眼泪，可见节奏在生活中是多么重要。节奏与语速有关系，但两者不是一回事，语速只表示说话的快慢，节奏包括起伏、强弱。

1. 慢节奏。叙述一件事情，描写一处景物，表现一次迟缓的行动，节奏宜慢；表现平稳、沉郁、失望、悲哀的情绪，节奏宜慢。

2. 快节奏。表现情绪紧张、热烈、欢快、兴奋、慌乱、惊惧、愤怒、反抗、驳斥、申辩时宜用快节奏。

3. 节奏调度的三个原则。

（1）感情原则。根据演讲稿的感情基调调整。

（2）语境原则。根据语言表达的环境调整。

（3）内容原则。根据演讲稿的内容调整。

（四）语气的控制技巧

1. 语气的感情色彩。是指语句内在的具体感情的积极运动的显露，它表现在声音气息的变化上。一般说，表达"爱"气徐声柔，表达"憎恨"气足生硬，表达"急"气短声促，表达"喜"气满声高，表达"怒"气粗声重，表达"悲"气沉声缓，表达"惧"气提声滞，表达"疑"气细声黏。

2. 语调的基本类型。一般分四类：平直调，上扬调，曲折调，下降调。用不同的语调所表达的意思就完全不一样。

平直调：多用于陈述、说明的语句。表述庄重、严肃、回忆、思索的情形，表现平静、闲适、忍耐、犹豫等感情或心理。

上扬调：多用于疑问句、反问句，或某些感叹句、陈述句。适用于提问、称呼、鼓动、号召、命令等场合，表达激昂、亢奋、惊异、愤怒等情绪。

曲折调：多用于语意双关、言外之意、幽默含蓄、意外惊奇、有意夸张等地方，表示惊讶、怀疑、嘲讽、轻蔑等心绪。

下降调：多用于感叹。有些陈述句，常表示祈求、命令、祝愿、感叹等方面内容，也可表现坚决、自信、肯定、夸奖、悲痛、沉重等内容。

3. 语调的综合运用。在实际应用中四个语调不是孤立的，语调变化不以句子为单位体现，而是在语流的千差万别变化中体现。

（1）高亢、兴奋、欢乐、激动，语调高扬，语速较快，语气较重。

（让我们奏起欢乐的音乐跳舞吧！）

（2）低沉、哀伤、回忆、缅怀，语调较低，语速较慢，语气较轻。

（伟大的人物已躺在他们倒下的地方。）

（3）紧张、急剧、斥责、愤怒，多读得重一些。

（你这人太卑鄙了，无法与你相处。）

实例分析

最后一次讲演
闻一多

这几天，大家晓得，在昆明出现了历史上最卑劣最无耻的事情！李先生究竟犯了什么罪，竟遭此毒手？他只不过用笔写写文章，用嘴说说话，而他所写的，所说的，都无非是一个没有失掉良心的中国人的话！大家都有一枝笔，有一张嘴，有什么理由拿出来讲啊！有事实拿出来说啊！为什么要打要杀，而且又不敢光明正大的来打来杀，而偷偷摸摸的来暗杀！这成什么话？

今天，这里有没有特务？你站出来！是好汉的站出来！你出来讲！凭什么要杀死李先生？杀死了人，又不敢承认，还要诬蔑人，说什么"桃色事件"，说什么共产党杀共产党，无耻啊！无耻啊！这是某集团的无耻，恰是李先生的光荣！

李先生在昆明被暗杀是李先生留给昆明的光荣！也是昆明人的光荣！去年"一二·一"昆明青年学生为了反对内战，遭受屠杀，那算是青年的一代献出了他们最宝贵的生命！现在李先生为了争取民主和平而遭受了反动派的暗杀，我们骄傲一点说，这算是像我这样大年纪的一代，我们的老战友，献出了最宝贵的生命！这两桩事发生在昆明，这算是昆明无限的光荣！反动派暗杀李先生的消息传出以后，大家听了都悲愤痛恨。

我心里想，这些无耻的东西，不知他们是怎么想法，他们的心理是什么状态，他们的心是怎样长的！其实很简单，他们这样疯狂的来制造恐怖，正是他们自己在慌啊！在害怕啊！所以他们制造恐怖，其实是他们自己在恐怖啊！

特务们，你们想想，你们还有几天？你们完了，快完了！你们以为打伤几个，杀死几个，就可以了事，就可以把人民吓倒了吗？其实广大的人民是打不尽的，杀不完的！要是这样可以的话，世界上早没有人了。

你们杀死一个李公朴，会有千百万个李公朴站起来！你们将失去千百万的人民！

你们看着我们人少，没有力量？告诉你们，我们的力量大得很，强得很！看今天来的这些人，都是我们的人，都是我们的力量！此外还有广大的市民！我们有这个信心：人民的力量是要胜利的，真理是永远存在的。

历史上没有一个反人民的势力不被人民毁灭的！希特勒，墨索里尼，不都在人民面前倒下去了吗？

翻开历史看看，你们还站得住几天！你们完了，快完了！我们的光明就要出现了。我们看，光明就在我们眼前，而现在正是黎明之前那个最黑暗的时候。我们有力量打破这个黑暗，争到光明！我们的光明，就是反动派的末日！

李先生的血不会白流的！李先生赔上了这条性命，我们要换来一个代价。

"一二·一"四烈士倒下了，年轻的战士们的血换来了政治协商会议的召开；现在李先生倒下了，他的血要换取政协会议的重开！我们有这个信心！

"一二·一"是昆明的光荣，是云南人民的光荣。云南有光荣的历史，远的如护国，这不用说了，近的如"一二·一"，都是属于云南人民的。

我们要发扬云南光荣的历史！反动派挑拨离间，卑鄙无耻，你们看见联大走了，学生放暑假了，便以为我们没有力量了吗？特务们！你们错了！你们看见今天到会的一千多青年，又握起手来了，我们昆明的青年决不会让你们这样蛮横下去的！反动派，你看见一个倒下去，可也看得见千百个继起的！正义是杀不完的，因为真理永远存在！历史赋予昆明的任务是争取民主和平，我们昆明的青年必须完成这任务！

我们不怕死，我们有牺牲的精神！我们随时像李先生一样，前脚跨出大门，后脚就不准备再跨进大门！

本演讲稿突出体现了演讲语言的口语特点，具有强烈的感情色彩。表现在以下几个方面：（1）运用近义词、反义词使感情色彩强烈。如第一段中用"打"、"杀"、"暗杀"等近义词，揭露了敌人的暴行，使语言富于变化，表达了演讲者对特务暴行的憎恨。第二段用"无耻"与"光荣"这对反义词，词义上的鲜明对比，增强了语言的感情色彩，表达了演讲者分明的憎爱感情。第五段用"光明"与"黑暗"这对反义词，表明了演讲者冲破黑暗，争取光明的强烈思想感情。（2）运用感叹句、反问句、递进句表达了强烈的感情。如第四段："特务们，你们想想，你们还有几天？你们完了，快完了！"连用反问句和感叹句，指出了特务们的可耻下场，表达了强烈的憎恨感情。第一段："为什么要打要杀，而且又不敢光明正大的来打来杀，而偷偷摸摸的来暗杀！"用递进复句，步步紧逼，增强了揭露敌人的力量。（3）运用反复、对比的修辞方法，使感情色彩强烈。如第二段："无耻啊！无耻啊！这是某集团的无耻，恰是李先生的光荣！"既用反复修辞方法揭露敌人的无耻，又用对比方法突出李公朴先生为进步事业而死得光荣。第五段："你们杀了一个，会有千百万个李公朴站起来！"用"一个"与"千百万"对比，突出人民的力量，打击敌人，对未来充满信心。（4）运用语调抑扬顿挫的变化来表达感情色彩。如第一段："有事实拿出来说啊！（闻先生声音激动了）为什么要打要杀……"第二段："凭什么要杀死李先生？（大声质问……）"

实战运用

1. 两个同学一组，请一人朗读下面两个句子，一人听，让听的人选择要哪一种答案，讨论体会重音停顿的作用。

（1）"这是三百万块钱哪。"

（2）"这可是三百万块钱哪！"

2. "火车挂钩"训练。

（1）首字拈。由一人说一句成语，这个成语的第一个字必须是下一个人说出的成语的首起字。

例如：自以为是——自力更生、自顾不暇、自食其力、自讨苦吃……

（2）末字拈。后面的接话者从前一人的末尾的字连下去。

例如：前所未有——有始有终——忠心耿耿——耿耿于怀——怀恨在心——欣欣向荣……（可以用同音字拈连）

（3）首字序数拈。接话者从前一个词第一个字所表示的数字顺序接下去。

例如：一步登天——二龙戏珠——三顾茅庐——四世同堂——五指连心——六神无主——七窍生烟——八仙过海——九死一生——十恶不赦……

（4）首字成句拈。先提出一句话，然后依照此话每字按顺序各说一句成语。

例如，提句为："刻苦学习为幼教"，依序说出："刻不容缓"、"苦尽甘来"、"学而不厌"、"习以为常"、"为富不仁"、"诱敌深入"、"教学相长"。（用同音字亦可）

3. 话语巧接训练。第一人说出一组肯定的句子，其他人依次说出对应的否定句，最后形成一组并列句。

例如：

第一人说	其他人说
金钱能买到伙伴	但不能买到友情
金钱能买到纸笔	但不能买到文才
金钱能买到权势	但不能买到威信
金钱能买到献媚	但不能买到崇敬

4. 请运用语音的重音、停连技巧朗读下面句子。

1998 年的 7 月 26 日下午 2 点，长江第三次洪峰又来了，36 米高的洪峰卷起足有两米高的巨浪冲向单薄的泉州大堤……

第三节　演讲稿"演"的技巧训练

训练目标

1. 掌握演讲的体态语技巧。
2. 能够根据需要正确设计演讲稿的体态语，并能够进行完整清楚的演讲。

训练指导

演讲如果只有"讲"而没有"演"，只作用于听众的听觉器官而不作用于听众的视觉器官，就会缺少动人的主体形象和表演活动；演讲是讲与演的有机结合，两者缺一不可，相辅相成。同时，"演"与"讲"的和谐必须是以"讲"为主，以"演"为辅，"演"要建立在"讲"的基础上，否则便失去了演讲的意义。

一、如何塑造良好的演讲形象

1. 走进会场：面带微笑。
2. 就坐前后：不要前探后望，也不要和台上台下的熟人打招呼。
3. 介绍之后：自然起立，点头致意。
4. 登上讲台：环视听众，与大家交流。
5. 演讲开始：以清晰响亮不刺耳而又亲切的声音开始，吸引住听众。
6. 站姿：（1）前进式站法。（2）自然式站法。
7. 走下讲台：从容自如，不慌张。
8. 走出会场：高雅自如，不走出沉重的脚步，不影响会场。

二、体态语的功能

体态语是演讲者的姿态、动作、手势和表情，是流动着的形体动作，它辅助有声语言，运载着思想和感情，直接诉诸听众的视觉器官。它要求准确、鲜明、自然，协调。

体态语的作用体现为：从个人来说，一是反映人的性格和心理；二是反映人的真实感受和内心需求；三是可以弥补有声语言的不足。从日常交际来说，一是更形象地传递信息，表达思想；二是更有利地传达情感，反映情绪，如拍案叫绝、暴跳如雷、扪心自问、趾高气扬等；三是更有效地昭示心灵，加深理解；四是可以更恰当地联络各种关系，使交际更得体。

（一）身姿语

身姿是人的自然形体在空间的形象表现。它由头部、身躯及双腿三部分构成，主要是指站姿、坐姿、走姿。美的身姿是人们所推崇的，正如俗语所说的"站如松、坐如钟、行如风"。

标准的站姿要求上半身挺胸收腹，腰直，双肩平直、舒展，双臂自然下垂，两眼平视，嘴微闭，面带笑容；下半身双腿应并拢，两腿关节与髋关节平直，重心落于两腿中间。女士站立时，双脚呈丁字形，膝与脚后跟应尽量靠近；男士站立时，双腿可以稍稍分开，但最多与肩同宽。

演讲者入座时，动作要轻盈舒缓，从容自如，切忌猛坐，落座时要保持上身平直，不要耷拉肩膀，含胸驼背，前俯后仰，给人以萎靡不振的感觉。

步入会场时，演讲者要态度谦和，步子稳健，潇洒自如，面带微笑。

正式登台演讲时，先向主持人点头致意，然后从容稳健走向讲台，郑重、恭敬、诚恳地向听众敬礼，并且目光环视全场。演讲结束时应该面带微笑，向听众致礼以后，从容下台，切不可过于匆忙，显出羞怯失意的神态，也不可摆出洋洋自得、满不在乎的神态。

（二）目光语

眼睛是心灵的窗户，嘴巴可以说话，眼睛不能说话，眼睛的奥妙，在于它是真实的无声语言。人可以编出一千句、一万句谎言，却不能遮挡眼睛的真实流露。眼睛注视有凝视、环视、虚视，演讲多用虚视。即"眼中无听众，心中有听众"，演讲就需要这种虚与实的目光交替，"实"看某一部分人，"虚"看大家，演讲要做到"目中无人，心中有人"。

（三）表情语

人的脸上的每个细胞、每个皱纹、每个神经都表达某种意愿、某种感情、某种倾向。面部表情是人的最准确、最微妙的"晴雨表"。人的面部表情贵在四个字：自然，真挚。面部是思想的"荧光屏"，演讲时的面部表情一般要带有微笑。

（四）手势语

1. 手指语言："大拇指"动作一般表夸奖、很好，但有时表高傲的情绪；"十指相交"一般表自信、敌对情绪、感兴趣；"抓指式"一般表控制全场之势；"背手"可给自己壮胆，镇静，也表自信，但对有的人是种狂妄表现；"手啄式"表示不礼貌的动作，本身就有一种挑衅、针对和强制性。以上都要看具体环境及当时的面部表情。

2. 手掌语言："向上"表示诚恳、谦虚；"向下"表提醒、命令；"紧握伸食指"带有一种镇压性；"搓掌"表期待，快搓表增加可信度，慢搓表有疑虑；"手掌向前"表拒绝、回避；"手掌由内向外推"表安慰，把所有的问题概括起来；"劈掌"表果断、决心。

3. 手臂语言："手臂交叉"表防御；"交叉握拳"表敌对；"交叉放掌"表有点紧张并在努力控制情绪；"一手握另一只手上臂，另外一只手下垂"表缺乏自信。

4. 手势区域：上区表示号召（肩部以上）；中区表示叙述（肩部至腰部）；下区表示鄙视（腰部以下）。

三、演讲中的应变与控场

（一）突然忘记内容的应对

1. 就地换掉话题，用上段结尾中的句子来发挥。

2. 向观众提问题。

3. 如果实在是大脑一片空白，就临时编一段较完整的结束语，有礼貌地结束。

（二）即席性演讲的技巧

1. 将题目与自己熟悉的知识联系起来。

2. 做好即席性演讲的心理准备。

3. 立刻举例说明。

4. 保持蓬勃旺盛的精力。

5. 根据场合与听众展开演讲。

（1）从听众身上找题材。

（2）根据场合寻找题材。

（3）重述前几位演讲者的话题。

四、熟记演讲词的步骤

第一步是阅读。既做到对整体与细节的大致了解，对稿子能有个概括，能把握住主旨，知道各个部分解释所要用的事实、名人名言等，当然还有最有说服力的数字。

第二步是精读。这也是记忆的关键之处，朱熹说过，凡读书，需要读得字字响亮，不可误一字，不可牵强暗记。这样，才能达到他所说的"诵之宜舒缓不迫，字字分明"。要在精读的过程中记住所有的重要字、词、句。

第三步是情读。是一个字的准确发音、是一句话的抑扬顿挫，是哪怕一个小小标点的作用，是语气的恰到好处，是演讲的动作表情和姿态。

第四步是心读。要模拟身临场景时，怎样演讲得有声有色，做到有理有据。要理解感受演讲词的情与调，要适度而真实地、控制地抒发感情，不要虚伪地去做感情表演，而要做到有情有感。

实例分析

俄国早期的马克思主义理论家普列汉诺夫有一次在日内瓦发表演说，当时在场的一些社会革命党人和无政府主义者乱吹口哨，吵吵嚷嚷，搅得演讲难以进行。普列汉诺夫十分冷静沉着。他双手交叉在胸前，两眼闪出嘲笑的目光，稍稍沉默了一会儿，就大声说："如果我们也想用这种武器，同你们斗争的话，我来时就会……（他顿了一下，听众不得不猜测他的下文，而结果却完全出乎意料）我来时就会带着冷若冰霜的美女。"话音一落，会场顿时发出一阵大笑，甚至连反对者也笑了起来。就这样，演讲在新的气氛中又继续进行了下去。

普列汉诺夫双手交叉在胸前，表示防御，明确表现出对反对者的态度，也体现出普列汉诺夫的沉着冷静，他两眼的目光也仿佛在嘲笑着反对者。这些体态语都让反对者感受到了普列汉诺夫坚定不移的态度。而让人意想不到的是普列汉诺夫的智慧和幽默，他的话语让反对者也笑了起来，使得演讲能够继续下去，这就是强大的应变控场能力。

实战运用

1. 情境创设，请根据下面提示设计体态语并进行训练。

上区：非常感谢你！

让我们奏起欢乐的音乐跳舞吧！

中区：我要向所有的人宣布这条好消息。

"这可是三百万块钱哪！"

下区：你这人太卑鄙了，无法与你相处。

伟大的人物已是躺在他们倒下的地方。

2. 学生表演：请综合运用语音方法、体态语方法训练下面句子，师生共同评述。

（1）你把周围的人看作魔鬼，你就生活在地狱；你把周围的人看作天使，你就生活在天堂。

（2）攀登吧，无限风光在险峰。

（3）我的童年生活像流动的小溪，我在里边尽情玩耍。

（4）同学们，我们的事业是伟大的，我们的前途是光明的，让我们为实现这崇高的目标而努力奋斗吧。

（5）他沿着这条寂寞的小路，向远处走去。

3. 请学生轮流上台，一分钟演讲"今天我很（快乐、高兴、难过⋯⋯）"。

4. 请运用"低声诵读——高声诵读——快速诵读——模仿角色诵读——面对听众诵读"的方法诵读你在上一节中所撰写的演讲稿。

5. 请在马丁·路德·金的《我有一个梦想》中选取三段你最喜欢的段落，设计语音和体态语技巧，然后在小组内试讲。

6. 请为你自己撰写的演讲稿设计语音和体态语技巧，在班上召开演讲会进行演讲训练。

第四节　精彩演讲欣赏

一、精彩选段欣赏

1. 一位大学生的演讲《保持清醒》

20多年前，收藏家马未都先生曾到过新疆，在路过阿克苏的一片杏林时，很想吃杏子，于是问主人杏子怎么卖。主人告诉他："两毛一脚。"也就是两毛钱对着树踹一脚，掉下多少杏子，全都归他。这么浪漫好玩的买卖让马先生心里乐开了花。他选了一棵高大无比的杏树，心想，只消踹上一脚，就会有无数果子掉下来。可他使出力气，猛地一踹，脚腕子都踹痛了，杏树却丝毫未动，杏子一只也没掉下来。气急之下，马先生提腿想踹第二脚，可主人说要再交两毛。这一回，马先生挑了一棵小杏树，不轻不重地给了一脚，顿时，枝摇杏落，捡了大半桶⋯⋯

演讲者要讲的主题是"保持清醒理智的头脑"，这是一个较为抽象的道理，如果只是枯燥地讲道理，不能阐明事理，也不能给听众以深刻的印象，让听众信服，达不到演讲者的目的。而此段演讲运用一个生动朴实的故事浅显易懂地阐明道理：凡事一定要用清醒的头脑理智分析，方能正确解决问题，留给读者深刻的印象。

2. 卡耐基演讲选段

有一次，卡耐基为他的雇员作演讲。他拿出件器物说："这盏出土的古佛灯，是价值连城的纯金宝物，谁想得到它请举手。"几十名听课的雇员纷纷扬起了手臂。

卡耐基突然拿起一把锤子，将佛灯砸得七扭八歪，然后说："现在还有人想得到它吗？"依然有许多雇员举起了手。

卡耐基站起身，将佛灯扔进了熊熊燃烧的火炉。过了一会儿，他把烧熔得看不出形状的佛灯又拿了出来，问道："还有谁想要它吗？"

雇员们面面相觑⋯⋯但最终，还是有一位雇员举起了手。卡耐基问："你为什么坚持要它？"

那名雇员回答道:"我可以把它重新打造成更漂亮的佛灯。"

卡耐基高兴地说:"对,这就是我今天要讲的:一个人活在世上就像佛灯一样,会经常被埋没、被蔑视、被羞辱,就看你是不是金子——朽木燃烧了,就变成了灰尘,就没了价值;而金子被烧化了,价值却依然存在。一句话,人生的价值不在于外在的形象,而在于内在的素质和质量!"

卡耐基演讲人生,不是枯燥说教,而是通过道具的运用,引领着听众的思维一步步走下去,让听众深刻领悟到人的内在品质的重要性。

3. 竞聘演讲选段

各位评委:

我叫马进仓,19岁参军,历任坦克车长、排长、连长、参谋、团副参谋长、参谋长,在部队曾多次立功受奖。今年上级决定让我转业,听说开发区公开招聘干部,我决心参与竞争,一展自己的抱负。

我认为自己很适合开发区办公室主任这个职位……竞争这个位置我起码有九个优势:

一、严格的军旅生活,培养了我勇于进取的意识……

二、受过多方面的摔打与锻炼,比较熟悉办公室的工作……

……

九、在部队接受了 20 年的献身精神教育,自我克制和自行克服困难的能力比较强,所以,不会在家庭、孩子问题上给组织添更多的麻烦。

由于这些优势,如果组织信赖,这次竞选成功后,我可以迅速上岗,立即进入角色。具体打算(略)。

以上是个人的情况和打算,供各位评委参考……我感到,人总是要干点自己追求的事业。我的前 20 年已奉献给了国防事业,这后半生应该献给国家的经济建设。我感谢组织给我提供了这个机会,也希望组织给我提供一个实践的场所。

谢谢各位评委。

这篇演讲体现了竞选演讲的特色。先报出了自己的简历、参加竞选的原因,接着重点阐述了自己的竞聘优势,最后是自己的施政措施。

二、精彩演讲词欣赏

1. 在葛底斯堡国家烈士公墓落成典礼上的演说

林 肯

87 年前,我们的先辈们在这个大陆上创立了一个新国家,它孕育于自由之中,奉行一切人生来平等的原则。现在我们正从事一场伟大的内战,以考验这个国家,或者任何一个孕育于自由和奉行上述原则的国家是否能够长久存在下去。我们在这场战争中的一个伟大战场上集会。烈士们为使这个国家能够生存下去而献出了自己的生命,我们来到这里,是要把这个战场的一部分奉献给他们作为最后安息之所。我们这样做是完全应该而且是非常恰当的。

但是,从更广泛的意义上来说,这块土地我们不能够奉献,不能够圣化,不能够神化。那些曾在这里战斗过的勇士们,活着的和去世的,已经把这块土地圣化了,这远不是我们微薄的力量所能增减的。我们今天在这里所说的话,全世界不大会注意,也不会长久地记住,但勇士们在这里所做的事,全世界却永远不会忘记。毋宁说,倒是我们这些还活着的人,应该在这里把自己奉献于勇士们已经如此崇高地向前推进但尚未完成的事业。倒是我们应该在这里把自己奉献于仍然留在我们面前的伟大任务——我们要从这些光荣的死者身上汲取更多的献身精神,来完成他们已经完全彻底为之献身的事业；我们要在这里下定最大的决心，不让这些死者白白牺牲；我们要使国家在上帝福佑下得到自由的新生，要使这个民有、民治、民享的政府永世长存。

1863 年 11 月 19 日

林肯的葛底斯堡演说是美国文学中最漂亮、最富有诗意的文章之一，通篇演讲不到三分钟。虽然这是一篇庆祝军事胜利的演说，但它没有丝毫的好战之气；相反的，这是一篇感人肺腑的颂辞，赞美那些做出最后牺牲的人以及他们为之献身的理想。

在这篇演讲中，林肯提出了深入人心的"民有、民治、民享"的口号，成为后人推崇民主政治的纲领。这篇演讲被认为是英语演讲中的最高典范，其演讲手稿被藏于美国国会图书馆，其演说词被铸成金文，长存于牛津大学。

2. 小习惯，大成功
佚　名

各位朋友：

大家好！

我们每个人生下来都是相同的，有血有肉，有家有爱，有哭有喊。慢慢地，有些人开始走得更快，走得更稳，走得更加坚定，有些人却走得总是那么扭扭歪歪，龇牙咧嘴，懵懵懂懂。作为一个生命，每个个体都有渴望，都有欲求，都有梦想，都如同自燃物般，总会有机会靠自己就可以熊熊燃烧；有些人完全消失了燃烧的能力，成为不燃物。

为什么刚开始人们都一样，而到了后来却有如此巨大的差异呢？有人说，因为有人聪明，有人愚笨。但历史上，为什么那么多聪明的人后来都没有大的作为呢？钱钟书说："自以为聪明的人做事情很难成功，原因有二：一是不愿下笨功夫；二是他们没有找到自己价值体系当中最重要的事情去做，却去做一些不怎么重要的事情。所以他们内心缺少全力以赴的动力。"有人说，因为有人家庭背景好，有人家庭背景差。但历史上，为什么会有"富不过三代"的说法？王安石在《题张司业诗》中写道："苏州司业诗名老，乐府皆言妙入神。看似寻常最崎岖，成如容易却艰辛。"看来，后来人们的差异是因为"崎岖"程度不同，是因为"艰辛"付出不同。

到这时，我们不禁要问，为什么有人愿意忍受"崎岖"，为什么有人愿意付出"艰辛"？我想，最为重要的是每个人的成功动机不同。有人想干一番大事，那就会给自己定一个适中的目标；有人连自己都不相信，就不会设定任何目标，也只能是随波逐流罢了。

那么，什么样的人才会给自己设定较高的目标呢？自然的逻辑推理肯定是那些曾经实现了较低目标的人们。如果一个人成功地做了一件事情，体悟了成功的喜悦，自然也会想去拥有更多的成功。这样，就会养成一种要实现更多成功的核心习惯。《习惯的力量》一书中写道，能成为核心习惯的核心原因就是所谓"小成功"。"小成功"其实是细微优势的稳定运用，一旦一个小成功完成了，就会推动下一个小成功的出现。小成功能够带来改造性的变化，因为它能够将细微的优势转变为一种模式，让人们相信更大的胜利即将到来。

这样说来，小成功对于我们核心习惯的养成至关重要，我们不妨想想，如果我们在某方面做得不错，得到了不少表扬，自己总是超自信，必然是在这方面取得了很多的小成功，后来也就越做越好。所以，到后来，我们会发现，人们的成功并不复杂，有时甚至很简单。人们的失败往往是因为你的核心习惯早已决定了你成为输家。人们如果在一个方面善于分析和运筹帷幄，在其他方面自然也会技高一筹。

美国历史上第一个资产过亿的企业老板施瓦布总是思考如何提高公司效率。在一次聚会上，艾维对他说："如果你允许我跟你的每个部门负责人谈话 15 分钟，我就能提升你的公司效益。"三个月后，施瓦布寄了一张相当于今天 70 万美元的支票给艾维，我们可能想象不到的是，艾维只是向施瓦布公司的每个部门主管提了一个如此简单的相同的要求：在未来的 90 天中，在每天离开办公室前，都列出第二天必须要做的最重要的六件事，并按照优先顺序排列。谁知三个月过后，公司业绩居然有了巨大的提升。其实，这样的说法在有关时间管理的书中比比皆是，但是我们做到了吗？谁能真正做到呢？谁能真正拥有这样的核心习惯呢？

20 世纪，苏联的著名科学家柳比歇夫，他在多个领域成就非凡，是生物学家、数学家、哲学家、翻译家等。从 20 世纪 20 年代到 70 年代，一直坚持写日记，没有中断一天。每天的日记记录了他每天的时间安排和产出，就这样一天不落，几十年如一日地做这件事。就做一件事，坚持 50 年，我们呢？我们每个人一生的时间大多浪费在种种恶习之上，很大一部分都是虚度的，整个一生几乎没有用来干应当干的事情。写一篇日记，有了小成功，继续写，不断有小成功，坚持 50 年，这些小成功叠加，就是大成功啊！

如果我们每天都能坚守我们的核心习惯，每天都有小成功，那么日积月累，就会领先和超越他人，就会到达我们期盼的人生高度。如果我们每天都往下堕落那么一点点，每天都有小失败，那么年复一年，就会坠入恐惧的地狱。让我们从今天开始，懂得习惯的力量，敬畏习惯的力量，从好习惯的养成和坚守开始，拥有习惯的力量，驾驭习惯的力量，享受习惯的力量！谢谢大家！

演讲词开始提出问题，牢牢地抓住听众兴趣，我们都渴望成功，是什么促使一个人获得成功？接着作者分析，是后天艰辛付出的不同决定一个人的成功，接着层层深入地分析，亮出观点：成功的原因便是人的核心习惯。接着作者列举了施瓦布和柳比歇夫两位名人的事例论证了中心论点，小习惯铸就大成功。最后作者联系人生实际发出号召，每天坚守我们的核心习惯，到达我们期盼的人生高度。整篇演讲逻辑思路清晰，运用讲道理与列举事例，使说理深入浅出，中心论点鲜明，很好地启发并教育听众了。

3. 人格是最高的学位
白岩松

很多年前，有一位学大提琴的年轻人去向 20 世纪最伟大的大提琴家卡萨尔斯讨教：我怎样才能成为一名优秀的大提琴家？卡萨尔斯面对雄心勃勃的年轻人，意味深长地回答：先成为优秀而大写的人，然后成为一名优秀而大写的音乐人，再然后就会成为一名优秀的大提琴家。

听到这个故事的时候，我还年少，对老人回答中所透露出的含义理解不多。然而，在以后的工作生涯中，随着采访接触的人越来越多，这个回答在我脑海中便越印越深。

在采访北大教授季羡林的时候，我听到一个关于他的真实故事。有一年秋天，北大新学期开学，一个外地来的学子背着大包小包走进了校园，实在太累了，就把包放在路边。这时正好一位老人走来，年轻学子就拜托老人替自己看一下包，自己则轻装去办理手续，老人爽快地答应了。近一个小时过去，学子归来，老人还在尽职尽责地看守着。学子谢过老人，两人分别。几日后北大举行开学典礼，这位年轻的学子惊讶地发现，主席台上就座的北大副校长季羡林，正是那一天替自己看行李的老人。

我不知道这位学子当时是一种怎样的心情，但我听过这个故事之后却强烈地感觉到：人格才是最高的学位。后来，我又在医院采访了世纪老人冰心。我问她：您现在最关心的是什么？老人的回答简单而感人：是老年病人的状况。

当时的冰心已接近自己人生的终点，而这位在"五四运动"中走上文学之路的老人，对芸芸众生的关爱之情历经80年的岁月而仍然未老，这又该是怎样的一种传统！

冰心的身躯并不强壮，然而她这生却用自己当笔，拿岁月当稿纸，写下了一篇关于爱是一种力量的文章，在离去之后给我们留下了一个伟大的背影。

当你有机会和经过"五四"或受过"五四"影响的老人接触，你就知道，历史和传统其实一直离我们很近。这些世纪老人身上所独具的人格魅力是不是也该作为一种传统被我们延续下去呢？

不久前，我在北大又听到一个有关季先生的清新而感人的新故事。一批刚刚走进校园的年轻人，相约去看季羡林先生，走到门口，却开始犹豫，他们怕冒失地打扰了先生，最后决定每人用竹子在季老家门口的地上留下问候的话语，然后才满意地离去。

这该是怎样美丽的一幅画面！在季老家不远，是北大的伯雅塔在未名湖中留下的投影，而在季老家门口的问候语中，是不是也有先生的人格魅力在学子心中留下的投影呢？

听多了这样的故事，便常常觉得自己像只气球，仿佛飞得很高，仔细一看却是被浮云托着；外表看上去也还饱满，但肚子里却是空空。这样想着就不免有些担心：这样怎么能走更长的路呢？于是，"渴望老年"四个字，对于我就不再是幻想中的白发苍苍或身份证上改成60岁，而是如何在自己还年轻的时候，能吸取优秀老人身上所具有的种种优秀品质。于是，我也更加知道了卡萨尔斯回答中所具有的深义。怎样才能成为一个优秀的主持人呢？心中有个声音在回答：先成为一个优秀的人，然后成为一个优秀的新闻人，再然后就会成为一名优秀的节目主持人。

2004年，中央电视台主持人白岩松以《人格是最高的学位》荣获"演讲与口才杯"全国新闻界"做人与做文"演讲比赛的特等奖。演讲辞的开头单刀直入，以讲故事的方式引出论题。

这个故事看似很简单，但选材典型而有说服力，作为教授、校长，却能为一个新生看守行李一个小时，具有极大的震撼力。它使听众强烈感受到：人格是最高的学位。文章的中心论点至此便顺理成章地亮出。接着，用冰心老人的故事作论据。冰心老人的故事质朴平实，但却能以小见大。

这篇演讲辞融事、情、理为一体，立意深远，构思巧妙，通篇闪耀着理性的光彩。

整篇演讲辞没有空泛的说教，而是采用以事明理的方式，列举了卡萨尔斯、季羡林、冰心等名人的平凡小事。全文没有华丽的词藻、雕琢的语句，却寓意深长、感人至深，就像"随风潜入夜，润物细无声"的春雨，滋润着我们的心田，使我们深刻感受到：人格是最高的学位。人格的力量虽是无形的，却像一个能量场，能穿透人们的心灵。所以，我们每个人都应该重视人格的塑造。

4. 没有一代人的青春是容易的
白岩松

各位财大的同学：

下午好！

好了，接下来，就让我出声，你们就不用出声了（众笑）。

看到热气腾腾的这个场面，就想起自己的大学生涯，对我来说，大学是一生当中最美好的四年。前天晚上在广州，因为做亚残运会的志愿者，我们大学的几个同学，即使很晚，也要一聚，因为他们是你一生的朋友。

第一个，在大学里一定要珍惜、维系和发展那种一辈子很难遇到的集体的友情。舒婷有一句话叫"人到中年，友情之树和头发的多少成正比，友情之树日渐凋零。"但是，在大学里面所结下来的同学情谊，可以贯穿一生。

我既不同意更不反对大学期间谈恋爱，但是千万不要丢掉大学四年在你这一生里无法复制的这种集体友情。即使你在谈恋爱，也要融入集体当中，去分享那种骑十几公里或几十公里自行车去踏青，一帮人昏天黑地地打牌，考试前一起临阵磨枪的这样一种记忆。

第二个，在大学期间一定要锤炼自己非常坚强的心理素养。我们总谈一个人业务素质很高、身体素质很好，但我衡量一个人经常是用心理素质去衡量，一个心理素质足够强的人才可能成功。在大学的时候你会面对失败吗？你学会面对成功吗？我工作这么多年，回头去看，是有一颗还比较强大的心脏帮了我足够多的忙。我也有机会看年轻人的成长，有的时候会很好奇，哪些人更容易成功，而哪些人不可以。到最后就发现，心理素质足够强的人容易成功。因为打击对于心理素质不好的人，会演变成一种自卑、压抑；对于心理素质足够强的人，反而越挫越勇。拥有一颗还算强大的心脏，这是将来走向社会的必备条件，而不是你可以选择的条件。

（挤在会场外面的人太多，白岩松中断演讲问："外面还有多少人？如果你们愿意，台上可以容纳三百多人，大学应该不拘一格。"结果外面听众欢呼涌入，讲台上坐满了人）

第三个，大学期间一定要学会用脑子开始思维。我们走进大学校园的时候，跟同龄人是没有区别的，是什么让你们在四年后发生了很大的区别？学校里专业的设置与其说是给你们专业知识，不如说让你们习惯用专业的思维方式去观察这个世界。大学毕业后，我已经习惯了用新闻人的眼睛去看待这个世界；我有的同学学法律，他们已经学会用法律人的眼光去看待这个世界；而学理工科的同学，会用理工科的方式去看待这个世界。

人的收入和社会地位跟什么成正比呢？跟你的不可替代性是成正比的。不可替代性强，获取自己更加稳定的位置和前进的速度就更快，但如果你随时可以被替代就很难。我们有的人工作非常辛苦，但是一个月挣的工资很低。比尔·盖茨经常飞来飞去还打牌，却那么有钱。没办法，这个世界上只有一个比尔·盖茨。而很辛苦的那些工作，随便把我们拽过去培训不到一天，立即就可以从事那工作，也就是不可替代性太弱。

不可替代性需要你拥有一个独立的人格和独立的思维方式，需要你做出与众不同的事情来。我们经常说我也能和别人一样，但你能做到别人无法和你一样吗？比如说干新闻的，每天对我们的考验都是拥有独家新闻。但现在这个时代，新闻没有越来越强的独家占有的可能，拼的是什么？拼的就是在传播和发布新闻当中，你的竞争性强吗，你的独特性强吗，你的思维和语言表达具不具备足够的吸引力？这就是挑战，这就是竞争，都跟思维方式有很大很大的关系。

第四个，学习、工作和未来之间的关系。我曾经见到一个年纪很小的孩子来实习，我问："校友？""校友，广播学院的。""几年级？""一年级。""从明天开始本单位不接受你实习，回去上课。"我当时还是有点小权力的，把他撵走了，我不能够接受刚上大学一年级的孩子就开始实习。

你知道你要什么吗？你知道你需要填充什么吗？你不能够拥有一个系统的专业的训练，包括知识的训练、思维方式的训练的时候，实践对于你是没有意义的。

我知道现在有相当多的大学生心猿意马，总觉得要尽早地去实践，好像就跟未来的工作建立了关系；有相当多的学校大四的毕业实习和论文形同虚设。我们在上大学的时候，毕业实习是由学校统一安排的，并且毕业实习鉴定成为我们很重要很在意的东西。而现在很多的学校管理不严，导致学生毕业实习的时候是放羊的状态。如果我们的大学为社会提供的都是有残缺的作品，社会又怎么会这么放松地接纳你们呢？

我想说的是，没有必要一开始，在你的理论、你的思维方式以及你的专业知识，都补充不够的情况下，就急于去实践。工作、婚姻、恋爱和成功都非常非常相似，它是一个自然而然的结果，过程做得好必有好结果。为什么不用去做好一个过程的方式，求得一定还不错的结果呢？

第五个，你终将要面对社会，社会需要的并不是拿了就能用的成品，而是需要可成长、可进步、可学习的这种人。我多次参加过招聘，我从来不看他现在所达到的水准，我看的是他具没具有再生长的空间。我 2003 年招聘的时候，一个重要的条件就是没有看过电视的优先，为什么？因为媒体会进入一个跨媒体的时代，你不会电视，我可以教你啊，但你仅仅会电视而不会其他，我如何教你呢？我不要求你来了立即就成为师傅，你可以是我的学生，但你将来有机会成为师傅。那批招进来的，新华社的有，报纸的有，各行各业的都有，其中也有一部分电视的。这些人现在是我们的中坚力量，而且非常好用。

其次，我特别在意心理素养。我得知道这哥儿们抗打击能力强不强，这姐儿们是不是一有了挫折就给我哭。为什么柴静在一篇博客上说，白岩松有一天告诉我，你不要穿裙子上班。我是在悄悄地提醒她，你是一个新闻人！新闻人出差的地方，山崩、地震、矿难随时会发生。有一次，柴静来了以后，我告诉她，请赶紧回家，收拾行李，一个小时之后，西源机场起飞，青海地震。这个时候，对我们来说是没有性别概念的。所以，心理素质是非常非常重要的，莫斯科不相信眼泪，其实工作也不相信。

另外，我衡量一个人的新闻素养，不仅仅是看他抗打击能力强不强，我还要看他抗表扬的能力也是不是足够强。有相当多的人不是折在挫折上，而是折在头一两次的成功上。头一两次的成功，飘飘然了，原本有一个还不错的上升空间，就被他自己给堵住了。

此外，我当然是格外格外地看重一个人。有人问，你用什么数据来看一个人是不错的？我凭直觉，我能感觉出，他是一个什么样的人。需要合作的时候，只有人格、人性相当不错的人，才有可能进入合作的团队当中，才可以激励别人，也被别人激励。所以做人是人一生中永远也无法改行的行业。

时代不管怎么变迁，终归衡量人的标准变化不大。1993 年我曾问过上海的一位哲学家，为什么现在的医学、科技等各方面的进步都如此之快，但人们仍然需要一二百年前的音乐去抚慰心灵？哲学家就回答了一句话：人性的进步是很慢很慢的。

有一个人很逗地问过我，你既然没有发过邮件、打过电脑，你怎么就知道犀利哥呢？唉，我当时就特别同情这个朋友，我说这是一种什么样的思维方式呢？——非黑即白、非对即错、非好即坏。会打电脑固然可以，对我来说，我已经习惯了写字跟思维之间这种同步的速度。我之所以不打电脑，是因为我等不及我的脑子，它更快。

说到思维方式的时候，也要从一种传统中的禁锢中走出来，必须得改变"这人是好人，那人是坏人"的想法。温文尔雅的人依然会有不齿于展现在大众面前的怪癖，你亦如此。要不把每一个青年成长的过程，都告诉他们父母的话，父母会感觉到惊心动魄的。我从来没有告诉过我妈我偷着喝酒、抽烟、旷课等很多不好的事情，身边的人也都是如此。为什么我们都这样了，还要去衡量别人百分之百的好还是百分之百的坏呢？

最后一个，我想跟大家分享的是，离开大学校园，我们要带着什么去走向社会呢？上大学的时候，我与你们一样，都浪漫地憧憬着大学生活，大学之所以美好是因为我们有这样的梦想。但是当你真正走进生活的时候，你会发现幸福的事是百分之五，痛苦的是百分之五，剩下的百分之九十都是平淡的，日复一日。而聪明人会善于把这百分之九十的平淡转化为幸福，不聪明的人会善于把这百分之九十的平淡往痛苦那靠。

我给你描述一个婚后的状态：老公在那儿看电视，拿着遥控器在那儿看报纸；夫人在那儿织毛衣，偶尔看下电视；孩子在那儿写作业，一晚上没多少话。一会儿泡完脚说，睡吧。我问这种状况怎么样？很多大学生说，快离了吧。但是，我想告诉你的是，对于相当多的四五十岁的人来说，这是能想象的一种最幸福的生活。生活不会是天天放礼花的，礼花之所以好看是偶尔放一下，天天放的话，受不了。

前两天公布了一个中国人的婚恋状况报告，说百分之七十的女性要求对方必须有房，希望对方有房才能结婚，男性百分之五十。我觉得百分之百的女性都希望有房，而现实生活中，不会百分之百的男人都有房。不会，中国永远都做不到。那么中国的女性都单身了吗？（全场大笑）

人们总会因为一些其他的因素而结合的，就像我跟我的夫人也是在居无定所、前景不明朗的时候结合的，但是那是我们最幸福的时光。非常简单去想，就能够把平淡过成不平淡的滋味。其实我绝大多数的时间极其平淡，报题、想选题、看报纸、做直播，然后回家，大致如此。

生活就是这样，只有做好了迎接平淡的准备，才有可能创造属于你自己的辉煌；如果认为生活都该是辉煌的，那就注定平凡。有很多人问我，白岩松你是不是现在成功了呢？我一直都喜欢跳高，这并不是我擅长跳高，而是因为它像人生的一种比喻。你有没有发现跳高的一个特点：越过了一个高度，就一定要摆上新的高度。即使当所有的竞争对手都没了，他已经是冠军了，他一定要再升一厘米，过了他就会还要再升，也就是说，他一定要以最后一跳的失败来宣告自己的成功。我觉得这太像人生了，人最理想的一辈子，就是以最后一跳的失败来宣告自己的成功！

很多人在说，现在年轻人不容易。我非常理解，全社会应该关爱你们，但是，不必溺爱。有人说，我们现在买不起房子，我们太痛苦了。谁说二十七八岁的人就可以买得起房子了？日本等国家一般是四十来岁才可能拥有自己比较稳定的住房，中国人就非常性急。本人拥有自己第一套房子的时候，都32岁了，是在租了八年的房子之后，连我们的孩子都是在流浪的路途中生的。你说，哪一代人的青春容易？没有一代人的青春是容易的！

我们在上大学的时候流行的一首诗的第一句就是"21岁我们走出青春的沼泽地"。可见，大家也正在沼泽地里。所以，去放大青春中那些最美好的东西，去享受这个日子，把平淡的日子往幸福那靠；所以，期待你们的将来。

2010年12月18日下午，中央电视台主持人白岩松在江西财经大学演讲，同学们蜂拥而至，气氛热烈，白岩松作为著名的主持人，没有高高在上，演讲的语言朴实无华却意味深长，演讲者从当代青年人的思想实际出发，很多年轻人都感叹生活的不容易，白岩松没有对青年人进行责备和枯燥说教，而是站在理解的角度与大学生交流。首先意味深长地指导当代青年人应怎样有意义地度过大学生活，从思想上、学识上提高自己，接着针对青年人容易出现的心理偏差，分析了每一代人的青春都是不容易的，应该正确认识和对待生活当中的困难挫折，正确定位人生，给青年人以深刻的启迪和教育。

整篇演讲逻辑思路清晰，虽然篇幅较长，但丝毫不凌乱，前面用第一、第二……清楚地阐明要讲述的观点，后面列举事例分析每一代人青春的不容易，犹如一位亲切长者娓娓道来，让青年人接受了一次心灵的洗礼。

演讲语言亲切朴实，幽默风趣，浅显易懂。

第四章 主持人训练

本章目标

1. 了解主持人的概念，主持人应具备的基本条件和基本功。
2. 基本掌握主持人的口语表达能力，学会运用优雅的体态语进行主持。
3. 具备较强的思维能力和控场能力。

第一节 主持人概说

作为一名优秀的主持人，应该具备较高的综合素养。为了达到这些综合素养的要求，除了需要了解与专业相关的包括文化素养、心理素养、能力素养、气质素养和语言素养等方面的知识，还应该展开多方面的训练。

训练目标

1. 了解主持人的概念。
2. 了解主持人应具备的基本条件和基本功。

训练指导

一、主持人的概念

主持人是指在一个相对固定的节目，作为主持者和播出者，具有采、编、播、控等多种业务能力，集编辑、记者、播音员于一身。广播或电视中出场为听众、观众主持固定节目的人，叫作节目主持人。主持人是内容的串联者、氛围的掌控者、计划的执行者、主题的引导者。

二、主持人必备的基本条件

（一）形象好；

（二）口才好；

（三）反应快；

（四）有智慧；

（五）状态佳；

（六）修养好。

三、主持人的基本功

作为一名优秀的主持人应该具备的基本功包括肢体语言的应用、文字的组织和表达、语言的用声的艺术和表达技巧，以及临场的应变能力等。

实例分析

李咏，以他标志性的手势和动作、出位的发型和着装使亿万观众为之吸引。服装的风格，大胆而创新，很有时尚和新意。主持上也有大胆的创意，机智幽默又不乏滑稽搞笑，肢体语言不拘泥呆板，给人耳目一新的视觉效果。在李咏身上充分体现了一位优秀主持人应该具有的各项基本条件与素质。

实战运用

1. 思考题：中央电视台著名的主持人，如董卿、朱军、撒贝宁、白岩松、欧阳夏丹、王小丫等，你觉得他们各自具备了一位优秀主持人的哪些条件和基本功？他们有什么独特的魅力？说一说你最喜欢谁？为什么？

2. 请你模拟一段你最喜欢的主持人的节目主持，并由师生互评。

第二节 主持人的口语表达训练

训练目标

1. 具备比较标准的普通话语音。
2. 说话吐字清晰流畅。
3. 学会科学地用气发声。

训练指导

一、普通话语音规范训练

（一）声、韵、调的规范发音

普通话的音节一般由声母、韵母、声调三部分构成。一般说来，一个汉字的读音就是一个音节。它是由 1 ~ 4 个音素组成的。声母是音节的起始部分。普通话有 22 个声母，其中 21 个由辅音充当，此外还包括零声母（零声母也是一种声母）。

声母后面的部分是韵母，普通话有 39 个韵母，其中 23 个由元音充当，16 个由元音附带鼻辅音韵尾构成。因此，普通话的韵母是由元音或以元音为主要成分构成的。

声调是指一个音节发音时的高低升降，声调主要是音高的变化现象。

（二）常见音变的规范发音

1. 变调。普通话中每个音节都不是一个孤立的单位，音节和音节连续读出，声调相互影响，或多或少要发生变化，不能保持原来的调值，这种现象叫变调，变调是一种自然音变现象，对语言的表达没有影响。主要包括上声的变调以及"一"、"不"的变调。

2. 轻声。在词语或句子里，有的音节常常失去原有的声调而读成又轻又短的调子，这种又轻又短的调子就是轻声。普通话的轻声都是从阴平、阳平、上声、去声四个声调变化而来。轻声作为一种变调的语音现象，只体现在词语和句子中，因此，轻声音节的读音是不能独立存在的。

3. 儿化。普通话中韵母因卷舌动作而发生音变现象，这种现象就叫作儿化。儿化了的韵母就叫"儿化韵"，其标志是在韵母后面加上"r"。儿化后的音节仍是一个音节，但一般由两个汉字来书写，只算一个音节，如头头儿（tóutour）、老头儿（lǎotóur）等。

实例分析

新闻稿件播读：

悉尼全城熄灯一小时
——为减少温室气体排放

澳大利亚悉尼市数万户商家和居民3月31日晚7时30分（北京时间17时30分）开始集体断电一小时，以引起人们对温室气体排放导致全球变暖的关注。天黑之后，悉尼歌剧院等标志性建筑纷纷熄灯。

这一活动名为"地球时间"，由世界自然保护基金和澳大利亚最大报纸之一的《悉尼先驱晨报》联合发起。大约2000家企业和53万户居民报名参加了"地球时间"活动，自觉断电一小时。除标志性建筑外，悉尼城区许多高楼也纷纷熄灯，整个城市变黑了不少。不过路灯和紧急照明装置仍没有熄灭，港口的照明也一切如常。"熄灯"对悉尼人的生活并无太大影响。

除此之外，还有人利用全城不少地方熄灯的便利观看星空。几百个市民提前预约，在熄灯期间前往悉尼天文台，利用这一小时更好地观看星空。天文台负责人说，很多市民都为有在黑暗中观察地平线的机会感到激动。

播读稿件不仅要用规范的普通话语音朗读，读准声韵调，而且还要注意各种语流音变，如轻声、儿化、变调等，字正腔圆地进行朗读。这条消息的标题是"悉尼全城熄灯一小时"，副题是"为减少温室气体排放"。看过这条消息后要确定重点在什么地方。在标题中我们已经了解了消息的新鲜点所在，这就是受众所关注的新闻事实的要点。再看消息的层次，三个段落自然成为三个层次，三个层次为我们播读时脉络的清晰提供了基础，三个层次之间要作短暂的停顿处理，切忌不要一气呵成。一气呵成的结果会使受众茫然不知重点所在。

第一个层次是消息的导语，播得要醒目。什么时间，什么地点，什么人，什么事，什么原因，原文交代得很清楚。第二层次把新闻事实稍加梳理后，弱强调"熄灯对悉尼人的生活并无太大影响"。第三个层次是新闻的结尾段，也是对新闻事实的补充，播清楚即可，声音运用可在中声区稍下部分，稍偏低些。

实战运用

（一）请用规范的普通话发音朗读下列绕口令

1. 坡上立着一只鹅，坡下就是一条河。宽宽的河，肥肥的鹅，鹅要过河，河要渡鹅。不知是鹅过河，还是河渡鹅？

2. 扁担长，板凳宽，扁担没有板凳宽，板凳没有扁担长。扁担绑在板凳上，板凳不让扁担绑在板凳上。

3. 一平盆面，烙一平盆饼，饼碰盆，盆碰饼。

4. 山前有个崔粗腿，山后有个崔腿粗。二人山前来比腿，不知是崔粗腿比崔腿粗的腿粗，还是崔腿粗比崔粗腿的腿粗？

5. 老方扛着黄幌子，老黄扛着方幌子。老方要拿老黄的方幌子，老黄要拿老方的黄幌子，末了儿方幌子碰破了黄幌子，黄幌子碰破了方幌子。

6. 粉红墙上画凤凰，红凤凰，粉凤凰，粉红凤凰，花凤凰。

7. 石、斯、施、史四老师，天天和我在一起。石老师教我大公无私，斯老师给我精神食粮，施老师叫我遇事三思，史老师送我知识钥匙。我感谢石、斯、施、史四老师。

8. 石狮寺前有四十四个石狮子，寺前树上结了四十四个涩柿子，四十四个石狮子不吃四十四个涩柿子，四十四个涩柿子倒吃四十四个石狮子。

9. 婆婆和嬷嬷，来到山坡坡，婆婆默默采蘑菇，嬷嬷默默拔萝卜。婆婆拿了一个破簸箕，嬷嬷带了一个薄笸箩，婆婆采了半簸箕小蘑菇，嬷嬷拔了一笸箩大萝卜。婆婆采了蘑菇换饽饽，嬷嬷卖了萝卜买馍馍。

10. 高高山上有座庙，庙里住着俩老道，一个年纪老，一个年纪少。庙前长着许多草，有时候老老道煎药，小老道采药；有时候小老道煎药，老老道采药。

（二）语流音变的练习

1. 上声的变调
百般　火车　警钟　祖国　旅行　懒散　手指　母语　小组
展览馆　选举法　洗脸水　纸老虎　小拇指　老保守

2. “一”的变调练习
一天　一听　一时　一年　一起　一里　一代　一律
一五一十　一分为二　一见钟情　一来二去　一万一千一百一十一

3. “不”的变调练习
不变　不测　不错　不带　不但　不必　不要
想不想　去不去　走不走　不离不弃　一不小心

4. 轻声词语练习
姐姐　老实　喇叭　婆婆　泥鳅　费用　煎饼　蘑菇　钥匙　告示
那么　烧饼　那边　云彩　窝囊　胳臂　芍药　窝棚　比方　跟头

5. 儿化词语练习
小牛儿　小孩儿　宝贝儿　心尖儿　小草儿　草帽儿
小崽儿　门缝儿　面条儿　个头儿　老头儿　老婆儿

（三）播读稿件练习

所罗门群岛2日发生里氏8级地震，强烈地震在引发海啸造成人员伤亡的同时，将当地一座名为拉农加的岛屿突然"拔高"了约3米。岛屿周围的珊瑚礁受此影响露出海面，附近的海洋生态系统遭到严重破坏。当地村民还因此发现了一艘第二次世界大战时期的日本沉船。

小岛上升使岛屿周围的珊瑚礁暴露在空气中，大量珊瑚虫以及搁浅在珊瑚礁上的海洋生物死亡，弥漫出一股难闻的腐烂气味。

村民哈里松·加戈边做手势边说，地震造成的裂缝甚至将整个岛屿一分为二，部分裂缝有50厘米宽。

在拉农加岛北部，当地村民在海岸上发现了一艘沉船，那是第二次世界大战时期沉没的一艘日军巡逻艇。当地渔民亨德罩克·凯加拉下海探视了新的海底景象，发现了一道与海岸线平行延伸的裂缝，长度至少500米。

凯加拉说，当地村民认为小岛上升是因为海平面降了下去，担心海啸可能再次袭来，因此大多数居民拒绝从高地上搬回原来的住处。

"噪音相当大，"凯加拉描述小岛上升时的情景，"水退了下去，然后没有再升上来。"他同时指出水位下降和地震是同时发生的。

拉农加岛是世界知名的旅游潜水胜地之一。这次地震给当地的旅游业造成了"灾难性"的后果，严重破坏了海底珊瑚礁景观。

小岛上升导致大量珊瑚礁露出海面，许多珊瑚虫因为曝晒在阳光下死亡，原先在海底呈现美妙景观的珊瑚礁变得如同月球表面般荒瘠。

在所罗门群岛西部省首府吉佐岛从事潜水业的丹尼·肯尼迪说，地震破坏了大量珊瑚礁，对潜水爱好者而言，这个曾经闻名于世的潜水胜地不再具有吸引力。

除了影响旅游业外，小岛上升导致珊瑚礁生态系统遭到破坏，当地以捕鱼为生的渔民因此受到严重影响。

训练指导

二、吐字清晰训练

主持人的语言表达中吐字是一项基本功。生活当中，有的人说话很清晰，有的人说话却很含糊，有的人则是一半清晰，一半含糊。这"含糊"主要是因为"吐字"存在问题。我们说"吐字"，其实是一种很形象的说法："话"像是嘴里含了什么东西，"说话"，就是把它"吐"出来，不是给大家看，而是给大家听。所以，一定得清晰。一般人应如此，作为一个在很大程度上承担着普通话推广任务的主持人来说，更应如此。

（一）吐字的基本要求

"字正腔圆"作为播音吐字的最高境界，一直是许多播音员、节目主持人不懈追求的目标之一。如何做到这一点呢？具体来说，播音吐字的基本要求可以概括为四点：准确规范，清晰集中，圆润饱满，流畅自如。以下分别略作说明。

1. 准确规范。吐字应准确规范，这是首要的，也是最起码的要求。要做到准确规范，就要按照普通话的标准发音，每个音的发音部位、发音方法都要准确无误。在这个基础上，还要努力提高发音质量，改正那些一般人不易察觉的细小的发音问题，取得比人们日常口语更好的效果。可以说，主持人的吐字所要求的准确规范比一般人所理解的要更为严格和精细。

2. 清晰集中。字音清晰是吐字的又一明显特点。清晰的吐字具有良好的穿透力。吐字清晰以发音准确为基础，但准确并不能代替清晰。清晰的吐字建立在一系列行之有效的发音技巧之上，而不是提高音调或加大音量所能奏效的。发音集中可提高字音的清晰度——这也是积极的发声状态的反映。同时，声音集中还便于话筒吸收，提高发声效率。

3. 圆润饱满。吐字既要准确清晰，又要圆润饱满，前者关系到"字正"，后者关系到"腔圆"。圆润饱满，就是要有比较丰富的泛音共鸣，使字音悦耳动听。这是对吐字的审美要求。我国传统说唱中的所谓"吐字如珠"，就是对吐字圆润饱满的形象描绘。当然，"腔圆"也好，"珠圆玉润"也好，都是形容字音的优美动听，但必须注意的是，圆润是以字音准确清晰为前提的，不可为追求声音优美而损害了字音，不能因为追求"形"而丢了"神"。

4. 流畅自如。字音只有进入语流才能传情达意。主持吐字必须灵活自如，轻快流畅，才有助于表达。如果字音咬得过死，一字一板，不仅雕琢痕迹明显，听起来不自然，而且还会使语流滞涩，影响语言表达的顺畅。日常生活当中的说话有起伏变化，主持吐字也要遵循生活语言的规律：疏密相间，错落有致，该强则强，当弱则弱。这样，语言才能像水一样流动起来——水的声音听起来总是悦耳的。

（二）吐字的基本技巧

1. 字头有力，叼住弹出。字头发音又称"出字"，一般要求成阻有力，除阻轻捷。所谓"叼住"，是指声母的成阻部位要准确，又要使肌肉保持一定的紧张度，以形成有力的阻气、蓄气。叼字的力量应集中在唇舌的纵中部，而不能满口用力。所谓"弹出"，是指声母除阻要轻捷，具有弹动感，不粘不滞，不拖泥带水，不使拙劲。就像"叼"字本身所体现的那样，"叼"要用巧劲儿，"嚼字如嚼虎"，不能过松或者过紧。叼住了，才能弹发有力，并带动整个音节，使之响亮清晰。字头发音口腔相对闭合，具有阻气、蓄气作用。如果叼字无力，气息会大量流失，影响到字头和整个音节的力度。但如果叼字过死，也会使发音显得笨拙。所以，字头成阻和除阻的力量既不可过大，也不可过小。

2. 字腹饱满，拉开立起。"字腹饱满"指的是音节中的主要元音发音清晰，共鸣充分，字音随着口腔的由闭到开好像"立"了起来，因而又称"立字"。"拉开"，指字头"弹出"后应迅速打开口腔，使气流在口腔内形成较丰富的泛音共鸣。口腔开度要大，应有竖着展开的感觉。"立起"，指主要元音的发音要占据足够的时间，使其响亮、圆润，在听感上形成字音立起来的饱满感。结合声束向硬腭前部的流动冲击，有字音"挂"于上腭的感觉。"立字"的过程实际上就是在一个音节里突出字腹的过程。

3. 字尾归音，趋向鲜明。"字尾归音"是指字尾部分应发音完整，不能虎头蛇尾，只顾字头、字腹，不顾字尾。"趋向鲜明"首先是指唇舌动作要"到位"。如韵尾 i，舌位应抬到一定高度；韵尾 u，唇型应收圆；韵尾 n，舌尖要收到上齿龈，并阻住口腔通道，鼻音一出立即收声；韵尾 ng，舌根应收到软、硬腭交界处，并阻住口腔通道，鼻音一出立即收声。其次，"趋向鲜明"还要求声音"弱收"。所谓"弱收"是指字尾发音时唇舌力量渐弱，声音简短，点到为止。

4. 吐字的整体处理——"枣核形"。字头、字腹、字尾三部分构成了字音的整体，人们形象地将其描述为"枣核形"。这个"枣核形"以声母为一端，韵尾为另一端，以韵腹为核心。从发音时口腔开度的变化来看，正好是由闭到开再到闭的过程，两头小，中间大；从时值来看，又是两头短，中间长。

"枣核形"既是吐字归音的一种规格，又体现了清晰集中、圆润饱满的审美要求。它作为吐字技巧训练，对于发音的规格化是必要的。但是在语言表达中，"枣核形"应有所变化，拉长或缩短，这样才有助于思想感情的传达。如果"枣核形"一成不变，字字如出一辙，必然会影响语言的表现力，破坏语言的节奏感，以致影响到内容的表达。

实例分析

1. 朗读歌曲《花非花》的歌词：

花非花，雾非雾，夜半来，天明去。来如春梦不多时，去似朝云无觅处。

2. 朗读歌曲《长城谣》的歌词：

　　万里长城万里长，长城外面是故乡。高粱肥，大豆香，遍地黄金少灾殃，自从大难平地起，奸淫掳掠苦难当，苦难当，奔他方，骨肉流散父母丧。没齿难忘仇和恨，日夜只想回故乡。大家拼命打回去，哪怕贼掳逞豪强。十万万同胞心一样，新的长城万里长。

　　在朗读这两首歌曲的歌词时，要把每个字的韵头叼住，韵腹立起来，韵尾要归好韵，整个吐字形成"枣核形"，真正做到吐字归音清晰，字正腔圆。

实战运用

朗读下列文章的片段，小组互评。

1. 生命之歌的最后乐章

　　当今年热闹红火的春节来临之际，在医院病床上的雷雨顺同志并没有感到寂寞。值班护士专门端来三盆鲜花，病房里一片芬芳。这时候，谁也没有想到，病魔正在迫使雷雨顺走向生命的终点。2月23日，农历年初一的下午，中国科协副主席王顺桐同志把一盆蓓蕾初绽的寿星桃放在病床前，代表科协广大会员问候雷雨顺。雷雨顺支撑着病体说"我微不足道"。

2. 西岭雪山

　　西岭雪山，一颗璀璨的绿色明珠，镶嵌在"天府之国"四川省成都市大邑县境内，总面积483平方公里，景区内最高处大雪峰海拔5364米。矗立天际，终年积雪不化，在阳光照射下，洁白晶莹，银光灿烂，秀美壮观。唐代大诗人杜甫寓居成都草堂时曾写下了"窗含西岭千秋雪，门泊东吴万里船"的千古绝句盛赞此景，西岭雪山也因此得名。

　　西岭雪山分前山、后山之说，前山景区以溪流、瀑布等构成的水景及种类繁多的植物为主要景观。整个景区绚烂多彩，气象万千。那里终年积雪的群峰绝壁，云蒸霞蔚的云海日出，变幻莫测的高山气象，莽莽苍苍的原始林海，历数不尽的奇花异树，终年不断的激流飞瀑，翩翩飞舞的各色彩蝶，以及那熊猫的家，金猴的峰，天然石门，怪石迷宫……荟萃此间，组成了一幅幅雄奇壮丽的风景画。

3. 老人与海

　　老人赢了。他战胜了自己，战胜了那条鱼，那条他一生都没见过的美丽的大鱼。那条鱼比老人的小船长出许多，他撑起瘫痪的躯体，费了很长时间才把小船拴在大鱼的身上。他不知道应该让鱼带着他走，还是他带着鱼走。他发现一群无所畏惧的鲨鱼正嗅着血迹向这里涌来……这不公平！你们这些厚颜无耻的强盗，真会选择时机。但我不怕你们，不怕你们，不怕你们！人并不是生来要给打败的。你可以消灭他，可就是打不败他，你们打不败他！成群结队的鲨鱼向老人的战利品——系在船边的大鱼发起猛攻。那撕咬鱼肉的声音使老人再一次站立起来。他重新举起鱼叉，悲壮地站在船头，他决心捍卫他的战利品，就像捍卫他的荣誉……

训练指导

三、科学用气发声训练

（一）呼吸器官及其基本方法

1. 呼吸器官

（1）呼吸道（口腔、咽腔、气管、支气管、肺泡）。

（2）膈肌。

（3）胸廓和相关肌肉。

（4）腹部肌肉。

2. 呼吸的基本方法

（1）胸式呼吸（浅式呼吸、锁骨式呼吸）。

（2）腹式呼吸（深式呼吸）。

（3）胸腹式联合呼吸。

3. 胸腹式联合呼吸的呼吸要领

（1）吸气要领：两肋打开，吸到肺底，膈肌下降，腹壁站定（"闻香法"）。

（2）呼气要领：呼气时要保持吸气的感觉，呼的力量大于吸的力量（"毒蛇法"）。

（3）注意事项：吸气时两肩自然放松，勿抬，避免造成胸式呼吸；同时也要避免单纯的腹部膨胀形成胸式呼吸，要把注意力放在腰腹部上。吸气不能过多，七八分饱即可。

4. 换气

（1）换气的情况：两句话间有较大停顿，可以从容地换气，以满足下一句话发声表达的需要以及生理气体交换的需要。

由于思维和情感表达的需要，为维持较长时间的发声需要而超出了生理能力，需要补充气息又没有补充气息的时间，这种换气的技巧叫作"补气"或者"偷气"。

（2）怎样"偷气"：

① 基本动作：保持住发声结束时的气息控制状态不变，两肋向外一张，接续后面的发声动作。

② 基本要求：在不破坏语句的连贯、受众不察觉的情况下，少量、无声地补充气息。

（3）气息控制的要领：

① 准备：姿态积极，心理放松，集中精力。

② 发声姿势：

a. 站姿：丁字步，两脚一虚一实，一个支点；肩膀放松，前胸舒展，双肩自然下垂，胸部微含向前，头部取平视角度。

b. 坐姿：坐椅子的三分之一处（酌情处理，坐稳），上身正直，其他同站姿。

实例分析

1. 数枣儿

出东门，过大桥，大桥底下一树枣；拿着杆子去打枣，青的多，红的少。一个枣、两个枣、三个枣……十个枣；十个枣、九个枣、八个枣……一个枣。

2. 数葫芦

南园一堆葫芦，结得嘀里嘟噜，甜葫芦，苦葫芦，红葫芦，绿葫芦，好汉说不出二十四个葫芦。一个葫芦，两个葫芦，三个葫芦……

这两个气息绕口令，既可练气息，又可练口齿。练习时一定要发好每一个音，吐字要清晰正确，不要为求一气说完，而吐字含糊不清。中间不可换气，争取一气说完。第二个绕口令应争取数到三十五个葫芦。经过这样反复练习，气息量会越来越大，朗读或朗诵时，声音必然会洪亮、持久。

3. 我的南方和我的北方（节选）

我的南方，也是李煜和柳永的南方。一江春水滔滔东流，流去的是落花般美丽的往事和芬芳。梦醒时分，定格在杨柳岸晓风残月中的那种忧伤，也注定只能定格在南方才子佳人幽怨的面庞……

我的北方，也是李白和高适的北方。烽烟滚滚，战马挥缰。在胡天八月的飞雪中，骑马饮酒的北方将士，正开进着刀光剑影的战场。所有的胜利与失败，最后都化作了边关冷月下的一排排胡杨……

我曾经走过黄山、衡山、峨嵋、雁荡，寻找着我的南方。我的南方却在乌篷船、青石桥、油纸伞的深处隐藏。在秦淮河的灯影下，我凝视着我的南方。在寒山寺的钟声里，我倾听着我的南方。在富春江的柔波里，我拥抱着我的南方。我的南方啊！杏花春雨，小桥流水，莺飞草长。

我曾经走过天山、昆仑、长白、太行，寻找我的北方。我的北方却在黄土窑、窗花纸、蒙古包的深处隐藏。在飞沙走石的戈壁滩，我与我的北方并肩歌唱。在塞外飞雪的兴安岭，我与我的北方沉思凝望。在苍茫一片的山海关，我与我的北方相视坚强。我的北方啊！大漠孤烟，长河落日，唢呐嘹亮。

在朗读这篇文章时要用规范的普通话语音，运用丰富的感情和不同的气息来进行朗读。文章中的南方和北方因为环境气候、人文特点差异很大，在朗读时首先要明确南北方各自的特点。南方的特点是像流水一样灵秀、柔情、细腻、飘逸，所以在气息的把握上处理得比较轻。而北方的特点则是像高山一样高远、敦厚、朴实、壮阔，所以在气息的把握上处理得比较重。把握好气息是朗读好这篇文章的关键。

实战运用

（一）口部操

1. 撮唇：10次，30秒。
2. 撇唇：10次（左、右为一次），30秒（嘴唇合闭，向左撇唇；然后向右撇唇）。
3. 转唇：8×8拍，30秒（嘴唇合闭，顺时针转唇；然后逆时针转唇）。
4. 双唇打响：30次，30秒（嘴唇合闭，用气迅速冲开双唇，发出声音）。
5. 顶腮：30次，1分钟（用舌尖向左顶住左腮，然后换右边）。
6. 转舌：8×8拍，1分钟（用舌尖沿牙根转圈）。
7. 立舌：舌头立起，左右轮换。
8. 弹舌：舌头在口腔打响。

（二）朗读绕口令

绕口令一：嘀哩哩，嘟噜噜，嗒啦啦。

绕口令二：大母鸡小母鸡，母鸡母鸡炖母鸡。

绕口令三：我吃鹅蛋我养鹅，我不吃鹅蛋我不养鹅，鹅飞鹅跑我追鹅，鹅不飞鹅不跑我不追鹅。

（三）朗读文章

1. 好的哥还巨款

"真想不到还能找回来，太感谢你了！"日前一个下午，来京出差的河南仰韶酒厂厂长费国华，接过失而复得的14000多元现金和其他身份证件，紧紧地握住了出租车司机荣金锁的手。

荣金锁是三元出租汽车公司的一名司机，那天中午在燕翔饭店停车打扫出租车卫生时，发现在后座上放着一个公文包，打开一看，里面装有现金14000多元，还有商务通和其他一些身份证件。他立即想到这可能是刚下车的那位乘客落下的，但乘客已经不知去向，随后他急急忙忙将公文包送交三元出租车公司。根据乘客是在燕翔饭店下的车，公司人员考虑到失主可能住在饭店里，经过电话联系，饭店的工作人员说暂时还不知道有没有人丢失物品。一直等到下午2点，燕翔饭店打来电话，说丢包的人已经找到。经过与失主核对，确实是他丢失的物品，一小时后失主费国华来到出租车公司，就发生了文章开头的一幕。

2. 儿子，妈给你一个肾

51岁的戴万芬是牡丹江一名退休的环卫工人，她原来有一个幸福的家：能干的丈夫，两个懂事的儿子。然而，从1999年开始，不幸降临。尿毒症在夺走了她的大儿子之后，又缠上了她的小儿子王波。

看着儿子每次做透析时痛苦的样子，看着原本小老虎一样的儿子骨瘦如柴，戴万芬的眼泪都快流干了。

当她听说换肾能挽救儿子的生命以后，她坚决要求把自己的肾换给儿子。

2002年1月12日是手术的日子，戴万芬在儿子面前一直笑着，她拉着儿子的手不住地说："不要怕，什么都不要想，好好配合医生做完手术，妈妈永远爱你。"

8点45分，戴万芬平静地躺在手术车上，在亲友们的祝福声中，她微笑着，努力探出身子，把手伸向王波，母子俩的手紧紧地握在一起。好半天，戴万芬对儿子说："你要坚强，有这么多人关心你，手术一定会成功，你一定会好起来的。"

截止记者发稿时，王波已度过了危险期。

有一种力量总会支持我们渡过难关，那就是无私纯洁的亲情。

3. 欢乐教育法

我们有一种习惯，凡是想让别人重视某一件事情，就用"如果你不重视此事，后果必将如何如何可怕"来吓唬他。现在许多传媒呼吁家长重视家庭教育，走的就是这条路。

要想让人重视一件事，还有一个办法就是用此事的美好前景吸引他，所以我们也可以看到许多关于哈佛女孩、剑桥男孩等的文章，表面上不是沉重的话题，可惜你往里面看就不行了，那些家长给人的感觉好像是孩子还没生下来就已经背上了十字架。

教育孩子确实不容易，但是不容易就非得弄得如此可怕吗？现在学校里都在提倡"快乐教学"，我们为什么不可以用比较轻松的方式帮助家长掌握新的教育理念和正确的教育方法？家长为什么不可以在轻松快乐的气氛中把孩子教育好呢？

其实细想起来，家庭氛围如果总是那么凝重、紧张，家长总是和孩子较劲，孩子一进家门就会觉得压抑，家长一看见孩子就头痛……孩子反倒不容易教育好。这种情况现在很普遍，是该变一变了。

4. 孤岛不孤

惠屿岛与大陆相隔4公里。2月6日晚，记者走村串户，看到几乎家家都有新电视机，图像清晰。一位村民开心地说："今年大年三十，我们可以看春节联欢晚会了。"

在经济发达的福建泉州市，惠屿岛曾是个"寒极"。去年夏天，记者随市领导一行登岛，看他们一项一项地为村民排忧解难。记得村民们形象地说："对岸灯火辉煌，岛上黑灯瞎火。"去年除夕，全村人为了看上电视，弄了台手摇式发电机，轮流摇，轮流看。精彩之处忘了摇，顿时漆黑一片。

面对村民的期盼，市领导表示，一定让大家在2002年春节看上电视。市里多方集资，长期供应低价柴油来发电，结束了岛上1133名村民无电用的历史。

漫步惠屿岛，发现这里的码头是刚刚修建的，过往的客船是崭新的。村民们围拢着，讲到政府怎样给他们修路、建学校，还拉记者去参观富裕地区援建的养殖基地。时隔半年多，孤岛不再孤！

第三节 主持人的体态语训练

训练目标

1. 了解主持人规范的身姿语、手势语的要领。
2. 了解常用的表情语，并能够根据具体情境运用恰当的表情语。
3. 在具体的情境中大方自如地运用主持人的各种体态语。

训练指导

一、主持人的身姿语训练

（一）正确的站姿

正确的站姿是：身正肩平，立腰收腹，挺而不僵，松而不懈。

头部——自然摆正，眼睛平视前方，不左右偏也不仰头或低头，不要俯视也不要仰视。

肩部——自然下垂，不要耸肩也不要故意压肩，应该是放松的，可以自由活动的。

胸部——自然舒展，不要使劲故意地去挺胸，也不要过于含胸，只是微微有点含胸就行了。

腰部和背部——背部要挺直，绝不能驼背。

脚——可以稍微分开一点与肩同宽，或者一前一后，成丁字形站立。

（二）正确的坐姿

坐姿也是在主持中很常用的一种姿态。与站姿不同的是，站姿是将重心落在脚的前部，而坐姿是将重心落在臀部。头部、肩部、胸部、腰背部跟站姿都是一样的要求，但坐姿也有它要注意的特别问题。

手臂——自然平放在桌上，不要光用手臂的力量来支撑身体，支撑我们身体的还应是腰背部。

臀部——应该坐在椅子的前三分之一处，不要坐满臀（这样容易使背部挺不直，腰立不起来，使不上劲）。重心落在臀部上，给人很稳的感觉。另外在背直重心稳的前提下，身体可以略微前倾，给人一种积极交流的感觉，脚自然着地就可以了。

双膝及脚跟要贴紧，或脚踝交叉，不要做随意地抖动双腿等不雅观的动作。

（三）正确的走姿

总的来说，就是要自信、昂首挺胸，不轻浮、随便，要热诚、有活力，要用目光接触、点头微笑。行走中，对头部、肩部、胸部、腰背部的基本要求与站姿、坐姿要求也是一致的，另外还要注意的是：

双臂——以肩关节为轴，上臂带动下臂协调地前后摆动。不要随意地甩手臂。

双腿——膝盖正对前方，以胯带动膝关节再带动小腿向前迈进，注意两脚行走时的距离最好只相隔五公分，行走中，向前迈的腿的重心应该落在脚后跟，不要用前脚掌着地，这样很难使腰背直立。另外，后面的腿的膝关节内侧应该是伸展的，这样可以使后面的脚跟自然带起，显得干净利落。

腰部——我们提倡用腰部走路，也就是说重心的移动以腰部为轴，用腰部的力量来带动腿部向前迈进。这样不仅不会使身体上半部随便晃动，在保持平稳感的同时还会给人很轻盈、很有活力的感觉，充满自信。

二、主持人的表情语训练

1. 眼神。眼神又被称为"心灵的窗户"。瞬息万变的眼神，是人类丰富而又复杂的思想和蕴藏于内心深处的情感的不自觉流露。眼神所传递的信息，比动作更微妙、更复杂、更深刻、更动人。毫不夸张地说，眼神是主持人的体态语之魂！眼睛不仅能交流思想、表露情感，而且具有启示心理的功能。所以说眼神在主持中有着重要作用，从登上舞台到主持结束，都要发挥好眼睛的功能。

主持人要想掌握运用眼神的技能，应该做到：第一：眼神要有内涵，包括"色彩"和"温度"。也就是说，眼神的感情色彩与语言的内涵相吻合，眼神的温度也要与情感的分量相匹配。第二：眼神的注视部位。面对面谈话时，目光主要在对方双眼和嘴部这个三角区移动，一方面表示亲切、友好、关注的感情，另一方面也显得健康、大方。第三，眼神注视的时间。我们中国人的习惯，说话时眼睛要看着对方，以示尊重和重视。主持人交谈中应注意"倾听"和"回应"，不可到处乱看。第四，眼神注视的方式。注视方式要根据有无实际交流对象或交流对象的多寡而有所区别。没有实际交流对象时，就只有专注地注视摄像机镜头，把镜头当作交流对象的眼睛，甚至要感觉到观众对自己主持内容的反馈；有实际交流对象时，面对面地近距离交流，主持人一定要正视对方，真心实意地与之交流，不可"侧目而视"。

2. 表情。表情要自然，部分时间愉悦、轻松、诚恳，配合内容、手势，偶尔夸张，通过喜、怒、哀、乐、惊讶表达肯定、认同。

主持练习法则一：微笑。

例如：分享时的眼神；鼓励的、肯定的眼神、话语；看着对方距离不能太远；尊重他，相信他，含情脉脉地看着对方。

主持练习法则二——丰富多变的表情。

例如：微笑、苦笑、傻笑、脸红了、笑了、哭泣、喜悦、高兴、愤怒、柔情、不高兴、生气、不平、傲慢、忍耐、恐怖、震撼、害羞、惊讶、惊恐、苦恼……

三、主持人的手势语训练

手势也是一种辅助的表达手段，可以用来帮助我们传递信息，增进交流，但是要注意与内容的协调，以及手势本身的自然舒展与明确简练。具体要求是：配合身体的韵律，自然而然做出，手臂不要紧靠身体，手势的弧度依照听众数量，可以灵活多变，要配合说话内容，应避免用手指指人。

主持练习法则三：一般来说，主持手势可以分为以下几种。

1. 指式——一般运用手指进行指示，多用于表示数字、时间和方位，但不能用手指指人，以手指人是不礼貌的表现。

2. 撑式——是指四指并拢的指示手势，可以模拟切菜、炒菜的手势。

以上两图中，主持人采用的均为撑式主持手势

3. 拳式——是指紧握拳头的手势，一般表现坚定的信念和决心。

使用无线话筒（麦）的注意事项：

1. 不要抓在无线话筒的网头处使用。

2. 拿话筒（麦）管身上的三分之一处。

3. 善于调节无线话筒与嘴巴的距离。

4. 避免无线话筒面对着喇叭使用。

5. 拿话筒的手不要"兰花指"。

6. 站立不讲话时手拿无线话筒的姿势。

以上两图均为主持人使用无线话筒的正确姿势

主持人站立不用讲话时手拿无线话筒的姿势

实例分析

（一）站姿的训练

1. 墙站立法：身体背靠着墙，让后脑勺、肩胛骨、臀部、脚后跟都能与墙面呈点的接触，这样就能体会到正确站立时的身体各部位的感觉了。每天练习20分钟。

2. 卧支撑法：先让身体面朝下俯卧，然后用手肘和脚前掌支撑起身体，使身体除小臂、手肘部和脚前掌与地面接触外，身体的其他部位都离开地面并与地面平行，注意肩要放松，胸不要往里含，要和地面平行，腰背也是一样，要有支撑住身体的力度，保持身体平直的紧张度。这样保持一会儿，然后不断地做3~5次。

3. 腹立腰站立法：做这个练习，主要就是要让自己有一个向上的感觉。就好像头顶中间有一根绳子从上面拉着你，然后肩放松下沉，腰背自然挺立，双手叉腰，有整个身体往中间收拢成一根棍的感觉，而且要觉得身体随着长了5厘米，还在努力地往上长，让背部、腰部、腹部、臀部都向中间收紧，有很强的绷紧的感觉。这样站立一分钟左右就休息一下，然后反复地练习几遍，对挺拔我们的身姿非常有效。

（二）走姿的训练

1. 练习平衡感。做这样的练习有助于纠正我们在走路时不由自主地左右晃动，或者是弯腰驼背、脊椎不直的不良习惯。具体做法是：把一本书或者是一个小垫子，放在头顶上，视线落在前方四米左右的地方，手可以叉腰也可以自然下垂前后摆动，坚持走一段距离，休息一下再反复练习。

2. 练习走直线。这一练习可以让我们的走姿变得优美。具体做法是：在地上摆放或者画出一条直线，练习时要注意，女士行走时要尽量让左脚或右脚的内侧贴近直线，但不能踩在直线上，也不能离直线太远，不要走成了"八字脚"。男士行走时要注意左脚和右脚的内侧要离中间的直线有一定的距离，但不能超过自己的肩宽，注意走"平行步"，切忌"八字步"。

（三）手势的训练

多观察，多考虑，多做自我设计。

实战运用

1. 现场练习（手势设计）：
（1）"大家安静，安静!"
（2）"注意，这一点不可大意!"
（3）"我讲的这个问题非常重要!"
2. 请你模拟一段主持人走上台、向观众问好并走下台采访现场观众的片段，注意大方自如地运用各种体态语，并请师生互评。

第四节　主持人的控场能力训练

训练目标

1. 掌握主持人控场的几种基本技巧和方法。

2. 在具体情境中自如地运用各种控场技巧，提高控场能力。

训练指导

一、以幽默方法提高控场能力

节目主持人的幽默风趣，一般不是靠外表的滑稽可笑取胜，他追求的应当是审美、心理层次的愉悦和笑。因此，幽默风趣和浅薄的贫嘴是有本质区别的。真正的幽默应该闪烁着智慧的光芒，是主持人综合素质的体现。真正懂得幽默的主持人会给节目增添光彩，让观众身心都得到真正的愉悦和快乐。

二、以应变技巧提高控场能力

1. 应变，即随机应变，意思是能根据情况的变化采取适当的应对行为。

2. 应变在主持人语言中的作用：救场，化险为夷。

3. 临场应变的一般情形。

（1）故障性人为变化——非人为因素造成。

（2）非主观性人为意外变化——人员疏忽造成。

（3）主观性的人为意外变化——主持人本身造成。

4. 临场应变的具体技巧。

（1）忘记台词如何压场。

①善用表情处理；②谈谈个人感受；③寻找与现场相关的话题；④学会沉着冷静。

（2）说错话如何打破僵局。

①真诚；②迅速修改。

（3）现场气氛调节方式。

①祝福的话、关心的话多说；②增加互动游戏。

三、以个性魅力提高控场能力

作为一名优秀的主持人应该具备较高的综合素质，包括文化素养、心理素养、能力素养、气质素养和语言素养等，这些都形成了一名优秀主持人的个人魅力。优秀的主持人是可以通过个人魅力来提高控场能力的。

朱镕基总理 1998 年访美在洛杉矶华人欢迎会上的致辞节选

我来美国之前，我向我尊敬的朋友，美国驻华大使萨瑟先生，向他请教这次访问我应该怎么办呢？（笑声）

他给我的忠告："Keep always a smiling face."（大笑声）

这对我很困难。（笑声）因为香港人说我是"朱铁面"。"朱铁面"是一个 long face。（笑声）

更加抱歉的是，我今天不但没有笑脸，而且哭起来了。（笑声、掌声）

我非常感谢大使先生，因为他在我来以前就到美国来，他到了我所要去的每一个城市。他告诉我，他要向当地的人民介绍我，使我能够受欢迎。（笑声、掌声）

他说，他准备被打得鼻青脸肿，见到我的时候，脸上包着绷带。（笑声、掌声）

在我来以前两天，我一个上午见了两批，一共是 20 个美国的参议员和众议员……那我就告诉他们了，你们这样反对中国我怎么去呢？你们的大使都要被打得鼻青脸肿，我去了怎么办？我这个中国人。（掌声）

他们说：你一定要去，因为我们美国人喜欢你这个 new face。（掌声、大笑声）我说，你能保证我这个 new face 不会变成一个 bloody face 吗？（笑声、掌声）但是我今天到了洛杉矶，我放下心来了。如果美国人都像你们这么欢迎我的话，我大概还是一个 new face。（笑声、掌声）

朱镕基总理在即席演讲中的思维触角穿行于中西文化，表现出高超的驾驭语言的能力，发散性思维拓展了语言的内涵和张力，体现出超凡的个人魅力，难怪会引来阵阵掌声与笑声。

实例分析

1. 主持人杨澜在主持节目时不慎从台阶上掉下来，在众目睽睽之下，她很沉着地爬起来，镇定自若地对台下观众说："真是人有失足，马有失蹄呀。我刚才这狮子滚绣球的节目滚得还不熟练吧？看来这次演出的台阶不那么好下哩！但台上的节目会很精彩的。不信，你们瞧他们！"

2. 杨澜当年考《正大综艺》主持人的时候，考官问她："你敢不敢穿三点式？"

她的回答是："这不是个敢不敢的问题，而是一个得不得体的问题。如果在美国西海岸的浴场上，穿三点式是很正常的事；如果在一个民风淳朴的山村大街上，穿三点式是对那里人感情的一种亵渎；如果在浴池里，穿三点式纯属多余。"

杨澜作为一名综合素质较高的优秀主持人，以她丰富的知识、敏锐的应变能力和超凡的个人魅力，征服了全国观众，得到人们的认可。

实战运用

1. 接对歇后语。一人讲出歇后语的前半部分，要求对方快速说出歇后语的后半部分。看看在限定的时间内能够接对多少歇后语。

（1）水仙不开花——

（2）七窍通了六窍——

（3）干河道里的牡丹花——

（4）轮胎上的气门芯——

（5）猪八戒照镜子——

（6）两脚塞进一只皮靴——

2. 在以下具体的情境中，作为一名主持人应该如何运用应变技巧进行控场？

（1）假如你是文艺晚会的主持人，当预定好的演出节目因为音乐或者演员误场等各种原因无法正常进行，请问你如何临场应变？

（2）假如在晚会现场进行观众采访时，观众说不出话来，请问你应该如何应变？

（3）在主持婚礼时，放在香槟塔顶端的最高的一个酒杯被新郎一不小心碰掉下来打碎了，遇到这种情况，请问你作为主持人，应该如何应对？

（4）一场浪漫的户外烛光婚礼，刚准备举行仪式，但是新娘的婚纱礼服的裙边一不小心被倒下来的烛台点着了，火烧了起来，虽然马上扑救，新娘婚纱的裙边还是被烧掉了，如果你是主持人，面对这样的尴尬场面，请问你会如何应变？

第五节 精彩主持欣赏

四川省隆昌县 2013 年优秀年轻后备干部
"胸怀祖国，放飞梦想"——"中国梦"文艺晚会主持词
开场词

男一：尊敬的各位领导，各位来宾！

女一：亲爱的朋友们！

合：大家晚上好！

女二：灿烂的六月，鲜花满地。

男二：朝气蓬勃的祖国，沐浴在"十八大"的春风中，斗志昂扬，豪情满怀。

女一：火红的六月，青春飞扬。

男一：为了认真开展好"实现伟大中国梦，建设美丽繁荣和谐四川"主题教育活动，谱写中国梦隆昌新篇章。

女二：在喜迎中国共产党 92 华诞的日子里，我县 2013 年正科级后备干部班、优秀年轻干部强化班 130 名学员在此隆重举行"胸怀祖国，放飞梦想"中国梦文艺晚会。

男二：今晚，各位领导也在百忙之中来到了晚会现场，我非常荣幸地向大家介绍出席今天晚会的领导：他们是……

女一：让我们用热烈的掌声对各位领导的光临表示热烈的欢迎和衷心的感谢。同时，我们也要感谢现场的所有朋友们，欢迎你们的到来。

女合：让我们手牵手，肩并肩，唱起来，跳起来。

男合：让我们共同度过这个难忘的夜晚。

第一篇章 理想篇

女一：梦想，是我们每一个人生活的动力。

男一：梦想，是我们每一个人前进的方向。

女二：梦想是美丽的，它是心底最美的期望，美梦成真是我们长久以来的信仰。

男二：梦想是阳光的，它使人们由浮躁走向踏实，由彷徨走向坚定，并一步步走向成功。

女一：梦想是有力量的，它是人生前行的动力之源；高远的梦想能够激发一个人生命中所有的潜能。

男一：一代又一代中华儿女为了伟大的祖国，不懈努力，为之探索，为实现中华民族伟大复兴的共同理想不断奋斗。

女二：中华民族五千年传承着一个个梦，几经辗转，几经沉浮。时至今日，汇聚成了一个梦，我们的中国梦。

男二：中国梦，凝聚了几代中国人的夙愿。

女一：中国梦，是中华儿女的共同期盼。

男一：中国梦，体现了中华民族的整体利益。

女二：中国梦，是历史赋予我们全体共产党人的时代重托。

男二：有了中国梦这个信念，就坚定了我们的人生航向，不会再迷失方向。

合：有了中国梦这个信念，就有了我们前行的动力，从徘徊探索走向成熟坚定。

第二篇章　使命篇

女一：人生赋予我们沉重而又高贵的礼品，这就是使命！

男一：使命是激情与渴望，是责任与担当，是富于勇气的奉献与开拓进取。

女二：我们年轻干部生在幸运的时代，长在伟大的祖国。

男二：我们的祖国，有如此伟大的党，有如此伟大的人民。

女一：无论是在"非典"、雪灾、洪灾、地震，还是在群众利益无小事面前，我们心中永远装着的是人民。

男一：这份报答，就是我们年轻干部的使命。

女二：这份报答，就是我们年轻干部的责任。

男二：我们已经接力了实现中华民族伟大复兴的中国梦。

女一：我们已经托举起中国梦的光辉前景。

男一：使命赋予了我们年轻干部新时代的责任。

女二：责任让我们年轻干部的青春奏响人类文明史上最强的乐章。

男二：用使命书写我们的青春，用责任描绘我们的人生轨迹。

合：我们年轻干部，将用无悔的追求、不懈的努力报答我们的党，我们的祖国，我们的人民。

第三篇章　奋斗篇

女一：追梦的道路总不平坦，创造历史总是伴随着艰苦奋斗。

男一：有梦、敢于去追梦的个人、民族、国家，体现的是自信、勇气和对未来的追求。

女二：有梦才有追求，努力，梦才能成真。

男二：今天，我们已经找准了方向路径，架起了通往梦想的桥梁。

女一：要抵达成功的彼岸，需要我们艰苦地奋斗。

男一：奋斗是成功的基石，奋斗铸就"中国梦"之魂。

女二：奋斗是我们年轻干部青春的主旋律，奋斗是我们人生道路上最美的音符。

男二：今天，我们已经站在新的历史起点，中国梦隆昌新篇章蓝图已经绘就。

女一：让我们紧密团结在以习近平同志为总书记的党中央周围，高举中国特色社会主义伟大旗帜。

男一：以邓小平理论、"三个代表"重要思想、科学发展观为指导。

女二：在县委县政府的坚强领导下，众志成城！

合：为实现伟大中国梦谱写隆昌新篇章而努力奋斗！

男二：我们坚信，只要凝聚中国力量，弘扬中国精神，坚定不移地走中国特色社会主义道路，我们就一定能够实现——

合：中华民族伟大复兴的"中国梦"！

结束词

女一：时间的脚步总是那么匆忙。

男一：欢乐的时光特别让人难忘。

女二：今夜，我们欢歌笑语。

男二：今夜，我们畅想未来。

女一：今夜，我们放飞梦想。

"中国梦"文艺晚会的四位主持人正在主持

男一：让我们记住今天！

女二：让我们期待明天！

男二：让我们憧憬未来！

女合：让我们满怀激情，向未来出发。

男合：让我们拥抱希望，把梦想追赶。

男一：让我们和着美妙的音符，共同唱响《走向复兴》，共同祝愿我们伟大的祖国——

合：繁荣昌盛、美丽富强！

女一：今天的晚会到此结束。

合：再会！

　　这是一篇优秀的文艺晚会主持词，主持词的内容紧扣主题，深情阐释了伟大"中国梦"的理想。主持词分三个篇章——理想篇、使命篇和奋斗篇，从拥有美好的理想，到肩负神圣的使命，再到为实现"中国梦"这个伟大理想而不断努力奋斗，思路清晰，层次分明，激情洋溢的语言激励着优秀年轻干部为了中华民族的伟大复兴而"实干兴邦"，极大地鼓舞了年轻干部们的斗志，并且为主持人的精彩主持和整台晚会的圆满成功奠定了文学和语言基础。

　　主持人是晚会的灵魂，主持人是否具备个人魅力，是否具有娴熟的主持功力，是影响晚会圆满成功的重要因素。本场晚会的几位主持人字正腔圆的普通话、优雅的体态、从容的气质、娴熟的控场能力、灵活的应变能力，给观众们留下了深刻的印象，下图为四位晚会主持人正在主持。

　　思考：欣赏了这篇主持词以及主持人的图片，你掌握了基本的主持技巧吗？

　　模拟训练：试着用这篇主持词，结合前几节学习的知识和技能来进行完整的主持模拟训练，可以自己录下来，反复观看，找出不足，争取早日掌握主持技巧。

下 编

第一章　儿歌表演训练

第一节　儿歌概述

训练目标

1. 掌握儿歌的概念及特点。
2. 明确儿歌表演的重要性。

训练指导

一、儿歌的概念

儿歌来自民间，起源很早。现代意义上的儿歌是指具有民歌艺术风格、符合幼儿听赏要求、顺口易记的短小诗歌。

儿歌是幼儿须臾不可缺少的精神食粮，孩子们进入幼儿园后，儿歌跟他们成了形影不离的好朋友。因此，在幼儿园教学中，儿歌教学占了很大的比重，这就对幼儿教师儿歌表演的技能提出了很高的要求。

比如，初入园的小朋友，因为对陌生新环境的不安全感以及对亲人的依恋，难免会哭泣，这时老师可以和他们一边拍手一边唱——

新来的小朋友

新来的小朋友，

快不要哭！

你看小熊也不哭，

你看小猫也不哭，

不哭，不哭，都不哭。

要保证孩子的身体健康，培养孩子良好的卫生习惯，老师就可以教他们表演——

小朋友爱清洁

小鸭叫，嘎嘎嘎，叫我剪指甲；

小鸡叫，叽叽叽，叫我擦鼻涕；

小狗叫，汪汪汪，叫我换衣裳；

小猫叫，喵喵喵，叫我把脸洗。

小朋友，爱清洁，人人都欢喜。

要让孩子懂得尊重、体贴长辈，老师可以让小朋友回家为家人表演这首儿歌——

小板凳

小板凳，你别歪，

让我爹爹坐下来，

我替爹爹捶捶背，

爹爹叫我乖宝贝。

（注：在表演这首儿歌时，可以把"爹爹"这个词替换成爷爷、奶奶、妈妈等。）

要让小朋友在幼儿园体会到家的温暖，感受到老师的关爱，我们不妨念念——

幼儿园像我家

幼儿园像我家，

老师爱我我爱他，

老师叫我好娃娃，

我说老师像妈妈。

二、儿歌的特点

由于儿歌将知识、道理、教训编入其中，帮助儿童增长知识、明辨是非、懂得道理，因此，儿歌具有以下几个特点：

（一）主题单一，道理浅显

一首儿歌，一般只单纯、集中地描写或讲述一件事物，简单明了地说明一个道理，使儿童在游戏中受到教育。优秀的儿歌总是充分地显示出主题的集中和单一，例如圣野的《我做的事也不少》："针掉了，我来找，地脏了，我来扫，我做的事也不少。"寥寥数语，简单朴素，告诉孩子们在生活中自己能做的事情要自己做，这样也能增强孩子们的自豪感。再如《小刺猬理发》："小刺猬，去理发。嚓嚓嚓，嚓嚓嚓。理完头发瞧瞧他，不是小刺猬，是个小娃娃。"让幼儿从小养成勤理发、讲卫生的好习惯。

（二）篇幅短小，易懂易记

幼儿"无意注意"占主导地位，他们的注意力不能长时间集中在某一事物上，理解力、记忆力也都还较弱。为了适应这一特点，儿歌一般都比较短小，易于幼儿记忆。例如，传统儿歌《排排坐》："排排坐，吃果果，你一个，我一个，妹妹睡了留一个。"整首儿歌仅用了19个字，就展示出了小朋友们分果、吃果，团结友爱的活动过程，篇幅短小，易懂易记。

（三）节奏感强，易诵易唱

幼儿期是一个人语言发展的关键时期。从小培养幼儿的语言能力，儿歌是不可缺少的教育手段，通过诵读儿歌可以促进幼儿的语言发展。孩子天生喜欢唱歌，他们对音乐性强的韵律特别喜爱，所以对儿歌的要求就是读起来必须朗朗上口，易诵易唱，才便于幼儿学习。以传统儿歌《摇摇船》为例——

> 摇摇摇（iao），
> 一摇摇到外婆桥（iao），
> 外婆叫我好宝宝（ao）。
> 糖一包（ao），
> 果一包（ao），
> 还有饼儿还有糕（ao），
> 吃了饼糕上学校（iao）。

再如，创作儿歌《小刺猬理发》：

> 小刺猬，
> 去理发（a），
> 嚓嚓嚓（a），
> 嚓嚓嚓。
> 理完头发瞧瞧他（a），
> 不是小刺猬，
> 是个小娃娃（a）。

这两首儿歌，采用长短句交替，很有节奏感；句末的字押韵，念起来朗朗上口，听起来悦耳动听。

第二节　儿歌表演技巧训练

训练目标

1. 明确儿歌表演的基本要求。
2. 把握儿歌表演中语音、节奏、语气、语调和体态语的训练技巧。
3. 能熟练运用表演技巧进行儿歌表演。

训练指导

儿歌表演并不是简单地把儿歌背出来，加上一定的动作就可以了，而是要注意多种技法的综合运用，才能使你的儿歌表演富有表现力和感染力，才能真正吸引孩子们的注意力。能进行儿歌表演，是每个幼儿教师必备的一项基本技能。

一、儿歌表演的基本要求

1. 选择富有童真、童趣的儿歌，符合幼儿的年龄特点和审美需求。
2. 普通话语音标准，自然流畅。
3. 发音位置稍靠前，声音比平时稍高，音色甜美。
4. 富有节奏感，轻快活泼，体现儿歌的音韵美。
5. 语气、语调的变化符合儿歌的内容和情节。

6. 表情丰富，身姿语、手势语自然大方，表现力强。

二、儿歌表演的技巧

（一）语音

在儿歌表演中，应该注意普通话的基本要求：声母、韵母、声调必须到位；要注意普通话中的音变现象，比如"一"、"不"的变调和上声的变调，轻声、儿化的读法，"啊"的音变；词语的轻重格式；重音、停连对内容的突出，形成和谐的层次；尤其值得注意的是，语速要根据孩子的年龄段来决定其快慢，小班的语速要比中大班的慢一些。

以儿歌《红眼珠》为例——

小白兔，真爱哭，
一不高兴呜呜呜。
它说自己尾巴短，
对着爸爸呜呜呜。
它嫌衣服没有花，
对着妈妈呜呜呜。
它说萝卜不好吃，
打个滚儿呜呜呜。
呜呜呜，呜呜呜，
黑眼珠变红眼珠。

在这首儿歌中，应该注意"兔"、"哭"、"呜"、"花"、"短"、"说"等字的归韵，要有明显的动程；"一不高兴呜呜呜"中的"一"要变调，读成"yí"；轻声和儿化要体现出来，如"尾巴"、"对着"、"爸爸"、"衣服"、"妈妈"、"萝卜"等都有轻声，"滚儿"是儿化音；还要通过恰当的方式来突出重音，如"真爱哭"可加大音量，并把"真"字的声音延长来突出重音；"一不高兴呜呜呜"可以把"一"的调值夸大，把"呜呜呜"的音量加重，这样也能突出重音。

（二）节奏

儿歌的语言特别富有音乐性，主要表现在口语化、节奏和押韵上，而节奏又是儿歌的灵魂，因此，儿歌表演中节奏的把握和体现就显得尤为重要。

节奏又叫节拍或音顿。它指每句音组的长短和多少要有一定的规律，在吟诵诗句时，是由极短暂的停顿来表现的。一般说来，三言儿歌、四言儿歌为两个音顿，五言儿歌为三个音顿，六言儿歌、七言儿歌为四个音顿。另外，还有一些不规则的杂言，则要根据其内容来体现儿歌的节奏。

三言的节奏是：× ×× 或 ×× ×

以《小蝌蚪去春游》为例——

桃花水，	×× ×
轻轻流。	×× ×
小蝌蚪，	× ××
扭啊扭，	×× ×
东看看，	× ××
西瞅瞅，	× ××
排着队，	×× ×
去春游。	× ××

四言的节奏是：×× ××

以《矮矮的鸭子》为例——

一排鸭子，	×× ××
个子矮矮，	×× ××
走起路来，	×× ××
屁股歪歪。	×× ××
翅膀拍拍，	×× ××
太阳晒晒，	×× ××
伸长脖子，	×× ××
吃吃青菜。	×× ××

五言的节奏是：<u>×× ××</u> × 或 <u>×× × ××</u>

以《牙齿亮晶晶》为例——

牙刷是张弓，	<u>×× ××</u> ×
牙齿是架琴，	<u>×× ××</u> ×
牙刷伸进嘴，	<u>×× ××</u> ×
拉起小提琴。	<u>×× × ××</u>
拉呀轻轻拉，	<u>×× ××</u> ×
歌声真好听。	<u>×× × ××</u>
天天早晚拉，	<u>×× ××</u> ×
牙齿亮晶晶。	<u>×× × ××</u>

六言的节奏是：<u>×× ×× × ×</u>

以《宝宝笑笑》为例——

小草小草青青，	<u>×× ×× × ×</u>
落着一只蜻蜓，	<u>×× ×× × ×</u>
小树小树高高，	<u>×× ×× × ×</u>
落着一只小鸟。	<u>×× ×× × ×</u>
宝宝宝宝走来，	<u>×× ×× × ×</u>
拍着小手笑笑。	<u>×× ×× × ×</u>

七言的节奏是：<u>×× ×× ××</u> × 或 <u>×× ×× ×</u> <u>××</u>

以《做成风筝飞上天》为例——

小小年纪到田间，	<u>×× ×× ×</u> <u>××</u>
日忙夜忙真能干；	<u>×× ×× ×</u> <u>××</u>
种起稻来碧碧青，	<u>×× ×× ××</u> ×
割起稻来橙橙黄；	<u>×× ×× ××</u> ×
舂起米来雪雪白，	<u>×× ×× ××</u> ×
包起粽来四角尖；	<u>×× ×× ××</u> ×
做起甜团滚滚圆，	<u>×× ×× ××</u> ×
做成风筝飞上天。	<u>×× ×× ××</u> ×

杂言，顾名思义就是长短不整齐的句子构筑的儿歌，每一句的读法要按照具体所属的几言节奏表演出来。

以《小蚱蜢》为例——

小蚱蜢，	× <u>××</u>
学跳高，	× <u>××</u>
一跳跳上狗尾草；	<u>×× ×× ××</u> ×

腿一弹，	× ××
脚一跷，	× ××
哪个有我跳得高；	×× ×× ×× ×
风一吹，	× ××
草一摇，	× ××
头上跌个大青包。	×× ×× × ××

另外，在儿歌表演中，我们还要注意把握诗歌的感情基调。要注意紧张型（急促紧张）、轻快型（活泼欢快）、高亢型（昂扬急进）、低沉型（低缓沉重）和舒缓型（轻柔舒展）的具体体现。每首儿歌都应该根据儿歌的内容和情节，确定好它的感情基调，处理好节奏的类型。

以《**粗心的小画家**》为例——

> 丁丁喜欢画图画，
> 红蓝铅笔一大把。
> 他对别人把口夸，
> 什么东西都会画。
> 画只螃蟹四条腿，
> 画只鸭子尖嘴巴，
> 画只小兔圆耳朵，
> 画匹马儿没尾巴。
> 哈哈哈，哈哈哈，
> 真是个粗心的小画家。

开始时表现丁丁觉得自己什么都会画，非常得意，用活泼欢松的轻快型读法；中间部分，他画什么错什么，就可读得急促紧张一点；末尾两句是人们对其粗心大意的责备，应该采用低沉型的读法。

（三）语气、语调

儿歌看似很短小，但在儿歌表演中，照样要体现出语气和语调的变化，这样才能使你的儿歌听起来抑扬顿挫、音韵和谐。语气是通过语调表露出来的，语气的千变万化，决定了语调的丰富多彩。儿歌表演中，要抓住儿歌的情感基调，把握具体语句中的喜怒哀乐，要注意其感情色彩和分量，显示出是非、爱憎的不同程度的区别。语气外在的快慢、高低、虚实、强弱的声音形成，由气息状态决定，要注意情、气、声三者的结合：有什么样的感情，就产生什么样的气息，有什么样的气息，就有什么样的声音状态。语调的主要类型有升调、降调、平调和曲折调，但在语调的处理上不是固定刻板的，我们应该根据具体的语言内容和感情来灵活运用。儿歌表演时的声音位置稍靠前，比平时稍高，略微夸张一些。

以《**小花猫和小耗子**》为例——

> 小花猫，咪咪叫，
> 东瞧瞧，西瞧瞧；
> 小耗子，吓坏了，
> 躲在洞里静悄悄。

这首儿歌非常短小，但我们在表演时照样要读出语气和语调的变化：儿歌的前两节是小花猫饿了，想出来找点好吃的，要体现出小花猫是捉老鼠的能手，非常威武神气，语调要稍高，气息足一点。"小花猫，咪咪叫"可用升调，把"咪咪"加重音量；"东瞧瞧，西瞧瞧"可读成平调，"东"和"西"的音量要加重，适当延长音长。儿歌的后两节要体现出紧张的气氛，"小耗子，吓坏了"要读得急促点，用升调，"吓坏"要重读；最后一句气息较弱，读小声一点，用降调，突出"静悄悄"，要把小老鼠很害怕的样子体现出来。

（四）体态语

体态语中身姿语、表情语、目光语和手势语的运用在前面已有详细介绍，这里说说在为儿歌设计体态语时要注意的问题。

第一，身姿语方面，要注意身体的基本姿态，脚呈小八字站立，可根据儿歌表演的需要适当地前后左右移动位置，不做动作时双手自然下垂。第二，手势语的设计没有固定的模式，要在觉得适合表演的地方才设计，而且并不需要每一句都加动作，重复性的动作也不宜过多，设计的手势要符合幼儿的审美情趣，表演时要稍微夸张一些。第三，表情的基本要求是微笑，要显得可爱，在为儿歌设计表情语和目光语时，要跟随儿歌内容和情节的变化而富有变化。

以《小羊羔》为例——　　　　　　　　　　　　体态语设计

小羊羔，咩咩叫，　　　　（在"咩咩叫"时，两手做小羊的象形手势分别置于头的两侧，随头左右晃动两次，同时屈膝两次）

看着妈妈蹦又跳；　　　　（在"蹦又跳"时，可晃头、拍掌、跳跃，做欢乐状）

头儿晃，尾巴摇，　　　　（"头儿晃"时双手叉腰，左右晃头各一次；"尾巴摇"时，身体微侧，双手置后随身体晃动，做摇尾状）

蹚过小河吃青草。　　　　（"过小河"时，身体前倾，头部上扬，双手从前面交叉向后滑动，脚左右交替呈小碎步状；"吃青草"时，保持前面的姿势，并轻轻晃头数次，做吃东西状）

草儿青，草儿嫩，　　　　（呈小八字站立，头随身体分别向左和向右微侧）

吃饱回家好睡觉。　　　　（"吃饱回家"时，把肚皮往前挺，两手抚摸肚皮，做吃饱后心满意足状；"好睡觉"时，屈膝的同时，双手并拢置于耳侧，眼睛微闭，做睡觉状）

实例分析

砍蚊子　　　　　　　　　　　　体态语设计

树下铺张大席子，　　　　（身体前倾，头部上扬，双手从前面交叉向后滑动）

狗熊睡上一阵子，　　　　（屈膝，双手并拢置于耳侧，眼睛微闭，做睡觉状）

飞来一只大蚊子，　　　　（两臂缩回夹紧，扇动手掌，做蚊子飞动的样子）

吓得狗熊缩脖子。　　　　（双手握拳放于胸前，耸肩，缩脖子，轻轻晃头，同时往后跳一小步，做害怕状）

狗熊气得拿斧子，　　　　（生气状，"拿斧子"时，双手握拳一高一矮置于肩侧）

用足力气砍蚊子，　　　　（身体前倾，做用力砍蚊子状，体现熊的憨态）

砍出一身汗珠子，　　　　（抬手做用力擦汗的动作，体现熊的笨态）

还没砍着大蚊子。　　　　（摆手，皱眉，无可奈何）

狗熊不肯动脑子，　　　　（食指指示头部，并转动）

两脚一蹬扔斧子，　　　　（跺脚，做扔斧子状）

急急忙忙卷席子，　　　　（着急，双手握拳在胸前交替转动，做卷席子状）

卷起席子当帐子。　　　　（举起双臂，掌心向上，做遮挡状）

在表演这首儿歌时，要注意以下技巧：

1. 语音：轻声词语，如所有带"子"的词语，还有"树下"、"飞来"、"吓得"、"砍着"等；"一"的变调，如"一阵子"要读成"yí"，"一只"、"一身"、"一蹬"要读成"yì"；还要注意"铺"、"狗"、"缩"、"足"、"卷"等字的归韵问题；语速中速，可以偏慢一点。

2. 节奏：从整体来看，这首儿歌属紧张低沉型，七字句，每句有四个音顿，节奏为：

××　××　×　××

3. 语气、语调：刚开始，狗熊睡觉时语调比较平和，可舒缓一点，气长而稳；后面部分体现狗熊害怕、生气、着急的时候，气息可以短而急，要体现出应有的情感色彩；声音位置稍靠前一点。

实战运用

1. 请为下面的儿歌设计手势语，然后分组表演，看谁的手势语设计得好。

蜗牛出门

蜗牛出去串门子，
背着一间小房子，
雷声隆隆下大雨，
蜗牛拍拍小肚子：
"雨点来了我不怕，
我会躲进小屋子。"

大蜻蜓

大蜻蜓，
绿眼睛，
两对翅膀亮晶晶。
飞一飞，
停一停，
飞来飞去捉蚊蝇。

睡觉

大地公公睡觉
静悄悄，
月亮婆婆睡觉
眯眯笑，
老爷爷睡觉
胡子翘，
小娃娃睡觉
呼噜呼噜，
像只小花猫。

月亮藏猫猫

月亮月亮藏猫猫，
躲到云里找不到。
风儿娃娃有办法，
鼓着嘴巴吹开了。
吹一下，云儿跑，
吹两下，云散了。
月亮月亮藏不住，
咧着嘴巴咯咯笑。

音乐会

桑树下，水洼洼，
音乐会，开始啦。
狗唱歌，汪汪汪，
鸭唱歌，嘎嘎嘎，
公鸡唱，喔喔喔，
喜鹊唱，喳喳喳，
小羊唱，咩咩咩，

熊妈妈请客

熊妈妈，
要请客，
吃的喝的摆一桌。
小熊小熊真叫馋，
踩着椅子爬上桌。
又吃菜，
又吃馍，

乌鸦唱，哇哇哇，
小牛唱，哞哞哞，
青蛙唱，呱呱呱。
桑树不唱只伴奏，
摇动树叶沙沙沙，
它把桑椹满地撒，
招待这些音乐家。

顶数鱼汤最好喝。
扔了勺，
翻了锅，
盘子摔了一大摞。
熊妈妈，
皱眉头，
客人来了吃什么？

2. 请为下面的儿歌设计表情语，并在班上表演。

老鼠偷油吃

小老鼠，偷油吃，
油壶嘴小进不去。
小老鼠，有主意，
尾巴伸进壶嘴里，
一不小心绊倒壶，
小猫听见好生气。
捉住偷油小老鼠，
看你偷吃不偷吃。

鹅

头上戴着小红帽，
走起路来两边摇，
像个胖子真好笑，
伸长脖子大声叫：
"我好我好啊我好！"
一点也不懂礼貌。
学学我们小朋友，
见人首先说"你好"。

热心的爆米花

爆米花，笑哈哈，
爆出米花喷香大，
蹦出米花乐开花。
我把米花分大家，
小朋友们来一把，
还要送上给大妈。
大拇指，将我夸，
真是热心的爆米花，
从小懂事的好娃娃。

馋猫

小馋猫，
咪咪叫，
青青的葡萄它也要。
爬到藤上吃葡萄，
酸得嘴里涎水冒。
馋猫馋猫快别咬，
爱吃酸的可不好，
张开嘴巴我瞧瞧，
看看牙齿掉没掉？

小熊过桥

小竹桥，摇摇摇，
有只小熊要过桥。
立不稳，站不牢，
走到桥上心乱跳。
头上乌鸦哇哇叫，
桥下流水哗哗笑。
"妈妈，妈妈快来呀，

做衣裳

狐狸做件花衣裳，
大家都夸真漂亮。
小熊上街买来布，
照样裁剪照样忙。
一样领，一样袖，
尺寸大小都一样。
做完新衣试一试，

快把小熊抱过桥!"

河里鲤鱼跳出水,

对着小熊高声叫:

"小熊,小熊不要怕,

眼睛向着前边瞧!"

一二一,走过桥,

小熊过桥回头笑,

鲤鱼乐得尾巴摇。

穿了半天穿不上。

量量身体才明白,

小熊要比狐狸胖。

小黄狗

小黄狗,汪汪叫,

吓了妹妹一大跳,

妹妹转身回来看,

原来哥哥学狗叫。

3. 分小组玩"我说你做"的游戏。请将下面的短句写在纸条上,每两人一组,一人抽条,念纸条上的内容,另一人用恰当的表情表演出来。

(1)小鸡想妈妈了,哭得好伤心:"呜呜呜……"

(2)小兔迷路了,可真着急呀:"怎么办?我该怎么办?到哪儿去找妈妈呢?"

(3)小羊不好意思了,它说:"对不起,我……我睡懒觉了。"

(4)狐狸眼睛骨碌碌一转,笑眯眯地对老虎说:"老虎大王,还是我来给您拔牙吧!"

(5)小猪高兴地对小羊说:"小羊,你真好!这是我收到的最棒的生日礼物了!"

(6)小鹿害怕地说:"老……老虎大王,我……我这就去给您找食物……"

(7)大灰狼一把抓住小羊说:"哈哈,我终于抓到你了,我要吃掉你!"

(8)大象伯伯慈祥地微笑着问:"孩子们请告诉我,世界上最美的是什么?"

(9)小牛生气了,它怒吼道:"滚!滚开!"

(10)妈妈的话还没说完,小猴就叫了起来:"哎呀,我知道,我知道,吃西瓜要吃瓢!"

4. 请根据儿歌表演技巧的要求,表演下面的儿歌。

老鼠坐上火箭炮

大象大,老鼠小,

大象最怕老鼠咬。

老鼠钻进象鼻子,

痒得大象受不了。

"阿嚏"打个大喷嚏,

老鼠坐上火箭炮。

搬鸡蛋

小老鼠,搬鸡蛋,

鸡蛋太大怎么办?

一只老鼠地上躺,

紧紧抱住大鸡蛋。

一只老鼠拉尾巴,

拉呀拉呀拉回家。

熊猫上学校

大熊猫,背书包,

高高兴兴上学校。

一边走,一边跳,

见到同学问个好。

课堂学习把歌唱,

蚂蚁爬山

蚂蚁蚂蚁一二三,

一群蚂蚁去爬山。

大树挡了道,

蚂蚁弯一弯。

石头拦了路,

体育锻炼比摔跤。
小猴小狗齐上阵，
熊猫得胜不骄傲。

蚂蚁翻一翻。
弯一弯，翻一翻，
小小蚂蚁爬上山。

小动物快乐洗澡

狗狗爱洗澡，
猫猫爱洗澡，
动物纷纷要洗澡，
哗啦哗啦，
哗啦哗啦，
水珠泡泡真奇妙。
小猫喵喵，
小狗汪汪，
吓得细菌赶快逃，
清洁卫生空气好。

三个小画家

霜满地，一片白，
就像白纸铺得开。
白纸上面好画画，
三个画家走过来。
鸡走来，用脚踩，
画出竹叶一排排。
狗走来，用脚踩，
画出梅花一排排。
太阳公公好喜欢，
他把画儿收起来。

彩虹与孩子

红黄橙绿青蓝紫，
天上彩虹多美丽。
地上有个小孩子，
红红的围巾围脖子，
黄帽子，蓝袜子，
手拿橙色的小帕子，
穿上紫色的布鞋子。
一二三四五六七，
红黄橙绿青蓝紫；
天上的彩虹地上的孩子，
七种颜色真美丽。

角对角

两只小羊不要好，
打起架来角对角。
羊妈妈，
看见了，
拉开两个小宝宝：
"小宝宝，
要知道，
我们为啥长两只角？
要是用角打自己，
狼在一边看着笑。"

含羞草

含羞草，
叶儿多，
摸摸叶儿它就躲。
含羞草儿真害羞，
妈妈说你就像我。
从今以后不学你，
敢说敢笑敢唱歌，
生人来了也不躲。

小柳树

小柳树，弯弯腰，
放下柳条把鱼钓。
钓呀钓，钓呀钓，
柳条长出小苞苞。
鱼跑了，虾跑了，
什么东西没钓到。
谁说什么也没钓到，
钓个春天你瞧瞧。

牵牛花	贴鼻子
牵牛花，地上爬，	排好队，
我来帮它搭个架。	来玩耍，
藤儿爬到架子上，	蒙上眼，
送我几支花喇叭。	不说话。
不摘它，不吹它，	大家来玩贴鼻子，
留着花儿结瓜瓜。	我拿鼻子往前跨。
花儿落了没结瓜，	一步、两步，
长出一个小疙瘩。	三步、四步，
疙瘩落进泥土里，	哈哈，
过了几天又发芽。	鼻子贴到嘴巴下！

第三节　主要传统儿歌艺术形式的表演

训练目标

1. 了解主要传统儿歌艺术形式，并能把握其特点和表演方法。
2. 能把握不同儿歌的特点，灵活表演儿歌的各种艺术形式。

训练指导

我国儿歌在千百年的历史传承中，经过一代又一代人自觉或不自觉的润色加工，已经形成了多种倍受儿童喜爱的特殊的传统艺术形式。它们至今仍是儿歌作家们从中汲取营养、学习借鉴的范例。下面就针对常见的九种传统形式进行训练。

一、摇篮曲

摇篮曲也称摇篮歌、催眠曲，属"母歌"。这是一种主要由母亲或其他亲人吟唱给婴幼儿听的，用于催眠、教话、认物的简短儿歌。它的特点是音调柔和动听，抒情性强，母爱永远是它的主旋律。

因此，我们在表演时，音量要小，应声音温柔，表情亲切，具有慈祥和蔼的母性光辉。

以陈伯吹先生的《摇篮曲》为例——

风不吹，浪不高，
小小船儿轻轻摇，
小宝宝啊要睡觉。

风不吹，树不摇，
小鸟不飞也不叫，
小宝宝啊快睡觉。

风不吹，云不飘，

蓝色的天空静悄悄，

小宝宝啊好好睡一觉。

这首儿歌属于轻柔舒缓型，总共分三小节，每小节都渲染一种静谧的氛围；风越来越小，四周越来越安静，摇篮中的孩子正在悄然睡去，所以声音和动作都应越来越轻柔，语速越来越慢；语调平和，语气温柔，眼神充满慈爱，要面带微笑，流溢出一种温馨的母爱。

二、游戏歌

游戏歌是儿童游戏时伴随着一定的游戏动作而吟诵的儿歌。游戏歌的种类很多，有成人帮助儿童认知或逗耍孩子的儿歌，也有幼儿自我玩耍时吟诵的儿歌，它的特点是有明显的游戏性。

我们在表演时，要设计一些让孩子觉得有趣的游戏动作，并且作为动作的词语要用重音来处理，一边表演一边吟诵。

例如："雁鹅雁鹅扯长，扯烂扯烂衣裳，回去回去补起，又来又来扯长。"

老师可以组织孩子横排成"一"字形，伸手相互拉着衣角，呈大雁飞行状，一边跑一边吟唱。在吟唱时要注意六字句的节奏为：× × × × × ×，语调稍高，声音拉长，语速稍慢一点。

三、数数歌

数数歌是以适合儿童审美心理和情趣的形象描写来巧妙地训练儿童数数能力的儿歌。它把数学与文学巧妙结合起来，是适合儿童认识水平的最早的算术教材。它将数字教学、知识教育包融在有趣的形象描述之中，使儿童由此逐步学会概括与抽象。它的特点是：变无形的数字为形象可感，化抽象为具体，这就符合了孩子具体形象的思维特点。因此，我们在表演时，设计的动作要简单一点，让孩子互动起来，感知到数字的美妙，这样就可以让孩子更容易记住这些数字。

以《一个手指头变变变》为例——

一个手指头变变变，

变成毛毛虫，爬爬爬！

两个手指头变变变，

变成小白兔，跳跳跳！

三个手指头变变变，

变成小花猫，喵喵喵！

四个手指头变变变，

变成小螃蟹，爬爬爬！

五个手指头变变变，

变成大老虎，嗷嗷嗷！

这首儿歌的句式不规则，表演时要注意音韵的和谐，节奏感要强，前四句的节奏都可这样处理："一个 手指头 变变 变，变成 毛毛虫，爬爬 爬！"最后一句的节奏可以有一点变化："五个 手指头 变变 变，变成 大老虎，嗷 嗷 嗷！"另外，数数歌重在帮助幼儿练习数数，因此可以把数字的读音加重一些，老师可带领幼儿模拟小动物的形象一边吟唱一边玩游戏，这样孩子会特别感兴趣。

四、问答歌

问答歌，是指采取一问一答或连问连答的形式来叙述事物、反映生活的儿歌。它的特点是：设问作答，能启迪儿童的心智，唤起儿童对各种事物的注意，帮助儿童认识理解周围的世界，让幼儿觉得趣味十足。

我们在表演时，要特别注意"问"、"答"的语气语调和表情的变化。

例如：《什么好》采用的是一问一答的形式——

什么好？公鸡好，公鸡喔喔起得早。

什么好？小鸭好，小鸭呷呷爱洗澡。

什么好？小羊好，小羊细细吃青草。

什么好？小兔好，小兔玩耍不吵闹。

而《什么船儿》采用了多问多答的形式——

什么船儿上月球？

什么船儿海底游？

什么船儿水上飞？

什么船儿冰海走？

宇宙飞船上月球，

潜水艇儿海底游，

气垫船儿水上飞，

破冰船儿冰海走。

在这两首问答歌的表演过程中，要特别注意表情和语调的变化，"问"时要充满好奇，带有询问的表情，语调上扬；"答"时要体现出一种答对问题的喜悦，语气肯定。问答歌还要注意每一小节的语调一定要有变化，可采用一句强一句弱的形式，这样听起来才会抑扬顿挫，富有音乐美，而不是一个腔调。

五、连锁调

连锁调，即连珠体儿歌。它以"顶真"的修辞手法结构全歌，即将前句的结尾词语作为后句的开头，或前后句随韵粘合，逐句相连。它的特点是：随韵接合，大都没有一以贯之的中心，但节奏韵律感极强，易唱易记。

我们在表演时，要注意节奏和语调的变化，所设计的动作不能重复得过多。

以《做习题》为例——

小调皮，做习题。

习题难，画小雁；

小雁飞，画乌龟；

乌龟爬，画小马；

小马跑，画小猫；

小猫叫，吓一跳。

学文化，怕动脑，

看你怎么学得好？

儿歌中描述了一个不愿学文化的调皮儿童的形象，告诫儿童如果怕动脑筋是学不好文化的。这首连锁调语言重复得较多，在设计动作时，重复性的动作不宜设计得过多，要体现出新意。也可采用一句强一句弱的形式，划线词语设计为重音，体现出语调的变化。表情要富有变化："习题难"可皱眉，"吓一跳"要比较紧张，做害怕的样子，最后一句有责怪之意，可做生气状。

六、绕口令

绕口令，也称拗口令或急口令。它是把一些发音容易混淆的字连缀成有一定意义的儿歌，是专门用来训练儿童准确发音的。它的特点是：字音容易混淆，富有挑战性，孩子在反复的念读中，一旦能顺畅地念诵便会感到巨大的快乐和满足。

因此，我们在表演时，首先要注意语音方面的技巧：声母的发音部位和发音方法，单韵母的唇形和舌位，复韵母的动程，前后鼻韵母的发音部位，声调的调值调型等；还要注意普通话音变现象的处理。在普通话标准的基础上，力求快速、清晰、声音洪亮地把绕口令念出来。

以《一树枣儿》为例——

　　出东门儿，过大桥，大桥底下一树枣儿，拿着竿子去打枣，青的多，红的少，一个枣儿，两个枣儿，三个枣儿，四个枣儿，五个枣儿，六个枣儿，七个枣儿，八个枣儿，九个枣儿，十个枣儿；十个枣儿，九个枣儿，八个枣儿，七个枣儿，六个枣儿，五个枣儿，四个枣儿，三个枣儿，两个枣儿，一个枣儿。这是一个绕口令，一气儿说完才算好！

在表演这首绕口令时，我们要特别注意语音方面的问题，有轻声，如"底下"、"拿着"、"杆子"等；有儿化音，如"东门儿"、"枣儿"等；还有"一"的变调，如"一树"、"一个"、"一气儿"中的"一"，都要读成"yí"；在语速的处理上，一定要读得快，但要求每个字的动程一定要有，在读"树"、"桥"、"枣"、"拿"、"绕"等字时要注意归韵；另外，这首绕口令对气息的要求较高，气息一定要拉紧，慢慢放，争取一口气念完。

七、颠倒歌

颠倒歌，也称滑稽歌、古怪歌或倒唱歌，指故意把事物的本来面目颠倒过来叙述，使其具有幽默和讽刺意味的儿歌。它以表面的荒诞暗衬、揭示事物的本质，其中常常蕴含着一定的哲理。它的特点是：正话反说，混淆是非，内容机智，联想丰富，从中培养孩子辨别真伪的能力。

因此，我们在表演时，语气语调、表情动作的设计都可以尽显夸张，让孩子在觉得好笑、好玩的过程中，如化雨的春风细细无声地增长孩子的知识。

以《小槐树》为例——

　　　　小槐树，
　　　　结樱桃，
　　　　杨柳树上结辣椒，
　　　　吹着鼓，
　　　　打着号，
　　　　抬着大车拉着轿。
　　　　蚊子踢死驴，
　　　　蚂蚁踩塌桥，
　　　　木头沉了底，
　　　　石头水上漂。
　　　　小鸡叼个饿老雕，
　　　　小老鼠拉个大狸猫，
　　　　你说好笑不好笑。

在表演这首儿歌时要注意语调和表情都可以适当夸张一点，尤其是在将正话反说时，反着说的内容可以加重一点，起强调的作用，表情要体现出惊讶、不可思议；动作设计也可幽默、夸张一点，和儿歌搭调。

八、字头歌

字头歌是指每句尾字几乎完全相同，多以"子"、"头"、"儿"作为每句结尾的儿歌形式。它的特点是：以其独特的句尾——"子"、"头"或"儿"字收尾，念起来十分上口，听起来非常好听，深受孩子们的欢迎。

我们在表演时，一定要注意把句式相同的句子间语调的变化体现出来。

以《猴子搭戏台子》为例——

> 小猴搭起戏台子，
> 穿起一条小裙子，
> 引出两头小狮子，
> 舞起三个响铃子，
> 穿过四个小圈子，
> 抛起五顶小帽子，
> 叠起六把小椅子，
> 摆起七张小桌子，
> 转动八个小盘子，
> 挂起九面小旗子，
> 变出十个小果子，
> 人人都夸小猴子。

它是一首以"子"字做尾字的字头歌，有完整的情节结构和生动的形象描写，更值得称道的是它把动词、数字和量词组织其中，具有丰富的认知内涵。在表演这首儿歌时要注意，每个句式都是差不多的，我们可以采用高低间插的形式读出语调的变化，这里面带"子"的词全是轻声，要读得短而轻，动作要富有变化，可以夸张一些。

九、谜语歌

谜语歌采用寓意的手法，抓住谜底与谜面间的某种联系，以歌谣形式叙说现象或事物的特征。猜谜的过程是逐渐释解悬念的过程，也是检验儿童联想、推理和判断能力的过程，又是儿童自我检验机敏和智慧的一种方式，经过紧张、连贯的思索，当儿童找到谜底与谜面之间所隐藏的巧妙结合点，他们会格外愉悦、欣慰，在心理上获得满足，因此谜语歌受到一代代儿童的欢迎。它的特点是：谜底与谜面之间有隐藏的巧妙结合点——两者之间联通的桥梁，要让孩子从中找到达到彼岸的隐藏事物，既有趣，又益智。

我们在表演时，要善于联系谜底来设计动作，让孩子印象深刻，能联想到事物本身的样子，从而猜出答案。

比如谜底为"灭火器"的新编儿歌："它的身体像圆筒，浑身上下一片红，一见火焰便生气，口吐白沫倒栽葱。"

在表演这首谜语歌时，动作设计一定要非常形象，让幼儿一看就能明白谜底与谜面之间的联系，这样会方便他们猜出谜底；我们还可以抓住"圆筒"、"红"、"白沫"这几个关键的词来突出重音，加深幼儿对灭火器的认识。

实例分析

大拇哥

大拇哥，二拇弟，	
钟鼓楼，四兄弟，	
小妞妞，唱大戏，	
	（抓住孩子的小手，边点着她的手指头边说）
爬呀爬呀爬上山，	（食指从胳膊一步步点到肩膀）
耳朵听听，	（捏捏耳朵）
眼睛看看，	（点点眼睛）

鼻子闻闻，	（点点鼻子）
嘴巴尝尝，	（点点嘴巴）
胳肢一下。	（停顿，突然把手伸到孩子脖颈处，胳肢一下，以后每次孩子都会惊喜地等着这一时刻）

这是一首创作的手指游戏歌，属于轻快型。我们可以根据旁边的提示和孩子一起玩这个游戏，教孩子认识五个手指头和五官。在表演这首儿歌时，我们可以把孩子抱在身上，或者面对面坐着，面带微笑；要认识的五个手指头和五官的名字读得慢一点，加重音量；最后一句，声音要提高，语速和动作都要快一点，给孩子一种惊喜的感觉。我们也可以把儿歌内容改变一点，教孩子认识自己身体的各部位：大拇哥，二拇弟，钟鼓楼，四兄弟（唱大戏），小妞妞（抓住孩子的小手，边点着她的手指头边说），爬呀爬呀爬呀爬（食指和中指交替着做爬的动作），爬到××的……上（"××"，可以唤孩子的小名，也可以是孩子身上的各部位，说到哪个部位，手就爬到哪个部位）。我们还可以和孩子互动，比如，你可以问孩子："咦，爬到什么地方了？"等孩子回答后，再重复一次，加深孩子的印象。

实战运用

下面的儿歌中，有传统儿歌和创作儿歌两大类，请分析儿歌的类型和特点，分小组设计出不同的表演方法，并按照儿歌表演的技巧表演出来，看哪个小组的设计有创意。

猜一猜

伸伸爪，缩缩头，
背上大锅去旅游。
一二一二一，
游了沙滩游河流。
（打一动物）

采蘑菇

黑兔和白兔，
上山采蘑菇，
小猴和小鹿，
一齐来帮助。
猴和兔，兔和鹿，
高高兴兴采蘑菇。

蚂蚁搬虫虫

小蚂蚁，搬虫虫，
一个搬，搬不动，
两个搬，掀条缝，
三个搬，动一动，
四个五个六七个，
大家一起搬进洞。

什么比腿长

谁的胡子比腿长？
虾的胡子比腿长。
谁的鼻子比腿长？
象的鼻子比腿长。
谁的脖子比腿长？
鹅的脖子比腿长？
谁的尾巴比腿长？
老鼠的尾巴比腿长。

海外侨胞摇篮曲

月光光，明晃晃，
小宝宝，睡摇床。
摇啊摇啊眼闭上，
摇啊摇啊入梦乡。
月光光，明晃晃，
小宝宝，快快长。
长啊长啊过海洋，
长啊长啊回故乡。

虫儿的歌

什么虫儿嗡嗡嗡？
什么虫儿提灯笼？
什么虫儿爱跳舞？
什么虫儿吃害虫？
蜜蜂飞来嗡嗡嗡，
萤火虫儿提灯笼，
花儿蝴蝶爱跳舞，
蜻蜓最爱吃害虫。

椅子上的钉子

小猪坐上小椅子，
屁股扎了一下子。
摸摸小椅子，
上面有钉子，
悄悄换给小兔子。
小兔坐上小椅子，
也被戳了一下子。
找来小锤子，
修好小椅子，
大家都夸小兔子。

颠倒歌

打起喇叭吹起锣，
听我唱支颠倒歌——
天上打雷没有响，
地下石头滚上坡。
江里骆驼会下蛋，
山上鲤鱼搭成窝。
腊月苦热直淌汗，
六月暴冷打哆嗦。
黄河中心割韭菜，
龙门山上捉田螺。
捉到田螺比缸大，
抱了田螺看外婆。
外婆在摇篮里哇哇哭，
放下田螺抱外婆。

拍手歌

你拍一，我拍一，
天天早起炼身体。
你拍二，我拍二，
天天都要带手绢。
你拍三，我拍三，
洗澡以后换衬衫。
你拍四，我拍四，
消灭苍蝇和蚊子。
你拍五，我拍五，
有痰不要随地吐。
你拍六，我拍六，
瓜皮果核不乱丢。
你拍七，我拍七，
吃饭细嚼别着急。
你拍八，我拍八，
勤剪指甲常刷牙。
你拍九，我拍九，
吃饭以前要洗手。
你拍十，我拍十，
脏的东西不要吃。

孙悟空打妖怪

唐僧骑马咚那个咚，
后面跟着个孙悟空。
孙悟空，跑得快，
后面跟着个猪八戒。
猪八戒，鼻子长，
后面跟着个沙和尚。
沙和尚，挑着箩，
后面跟着个老妖婆。
老妖婆，心最毒，
骗过唐僧和老猪。
唐僧老猪真糊涂，
是人是妖分不出，
分不出，上了当，
多亏孙悟空眼睛亮。
眼睛亮，冒金光，
高高举起金箍棒。
金箍棒，有力量，
妖魔鬼怪消灭光。

第二章　幼儿故事表演训练

第一节　幼儿故事表演概述

训练目标

1. 了解幼儿故事表演的基本内容。

2. 了解幼儿故事表演在幼儿教育教学中的重要作用。

训练指导

一、故事表演概述

人们一般认为：故事是一种文学体裁，注重对过程的描述，强调情节的跌宕起伏。

故事在人类历史的传承中起着重要的作用。人们往往通过故事的形式来记忆和传播社会的文化传统和价值观念。故事侧重写"事"，着重于笔下的人物是怎么说和怎么做的，语言富有动态性，情节流动迅速，所以很适合口头来讲述，也很适合运用体态语言来辅助表现。

以《朝三暮四》为例——

战国时代，宋国有一个养猴子的老人，他在家中的院子里养了许多猴子。日子一久，这个老人和猴子竟然能沟通讲话了。

这个老人每天早晚都分别给每只猴子四颗栗子。几年之后，老人的经济越来越不充裕了，而猴子的数目却越来越多，所以他就想把每天的栗子由八颗改为七颗，于是他就和猴子们商量说："从今天开始，我每天早上给你们三颗栗子，晚上还是照常给你们四颗栗子，不知道你们同不同意？"

猴子们听了，都认为早上怎么少了一个？于是一个个就开始吱吱大叫，而且还到处跳来跳去，好像非常不愿意似的。

老人一看到这个情形，连忙改口说："那么我早上给你们四颗，晚上再给你们三颗，这样该可以了吧？"

111

猴子们听了，以为早上的栗子已经由三个变成四个，跟以前一样，就高兴地在地上翻滚起来。

这是一个成语故事，主要讲述养猴老人和猴子们对话，商量每天给栗子的数量的事情。本意是说猴子很笨，以为早上得到四颗栗子，晚上得到三颗栗子，这种方式比早上得到三颗栗子，晚上得到四颗栗子的方式要多得到一颗栗子。后来是批评人们没有定性，决定的事情很快就更改。这个成语故事主要由这种方式展示情节的：养猴人的话——猴子的反应——养猴人的话——猴子的反应。概括起来就是"说"和"做"。"说"和"做"相对应我们的表演就是"有声语言"和"体态语言"。我们充分地运用"有声语言"和"体态语言"的表演技巧，就能把这个故事活灵活现地展现出来，留给观众深刻的印象。

有声语言需要重点表现的词语：竟然、吱吱大叫、跳来跳去、连忙改口、翻滚起来等，以及表现数目的词语。

体态语言需要重点表现的词语：跳来跳去、非常不愿意、翻滚起来……

其中需要注意的是有声语言与体态语言是相互结合的，不是截然分开的。比如"跳来跳去"不仅用有声语言强调，体态语言也应该同时极力表现，才能使表演富有表现力。

二、幼儿故事表演概述

幼儿故事自然是故事中的一种。它的内容选材是与幼儿生活息息相关的，它的语言具有幼儿化特征，也更富有幼儿的活泼好动的特点。幼儿的思维形象具体，知识经验少，社会阅历浅，对外界的认识必须借助具体形象的手段来进行辅助，由此诞生了既有有声语言又有体态语言的故事表演。幼儿故事从作品本身来说就是表现力很强的，因此表演起来就更需要用幼儿化的有声语言、体态语言夸张地来表现。与一般的故事表演相比，需要体现幼儿化的特征。

以《谁的嘴巴大》为例——

小老鼠吞下一粒红枣，很得意。它昂起头、竖着尾巴哼起小调："小老鼠嘴巴大，一口吞下大红枣！"

小白猫听见了，气冲冲地跑来，对老鼠张大嘴巴："吵什么吵！你能吞下大红枣有什么稀奇，我能一口吞下你，你看谁的嘴巴大？"

"啊！"老鼠惊叫一声逃走了。

白猫得意起来。它弓起背，转着脑袋哼起了小调："小白猫嘴巴大，吓得老鼠逃回家！"

大黄狗听见了，跑来对着白猫用力张大嘴巴叫："吵什么吵！你吞下个老鼠有什么稀奇，我能吞下你，你看谁的嘴巴大？"

"啊！"小白猫惊叫一声，吓得跳上一座房子的屋顶。

黄狗吓退白猫，自己也得意了。他翘着尾巴、摆动屁股哼起小调："大黄狗嘴巴大，吓得白猫跳上房！"

不料大老虎赶来了，他对着黄狗张大嘴巴吼："得意什么，小小的黄狗，你看看谁的嘴巴大？"

"啊！你大你大！"黄狗吓一大跳，夹紧尾巴赶紧逃走了。

大老虎吓退黄狗，很得意，一路走一路哼："嘴巴大，嘴巴大，老虎嘴巴第一大！"

河里有几只河马在聊天，有一只小河马听着无聊正好打个哈欠。

老虎吓得赶紧走开了："啊！河马才是陆地上的第一大嘴巴呢！"

这是多种动物比嘴巴大小的故事，最终最吓人的老虎居然被小河马无意中的哈欠给打败了，故事由此显得特别有趣。故事里面出现了很多小动物，表演时要把握各个动物的特点，从有声语言和体态语言两方面充分体现。

故事中出现的各种角色有：小老鼠、小白猫、小黄狗、大老虎、河马。

各种角色代表性的动作：

小老鼠——蹲着，拳着手，中指可以略微翘起，双手放在嘴巴前面，嘴巴啄着，发出"吱吱"的叫声。

小白猫——两只手五指张开，分别放在脸的两旁，边说话边用手向两边拉。

小黄狗——四指并拢，与拇指成90度，拇指立在头上，并拢的四指重复竖起和向前倒这两个动作。

大老虎——曲两肘在身两边，手成爪型。

河马——在这个故事中，只要把嘴巴拼命张大就行了。

需要强调的体态语言：得意、昂起头、竖起尾巴、弓起背、转着脑袋、翘着尾巴、摆动屁股、一路走一路哼、无聊等。

有声语言表演要点：根据故事中出现的角色的语言顺序，声音一个比一个增大。

体态语言表演要点：根据故事中动物的体型，嘴巴张大幅度渐增。

三、幼儿故事表演的重要意义

作为幼师学生，幼儿故事表演是一项最基本的重要技能，在对幼儿的教育教学中起着重要的作用。

（一）幼儿通过故事了解世界、认识世界

幼儿认知世界的主要渠道是文学。幼儿故事内容丰富，涵盖生活的各个方面，篇幅可长可短，很适合通过幼儿故事来把世界展示给幼儿看。所以幼儿故事在对幼儿的教育教学中起着重要的启蒙作用。我们可以把对幼儿的教育贯穿在故事中，让幼儿通过故事来接受教育。比如《不爱刷牙的小狮子》说小狮子不爱刷牙，结果所有的小伙伴都不爱和它玩，因为会被它的口气给熏到。通过小狮子的遭遇，可以让小朋友明白刷牙、爱卫生的重要性。幼儿通过学习故事，会学到很多成长的知识和道理。而幼儿对故事的欣赏主要的方式还是听赏，所以故事表演在这个过程中起着十分重要的作用，我们的表演技巧训练也就显得非常重要了。

（二）训练幼儿的说话能力

幼儿喜欢模仿，幼儿的说话是从"听"开始的。他听到什么，会模仿听到的去说，学着说话。我们希望幼儿怎么说话，怎么组织语言，怎么表达，那么，我们通过故事表演给幼儿所起的示范作用也是十分重要的。

（三）培养幼儿活泼、开朗的性格

一个人拥有了活泼、开朗的性格，更容易走出困境，面对困难时也可以保持良好的心态。对周围的事物保持积极向上的态度，更容易积聚正能量。因此，从小培养幼儿活泼、开朗的性格至关重要。幼儿故事轻松、有趣，我们用恰当的表演让幼儿感受到故事的乐趣、故事的魅力，有助于幼儿从故事中吸取正能量，形成良好的性格。

（四）训练幼儿的肢体协调能力

幼儿肢体在发展阶段，需要多锻炼、多训练。用我们的表演带动幼儿全身心地模仿，在模仿的过程中训练幼儿的肢体协调能力，丰富幼儿的表情，帮助幼儿训练出一个好的体魄。这些都可以让幼儿在模仿各种动物的肢体动作，模仿动物的语气说话，模仿动物的表情变化等中做到。

实例分析

洋娃娃与小瓷猪

一天，胖胖带回一只小瓷猪，把它放到玩具架上。到了晚上，玩具架上的玩具七嘴八舌地开始议论起来。"咦，这是哪来的丑八怪，光秃秃的没有毛，背后还有一个小口子。"吵得最厉害的要数洋娃娃。

漂亮的洋娃娃大喊大叫："小主人为什么把这丑八怪跟我放在一起，难道它的价值比我高吗？"善良的小狗听到说："汪汪，哼，你别瞧不起人，欺负他老实，它是小主人带来的朋友，也应是我们的朋友，不管它的价值有多少，你都不能瞧不起它。"

洋娃娃摆摆裙子说："我的模样比它俏，价值一定比它高，我才不和它交朋友呢！"

玩具们的吵闹声，吵醒了书架上的书爷爷。

书爷爷说："小毛狗说的对，一个人不应光看外表，外表的美丑并不重要，重要的是一个人的内在价值，小瓷猪虽然没有好看的外表，但它有内在的价值，不信你们去看看。"

小瓷猪不好意思地晃了晃身子，哗啦，哗啦——"咦，这是哪里来的声音？"大家不约而同地看向小瓷猪。

书爷爷告诉大家："小瓷猪是小主人的储蓄罐，它帮助小主人把零用钱全部攒起来，好捐献给希望工程的小朋友。"知道了小瓷猪的作用，大家都为它竖起了大拇指。洋娃娃不好意思地低下了头。"对不起，小瓷猪，以后我再也不嘲笑别人了。"大家露出会心的微笑。

天亮了，玩具架又安静下来。从此，胖胖家再也没有发生争吵，大家都成了好朋友。

这篇幼儿故事讲述了一个玩具们争吵的故事。洋娃娃嘲笑刚来的新玩具小瓷猪，觉得他很丑，没有价值，不配和自己待在一起。而玩具狗觉得是否做朋友不能通过外貌来衡量，不能以貌取人。书爷爷平息了这场争吵，告诉大家一个人的内在价值是最重要的，小瓷猪虽然没有美丽的外表，但他可以帮助小主人存钱，有很大的作用。听了玩具们的争吵和书爷爷的解释，小朋友通过这个故事可以学会"做朋友不能以貌取人"，也能学会"一个人的价值不是通过外貌来体现的，要通过自己的能力来实现内在价值"这个道理。这个幼儿故事对幼儿能起到潜移默化的教育作用。另外，故事里面有很多玩具们的对话，可以通过让幼儿复述这些对话来锻炼幼儿的说话能力。

表现力强的一些有声语言：咦、大喊大叫、哼、哗啦……

表现力强的一些体态语言：摆摆裙子、低下了头、晃了晃身子……

骄傲的洋娃娃、善良的玩具狗、不爱说话笨拙的小瓷猪、满腹知识的书爷爷，这些性格鲜明的角色，在表演的过程中能够充分释放幼儿的体态，让他们为了逼真的表演尽可能地训练肢体的协调性，展现自己的体态语言。

在表演故事的过程中，幼儿能够享受体验的乐趣，在一遍又一遍的听赏中，在一遍又一遍的表演中，幼儿可以借此认识世界、体验世界，受到故事中积极向上的正能量的影响，从小培养活泼、开朗、坚强的性格。文中的小瓷猪与胖胖家其他的玩具相比，尤其是与洋娃娃相比，外形丑陋，背上居然还有一个口子。小瓷猪从外形上来看和周围的人格格不入，因而很容易受到嘲笑。现实生活也是如此，在成长的世界中一些人往往会因为外表而自卑，不能正确地认识自己。可拥有了对自己的正确认识，勇于面对别人异样的眼光，努力发现自己的价值，就会发现在普通人眼中最没有价值的东西——比如小瓷猪背上的口子，反而会成为成就自己最好的条件——背上的口子使小瓷猪成了存钱罐，有普通玩具所不具备的价值。

"沉香是树的伤痛，珍珠是蚌的病灶。"这是一个多么深奥的道理。让幼儿来表演故事，在表演的过程中，幼儿从小就能去感受真理，实际体验远比说教更能在幼儿的成长中起到重要的影响作用，并且这样的影响是积极的、向上的。

实战运用

请同学们找出下面这个幼儿故事中出现的角色，以及出现的富有表现力的有声语言和体态语言，并夸张地进行表演。

兜风车

有一天，青蛙先生看到路上有只破鞋子。不过，青蛙先生并不知道它是鞋子。

"看起来这是一件很有用的东西。"青蛙先生想。

他把破鞋子背回家，乒乒乓乓一阵忙，做成了一辆赛车。

"而且是辆敞篷的赛车，很时髦的。"青蛙先生想。

青蛙先生把这辆车送给了女朋友蛤蟆小姐。

蛤蟆小姐高兴地说："啊，我太喜欢啦！我最喜欢开车兜风了！"

蛤蟆小姐开着赛车兜风去了。

小熊正在踢足球，忽然，车子向小熊的足球撞去。

足球被车子撞得飞上了天。

小熊说："讨厌！你是怎么开车的？"

蛤蟆小姐说："对不起对不起，我也不知道是怎么回事。"

老山羊正在绕一个圆圆的毛线球，忽然，车子又向毛线球撞去。

毛线球被撞得滚到了很远的地方。

蛤蟆小姐说："对不起对不起，我也不知道是怎么回事。"

车子又向前开去。

胖小猪正在卖西瓜，忽然，车子向西瓜撞去。

西瓜被撞破了好几个。

胖小猪说："讨厌！你是怎么开车的？"

蛤蟆小姐说："对不起对不起，我也不知道是怎么回事……"

她从车子里爬出来，说："这车真讨厌，我再也不要开了！"

这时候，一个足球运动员冲上来，一把拎起了车子："哈，原来我的足球鞋在这里哪！"

原来这是足球鞋改成的车子，怪不得专踢圆的东西呢。

第二节　幼儿故事表演的特点

训练目标

1. 掌握幼儿故事表演的特点。
2. 了解幼儿故事表演与儿歌表演的异同。

训练指导

一、幼儿故事表演的特点

幼儿故事针对的对象主要是幼儿，所以根据幼儿身体和心理的特点，幼儿故事表演相应地也有其自身独具的特点。

（一）夸张化

夸张应该是幼儿故事表演最基本的特点。小孩子的注意力还在发展阶段，集中注意力的时间有限。在有限的时间内要让幼儿把注意力全部集中在表演者身上，表演必须夸张，才能起到传达信息的效果。那么如何做到夸张呢？就是把原本的表现方式用"放大"或"缩小"来表现。比如为了强调一个词语"很慢"，在用有声语言表现"慢"这个词语的时候，可以把语速比平时正常的放慢很多来进行处理，这样就会让人有夸张之感，能够抓住观众的注意力。

以《吉吉和磨磨》为例——

> 吉吉是小兔子，磨磨是小乌龟。吉吉说话好快好快："从前，有一只乌龟住在小溪旁，有一只兔子住在大树下，他们是好朋友。"磨磨说话呢，好慢好慢："吉吉你是我的好朋友。"磨磨说一句话的时间，吉吉可以讲完一个故事，但是他们说话都很清楚。

> 吉吉喜欢种长得很快很快的花，磨磨喜欢种长得很慢很慢的花，吉吉种的花开了又谢了，磨磨种的花才刚刚要开呢，但是他们的花都非常好看。

> 吉吉看书好快好快，磨磨看书呢，好慢好慢，吉吉一本接一本地看了好多书，磨磨才仔仔细细地看完一本书，但是他们都学到了许多东西。

> 吉吉打鼓，咚咚咚咚！磨磨打鼓，咚——咚——咚——咚！吉吉敲三角铁，叮叮叮叮！磨磨敲三角铁，叮——叮——叮——叮！这样的音乐不合拍，吉吉和磨磨都不喜欢听，怎么办呢？他们想了一个办法，叮叮咚！叮叮咚！叮叮咚！叮叮叮咚！叮叮叮咚！叮叮叮咚！吉吉和磨磨知道了，这样合奏起来真好听！

> 从此以后，吉吉和磨磨学会了同心协力做一件事情，他们一起参加两人三脚的赛跑，"一二、一二……"吉吉跑得稍微慢一点，磨磨跑得稍微快一点，他们还得了第一名。

> 吉吉很快，磨磨很慢，可是吉吉和磨磨是很好的朋友！

这个幼儿故事讲的是做事快的兔子吉吉与做事慢的乌龟磨磨之间的故事。他们的速度成了一个鲜明的对比，结果他们把各自的特点结合起来齐心协力做一件事情，就达到了很好的效果。这则故事既然是吉吉与磨磨速度之间的对比，就应该用夸张的方式把两者的速度夸张地表现出来，这样才能起到很好的表现效果。表演做事快的兔子吉吉可以用"加速"的方式来表现，表演做事慢的乌龟磨磨就用"减速"的方式来表现。比如里面"吉吉说话好快好快"就可以用很快的语速夸张表达，"磨磨说话呢，好慢好慢"也可以用很慢的语速夸张表达。

加速表现的主要词语和语句："好快好快"；"从前，有一只乌龟住在小溪旁，有一只兔子住在大树下，他们是好朋友"；"长得很快很快的花"；"开了又谢了"；"好快好快"；"咚咚咚咚"；"叮叮叮叮"。

减速表现的主要词语和语句："好慢好慢"；"吉吉你是我的好朋友"；"长得很慢很慢的花"；"才刚刚要开呢"；"好慢好慢"；"咚——咚——咚——咚"；"叮——叮——叮——叮"。

（二）幼儿化

幼儿化是幼儿故事表演的另一个重要特点。幼儿故事的接受者主要是幼儿，要让幼儿容易接受，幼儿故事表演的风格必须幼儿化，贴近幼儿生活。无论是有声语言还是体态语言，都要像一个幼儿该有的样子，这样幼儿才会觉得亲切，觉得跟自己是一类人，才会去注意观看。怎样做到幼儿化呢？首先从有声语言来说，音色要偏向甜美、清脆；音调在我们成人正常说话的基础上稍微提高一些；语速稍微慢一些，幼儿才反应得过来。其次从体态语言来说，表情要可爱，用现在时兴的词语来说，就是要会"卖萌"；体态语言设计要符合幼儿的动作特征，要像一个小孩子在舞台上表演一样。

例如，通过观察幼儿的表情图片，不难发现，幼儿眼睛往往睁得很大，嘴巴表情夸张，嘴型更多样，眼神更亲切、更有神。总体说来，幼儿的五官运用比成人更灵活、更可爱。

总之，相比较而言，幼儿的体态语言更夸张、更笨拙、更可爱。

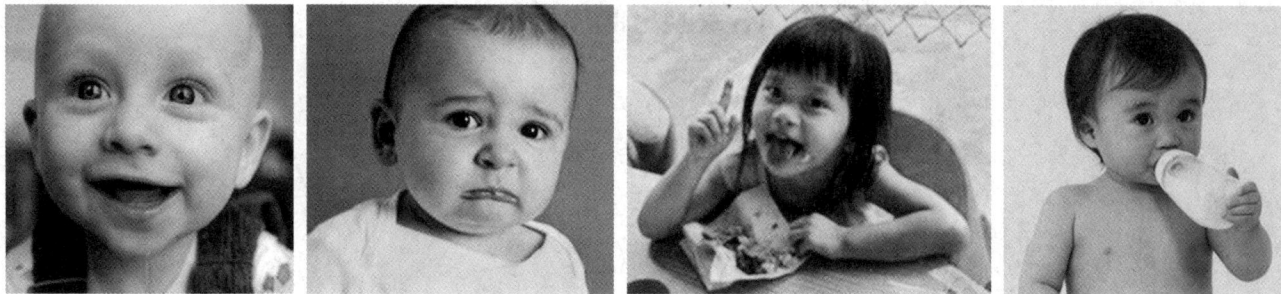

（三）形象化

幼儿的思维主要是形象思维，文本自然是有形象性的。表演时，要体现体型形象化的原则。即有声语言表演起来要有角色感，体态语言表演起来要生动化、要形似，让人一看就知道表演的内容。

二、幼儿故事表演与儿歌表演的区别

幼儿故事和儿歌表演都是针对幼儿的，所以两者的表演有许多相似的地方，比如夸张、幼儿化。但是幼儿故事和儿歌毕竟分属于不同的体裁，它们需要幼儿重点接受的内容不同，所以它们的表演特征肯定存在着一定的区别。

（一）夸张程度不同

儿歌篇幅短小，在有限的时间内要让幼儿了解儿歌的内容，夸张度不能超过幼儿故事的表演。因为儿歌表演如果过于夸张了，幼儿的注意力完全被表演所吸引，就会忽略儿歌的内容。幼儿故事篇幅长，幼儿注意力有限，表演如若不夸张的话，就没法吸引幼儿的注意。所以幼儿故事的表演夸张度必须大于儿歌的表演。

（二）动作设计数量不同

幼儿故事动作设计的数量与儿歌相比要多得多。儿歌篇幅有限，动作不宜过多，动作太多了，你一直看到的都是动作的变化，显得过于"花哨"。幼儿故事比儿歌更难，相对而言针对的是年龄更大一些的幼儿，那么对幼儿进行幼儿故事表演的要求就要更高一些，设计的动作数量要更多，并且更复杂化，需要靠更多的体态语言带动故事情节的进展。

以下为动作设计举例——

1. 小狗熊当警察　　　　　　动作设计

小狗熊，当警察， 警长出题考考它。	（手做敬礼状）
要是小鸟犯了罪， 扔到空中摔死它。	（手做抛东西到空中状）
要是鱼儿犯了罪， 扔到河里淹死它。	（手做抛东西向下状）
要是蚯蚓犯了罪， 放到土里活埋它。	（手做埋东西状）
要是老鼠犯了罪， 塞到洞里憋死它。	（手放在鼻子前做闭气状）
警长听了哈哈笑， 一个天才大傻瓜。	

2. 不爱刷牙的小狮子

小狮子不讲卫生（摆手状），不爱刷牙（摆手状），他的嘴巴越来越臭（手放到鼻子前做扇味道状）。有一天，小狮子来找小熊玩（模拟小熊的动作），他刚开口说："小熊，我——"话还没说完呢，只听小熊说了句："什么味儿！"接着，"扑通"一声，倒在了地上（头和身子同时向一边歪一下，做"倒"的趋势）。

"小兔，我们——"小狮子看了小兔走过来，想和他一起玩。可他话还没说完呢，小兔头晕晕地说了句："好臭！"接着，也"扑通"一声，倒在了地上。

小狮子呆呆地看着，不久，小象甩着鼻子走过来，小狮子张开嘴巴，对小象说："小象，我们来玩——"

"好难闻的气味！啊……啊……啊嚏！"小象打了个大喷嚏，接着，也摇摇晃晃地倒在了地上。

小狮子没有找到一个朋友玩，他闷闷不乐地回到家。这时，他看到出远门的爸爸回来了，小狮子张开嘴巴，高兴地喊："爸爸！"爸爸突然把鼻子捂住，向后退。他对小狮子说："天哪，你多久没刷牙了？"

小狮子挠挠脖子上的毛，不好意思地说："好像……好像两个星期……"

爸爸急忙给小狮子找出牙刷和牙膏，让他仔细刷牙。不一会儿，小狮子把牙齿刷干净了，他的嘴巴一点都不臭了。

小狮子把今天的经历说给爸爸听。"宝贝，以后你一定要早晚按时刷牙，不然，嘴巴臭臭的，小伙伴都不爱和你玩啊！"爸爸对小狮子说。小狮子听了点了点头。

从那以后，小狮子每天都按时刷牙，小伙伴们再也没有被他熏到了！

儿歌《小狗熊当警察》共12句，并不是12句每句都要设计动作，只需要设计其中5句的动作就完全可以表现儿歌的内容了。幼儿故事《不爱刷牙的小狮子》第一段中除了没有动作性可以表现的两句话外，其他的语句都可以设计动作。全篇下来，幼儿故事的动作设计数量就很多了。

实例分析

狮子照哈哈镜

有件事情真好笑，小猫和狮子比大小。

有一天，狮子抓住小猫，张开大嘴巴，想把他一口吞下去。

小猫"喵呜喵呜"叫："你为什么吃我呀？"

狮子听了哈哈大笑："那还用问，因为我大，你小。"

小猫说："什么，什么，你大，我小？你一定是眼睛花了，明明是我大，你小。"

狮子听小猫这么一说，糊涂起来了。

小猫说："你呀，眼睛只看见自己的爪子，你看不见自己的身子，怎么知道自己有多大呢？"

"对呀！"狮子想了一想说："我看不见自己的身子，怎么知道自己有多大呢？"

小猫说："我家有一面镜子，你照一照，就知道自己有多大了。"

狮子从来没有照过镜子，他想，照镜子一定很有趣，就跟着小猫走，走呀走，一直走到小猫家门口。

小猫家的镜子可奇怪，正面可以照，反面也可以照，正面鼓起来，反面凹进去，电钮一按就转一转。

"狮子，狮子，快去瞧一瞧，瞧瞧你自己，是大还是小？"

　　狮子走进屋子，在镜子前面一站，正好鼓起来的一面朝着他。他往镜子里一瞧，看见自己又矮又小，像只小老鼠。

　　小猫说："你看明白了吧，你的个儿有多大？现在你站到旁边去，让我来照镜子。"

　　小猫偷偷地把电钮一按，镜子转了一转，凹进去的一面朝着他。嗬，不得了，这镜子里的小猫比狮子还大呢。

　　"狮子，狮子，你快瞧一瞧，我比你大呀，还是比你小？"

　　狮子站在旁边偷偷地瞧了一眼，看见镜子里的小猫这么大，这么高，嘴巴一张一张，真吓人！狮子以为小猫要来吃他了，转过身子就跑，一直跑到树林里，再也不敢出来了。

　　你们看见过小猫家的镜子吗？这种镜子叫做哈哈镜。你们在凹进去的一面照一照，就会变成巨人，可是在鼓起来的一面照一照，恐怕要变成一只跳蚤了。

　　小猫和狮子一个体型渺小，一个体型巨大，在形态上形成了强烈的反差。狮子照哈哈镜时，镜子里面的狮子又矮又小，像只小老鼠，这与狮子本身的体型和小猫本身的体型又形成强烈的反差。可当小猫照哈哈镜时，镜子里面的小猫比狮子还要大，这与小猫本身的体型和狮子本身的体型再次形成强烈的反差。狮子在照哈哈镜之前对小猫的趾高气扬与照哈哈镜后的胆小逃跑，也形成强烈的反差。这些反差都可以夸张地对比表现，可以用语气、语调等来体现。

　　小猫的体态语言设计——两只手五指张开，分别放在脸的两旁，边说话边用手向两边拉。

　　狮子的体态语言设计——张牙舞爪。

实战运用

　　1. 请同学们把《吉吉和磨磨》中表现他们各自速度的词语夸张地表演出来。

　　2. 请同学们夸张地表演以下几个故事情节。

　　（1）小猪稀里呼噜看见小猴子皮皮在路上骑自行车，高兴地跑上去说："皮皮，让我骑骑自行车，好吗？"

　　（2）小猴皮皮正起劲儿地擦他的自行车，一点点把车擦得锃亮。小猪跑来向他借车。小猴抬头看看小猪，愁眉苦脸地说："真的，不是我不借。要是摔坏了，我爸爸非揍我不可！"

　　（3）说做就做，小仓鼠拿来棒子用牙又是咬来又是啃，忙得不亦乐乎，不多久看着自己做成的挠痒痒开心地笑了，觉得蛮有成就感的。

　　（4）小仓鼠听妈妈这样一说，眼泪终于啪嗒啪嗒地掉下来了，对着妈妈哭诉道："你为什么总说我不好，总说别人家的孩子好？我已经很努力了，你为什么还是说我不好？"

　　3. 阅读下面的语句，请同学们尝试分别用成人的语气、语调和幼儿的语气、语调表演这几段话。

　　（1）大灰狼看见了小白兔，大灰狼说："我要吃掉你！"小白兔说："救命啊！救命啊！"

　　（2）"你……洗个白云澡吧，会……会变白的。"说完，胖小猪难为情地跑回家去了。

　　（3）"你们也想生病吗？"白狗妹妹觉得太奇怪了。

　　（4）"妈妈，我爱你，一直到我胳膊伸到的那么高。"栗色的小兔子举起胳膊说。

　　（5）可是，蟋蟀不喜欢小青虫，常常把她赶走。她挥着触须，不耐烦地说："我的音乐这么美，你这么丑，去去去！"

　　4. 请同学们极度夸张地表演下面这段故事。

　　大嘴巴熊是一家大型商场三楼服装层的一个模特儿。他穿着一双特大号的运动鞋、有点儿长的牛仔裤、有点儿肥的花格子大衬衣，戴着一顶帽檐又长又宽的白色旅游帽。

　　大嘴巴熊不光嘴巴大，他的眼睛也大，鼻子也大，耳朵也大，衣服也又宽又大。

　　5. 请同学们尝试给幼儿故事《不爱刷牙的小狮子》中的一段故事设计体态语言，并进行表演，注意体现幼儿故事表演的三个特点。

第三节 幼儿故事表演的改编和创作

训练目标

掌握并熟练运用幼儿故事表演的选材、改编和创作技巧。

训练指导

幼儿故事表演必定有一个依托的文本。我们需要对一个文本进行判断、确定，看它是否适合表演。有的文本更适合阅读，因为欠缺动态性的内容而难于进行表现。我们需要根据文本的内容、表演特点来对文本进行选择、改编或是创作。

一、选材技巧

幼儿故事很多篇幅较长，题材范围也广。但并不是所有的幼儿故事都适合表演。我们选择的时候需要把握住几个技巧，选择出来的故事才会便于表演。

（一）选择有趣味的

幼儿故事有的偏重于以教育为主，里面的情节说教意味较浓，不适合表演。用于表演的故事需要选择那些有趣的、情节生动的、有吸引力的。选择的故事情节要一波三折，这样的故事会让人产生欲罢不能急欲了解下文的兴趣。

以《穿西装的吹气猪》为例——

一只胖乎乎的小猪，走到河边，打了个哈欠，往地上一躺，睡着了。"救命啊！救命啊！"远处传来一阵紧急的呼救声。小猪一骨碌爬起来："谁！谁？出了什么事？"啊，原来是小熊掉进河里了！"扑通"——胖小猪跳进河里。

呀，他在水面上一漂一漂，就像一只橡皮船。原来这胖小猪是一只塑料的吹气玩具，肚子里全是空气，他的身子能不轻吗？那只小熊也不是从动物园跑出来的，而是一只布做的玩具。

瞧，胖小猪几下就划到了小熊跟前，一把抓住他，一翻身把他驮到背上，就向岸边游来。

小熊得救了，可他是布做的呀，在水里一泡，浑身全湿了，就躺在河边晒太阳。胖小猪可感冒了，"阿嚏！阿嚏！"一连打了好几个喷嚏。

晚上，胖小猪躺在床上动也不动，小熊摸摸他的头，呀！好烫！胖小猪发烧了！小熊赶紧给他请了一位大夫。这位大夫是河马，当然也是玩具啦，是用木头做的。他说："不要紧，打几针就会好的。"说着，他往针管里装上药水，再拿棉花球在小猪屁股上擦了酒精，扑地一下，把针头戳进去了。

嗤——哎呀，不好！胖小猪漏气了，才一会儿就变成了一个瘪塌塌的塑料口袋。

河马大夫赶紧撕了一块橡皮膏，贴在胖小猪的屁股上。小熊在一边使劲往胖小猪肚子里吹气，胖小猪才又站了起来。

河马大夫每天给胖小猪打一针，每天在他屁股上贴一块橡皮膏。

慢慢地，胖小猪的病好了，可是他的屁股上东一块、西一块地贴满了橡皮膏。这一下，铁皮青蛙、木头鸭子、布老虎、泥娃娃……都笑话胖小猪，他们说："哎呀！吹气猪变成漏气猪，漏气猪变成了花花猪!"胖小猪听了,一点也不生气,可是小熊心里不好受。小熊想呀想,想出了一个好办法,他找出一块布,做了一套西装。胖小猪穿上小熊做的西装,还系上一条红领带。嘿,真帅!屁股上的橡皮膏再也看不到了。

小猪救落水的小熊,这本来是件很平常的事情。可是奇怪的是小猪居然漂浮在河面上了,这是怎么回事?继续往下看,才知道,原来这只勇敢的小猪是只吹气猪。把小熊救上来过后,小熊没有什么事了,因为小熊是布做的,晒晒太阳就好了。幼儿听到这儿会很感兴趣的:哦,还有布做的小熊啊!他就很愿意继续往下听。接下来是小猪感冒了,这就得看医生了。河马大夫给小猪打针治病,小猪是吹气猪啊,立马瘪下去了!这可怎么办啊?幼儿肯定也跟着着急了,河马想办法,有了,给小猪贴膏药,然后给小猪吹气,小猪又可以站起来了!听到这儿,本来是件高兴的事情。可是问题又来了:"慢慢地,胖小猪的病好了,可是他的屁股上东一块、西一块地贴满了橡皮膏。这一下,铁皮青蛙、木头鸭子、布老虎、泥娃娃……都笑话胖小猪。"幼儿们又会开始发愁了。还是被救的布小熊聪明,"想出了一个好办法,他找出一块布,做了一套西装。胖小猪穿上小熊做的西装,还系上一条红领带。嘿,真帅!屁股上的橡皮膏再也看不到了"。于是吹气猪变成了穿西装的吹气猪!这个结果皆大欢喜!

整个故事疑问不断,故事情节生动有趣。这样的故事幼儿特别喜欢,并且也适合表演。表演者表演起来也觉得有趣、有劲!

（二）选择个性鲜明的

幼儿处在生长期间,欠缺分析能力。故事的选择不适宜选择个性复杂的角色,复杂的角色容易使幼儿丧失观赏的兴趣。我们要选择"脸谱化"的角色。选择的角色要个性鲜明、个性突出,角色对比要鲜明,让人印象深刻。对比性明显,表演出来对比性也强,更容易体现表演的张力,使表演更加生动逼真!

以《不爱运动的小白鹤》为例——

清清的小河边,住着一只美丽的小白鹤。小白鹤有个坏毛病——不爱运动,连多走几步路都觉得累!

有一天,河边跑来一群小鸭子,他们迈着整齐的步子跑步。"小白鹤,来和我们一起跑步吧!"一只小鸭说。

"跑步多累呀,我不去!"小白鹤摇摇头。

小白鹤站在河边休息,不一会儿,几只小兔蹦蹦跳跳走来了,她们拿出一条长绳,摇一摇,跳一跳,玩得可开心了!

"小白鹤,来和我们一起玩吧!多运动,身体棒!"一只小兔笑着邀请她。

"可是,跳绳多累呀,我还是不玩了!"小白鹤摆摆手,向后退。

不久,天热了起来,小白鹤就到大树底下乘凉。"嗨哟,嗨哟!"这是什么声音?小白鹤回头一瞧,她看到小黑熊正在举哑铃,他练得一身大汗。

"小白鹤,和我一起锻炼吧!"小黑熊说。

"举哑铃多累呀,我不练!"小白鹤拒绝了。

小白鹤不爱运动,渐渐地,她变得越来越胖了。

有一天,她在河边看到小孔雀正在轻盈地跳舞,小白鹤被深深地吸引住了,她决定学习舞蹈。可是,小白鹤一跳,发现自己根本跳不高,也转不起来。因为她实在是太胖了!

小白鹤伤心地哭了起来。这时,小鸭子、小兔和小黑熊走来了。他们告诉小白鹤,只要多做运动,就能变得既健康又美丽。小白鹤听了,终于鼓起勇气,决心跟大家一起做运动。

经过一段时间的锻炼,小白鹤终于又恢复了美丽的身姿,而且她还学会了跳舞,现在,她的舞跳得可棒了!

这个故事里面的角色性格对比鲜明。小白鹤长得很美丽，可是很不爱运动。小鸭、小兔、小熊都爱运动，并且都邀请她运动，可是她都拒绝了。这就是第一个对比：爱运动的小动物们——不爱运动的小白鹤！第一个对比简单明了，幼儿容易听懂，并且这个对比让幼儿产生了兴趣：不爱运动的小白鹤会发生什么故事呢？这时第二个对比来了：轻盈跳舞的小孔雀——肥胖的跳不动的小白鹤！这个对比很适合用肢体表现，并且肢体语言表现出来特别容易产生"美感与喜感相对照"的效果。这样的效果让幼儿记忆深刻！

（三）侧重选择以动物角色为主的

幼儿天生亲近大自然，天生喜欢小动物，他们对小动物有着天然的兴趣。动物的语言和动物的动作模仿起来都能引起幼儿巨大的兴趣。在现实中不会说话的动物由人来模仿，人模仿动物的语言、动物的动作和体型会让人觉得特别有趣，能引起幼儿的好奇心。

以《大灰狼穿裤子》为例——

今天是大灰狼的生日。大清早，大灰狼就收到了礼物——一条新裤子。

大灰狼从没穿过裤子，这下子，他可伤脑筋了："唉！裤子该从哪儿穿进去呢？"大灰狼拿着新裤子左看看，右瞧瞧，把裤子往尾巴上比了比，"咦！裤子和尾巴一样长，正好套在尾巴上。"大灰狼把裤子往尾巴上一套，"咦，不对呀，怎么这裤子只能穿进一半呢？"

大灰狼迷糊了，又拿起裤子瞧了瞧，往手上一套，得意洋洋地吃饭去了。"哎呀！怎么两只手就伸不开呢？"大灰狼越穿越糊涂了。"裤子怎么穿才对呢？嘿，这裤子上有一个大口，还有两个'耳朵'，刚好套在头上，两条裤腿正好套住耳朵。"大灰狼又把裤子往头上一套。咦！还真行，不大也不小，正好套在头上，两只耳朵也"穿"进了裤管。

大灰狼在镜子前面照了又照，非常满意，然后提着手袋出门了。一路上，小动物都笑得前俯后仰，大灰狼见了，心里想："一定是我的新裤子太漂亮了，小动物都羡慕不已。"心里就更得意了。

"妈妈，你看，大灰狼的裤子穿在头上了。"

"嘿！大灰狼，你的裤子穿错啦！"

大灰狼听了，脸刷地红了。"不用难为情，我们来帮你吧！"小动物们帮助大灰狼穿好裤子，裤子不大也不小，正合身。

大灰狼恍然大悟：裤子不是套在尾巴上，也不是戴在头上，原来是穿在两条腿上的。

现实生活中，幼儿很少见到大灰狼，更不用说像人一样要穿裤子的大灰狼了。所以标题就能引起幼儿浓厚的兴趣和好奇：穿上裤子的大灰狼会是什么样子呢？大灰狼先用尾巴穿裤子，不对；再用手穿裤子，也不对；最后用耳朵穿裤子，刚好套住了！大灰狼以为这次对了，就这样穿着裤子出门了，结果所有的小动物都嘲笑它，它才知道裤子穿错了！表演时撅着屁股模仿尾巴穿裤子，又笨手笨脚模仿大灰狼的爪子穿裤子，最后模仿大灰狼用耳朵穿裤子，还要做出很满意的表情。想想，这样的动作都会让人捧腹大笑的，表演性特别强！

（四）选择动词、表情词居多的

动词表现起来更富有动作性，整个肢体都动起来，会让人感觉活泼、热闹；表情词多，我们可以尽可能地调动我们的五官，表情变化会更丰富，我们表演起来也更能引人入胜。

以《动物狂欢节三人合唱》为例——

动物狂欢节到了，动物们都要准备节目，庆祝这个节日。

大熊想不出自己出个什么节目好。

小兔也想不出。

还有小老虎也想不出。

明天就是狂欢节了。

三个人坐在一起发愁。

大熊说："不如我们三个人来个合唱吧？"

小兔一拍腿说："对，我正要说呢，你简直就神了。就按我的想法办，三人合唱！"

小兔一蹦一跳地准备开始排练。他指挥大熊和小老虎站好，站整齐，自己也站在队伍里试了试，他觉得很齐。

小兔喊"一二"，他们就开始唱：

"狂欢吧，动物们，

我们的节日到了……"

刚唱了一句，小兔就走出队伍说："我们得唱得齐一点儿，要三个人唱得跟一个人一样！"

小兔站在前面跟他们唱了一遍。

"不行，我听不出来，你们俩合唱一遍我听听。"小兔说。

大熊和小老虎一齐唱，小兔光是听。

"很齐。"小兔说，"不过，表情不高兴，有点像哭。要笑着唱，嘴咧开！"

大熊和小老虎笑着唱，小兔又说大熊笑得太狠了，嘴也张得太大。

小老虎也有毛病，唱歌的时候耳朵乱动，不能动耳朵。

让小兔最担心的是大熊。"你呀你呀，一定会唱砸锅的。"小兔摇着头。

晚上，小兔感觉嗓子好痛，因为白天冲着大熊和小老虎叫得太凶，他起来喝了好多水。第二天，小兔起来头昏昏的，嗓子更加痛。

大熊见了小兔，吃惊地说："哎呀，小兔，你的眼睛好红！"

小兔瞪了大熊一眼。

一边的小老虎说："小兔的眼睛本来就是红的。"

小兔朝大熊翻了翻眼皮。

小老虎又补了一句："不过，今天红得过火。"

小兔想朝小老虎吼一声，可已经轮到他们合唱了。

三个人跑到了台上。

大熊和小老虎卖力地唱，小兔一张嘴才知道自己的嗓子发不出声音了，他拼命地大声咳嗽，咳得东倒西歪，眼冒金星，只有扶住话筒才能站稳。

演出结束了，他们的三人合唱得了个最差奖，因为根本听不到大熊和小老虎的歌唱，只听到小兔的咳嗽声：咳咳咳！因为他抱着话筒嘛！

这个故事里面有许多动词：拍腿、一蹦一跳、耳朵乱动、瞪、翻了翻眼皮等，这些动词都活灵活现地表现出了三个小动物排练合唱的动态。在排练时，表情词也充分地起到了生动的作用，比如：笑着唱、笑得太狠。表演时把这些动态词充分表现出来，整个故事表演就"活"起来了！

实例分析

黑熊换鸡蛋

黑熊推着一辆独轮车，在森林里边走边喊："换鸡蛋！大米换鸡蛋！"

"哟，是黑熊呀！"听见喊声，狐狸大嫂从路边的木房子里钻出来。她拦住独轮车，解开车上的米袋子，看了看说："好米呀，怎么换？"

"这袋子米要换一筐鸡蛋。"黑熊瓮声瓮气地回答。

"好吧，你等着，我去取蛋来。"狐狸大嫂说罢，又钻进了木房子。

站在路边的黑熊，这时在心里静静地提醒自己："黑熊呀黑熊，人们都说狐狸狡猾，爱撒谎，爱骗人，和她打交道，可得小心点……"黑熊正这么想着呢，狐狸大嫂端着一筐蛋出来了。

黑熊一看，咦！这蛋怎么有大有小？大的比香瓜还大，小的比核桃还小。没等黑熊开口，狐狸大嫂就说了："这大蛋嘛，是大鸡下的；小蛋嘛，是小鸡下的，没啥稀奇。"

"是没啥稀奇。"黑熊挺不好意思，说："不过……"

"不过什么？"狐狸大嫂瞪了黑熊一眼，说："看样子你还是信不过我，是吧？你仔细看看，大嫂像骗子吗？"

黑熊仔细一看，可不，狐狸大嫂系着白围裙，穿着红花袄，脸上笑眯眯的，一点儿也不像骗子。

"好吧，换啦。"黑熊把一袋大米扛进木房子，又把一筐鸡蛋装上了独轮车。回到家里，黑熊把蛋放在热炕上，他想孵一群小鸡，办个养鸡场。

稀奇的事情发生了。

第一天，从蛋壳里钻出30只小乌龟。小乌龟离开黑熊家，顺着溪水游走了；第二天，从蛋壳里钻出60条小青蛇，小青蛇咝溜、咝溜爬上山坡，钻进草丛不见了；第三天，从蛋壳里钻出90条小鳄鱼，鳄鱼扑通、扑通跳进湖里，再不露面了；第四天，最大也是最后的一个蛋裂开了，从蛋壳里蹦出一只小鸵鸟，小鸵鸟对黑熊说："有空闲到沙漠去找我玩儿，再见！"说罢，迈开长腿跑了。

望着满炕的空蛋壳，黑熊"扑哧"笑了，他自言自语地说："狐狸呀狐狸，真拿你没办法！"

黑熊像人一样想用大米换鸡蛋，他能够换到什么呢？在换鸡蛋的过程中遇到了狡猾的狐狸，会发生什么事情呢？狐狸大嫂听到黑熊说要换鸡蛋，端出一筐蛋想跟黑熊换大米，蛋倒是真的是蛋，可是这些蛋大的大，小的小，这是怎么回事？狐狸回答说是体型大小不同的鸡下的蛋，因此蛋的大小就不同，这可奇怪了，有这个道理？里面肯定有诈。黑熊上当了吗？黑熊还真的上当了，他用一袋米换了狐狸的这筐蛋。把蛋换回来过后，怪事发生了：这些蛋孵出了乌龟，乌龟游走了；孵出了小青蛇，小青蛇也钻没了；孵出了小鳄鱼，小鳄鱼跳进湖里了；孵出了小鸵鸟，小鸵鸟跑到沙漠里面去了，还邀请黑熊去玩呢。结果换来的蛋一个都不是鸡蛋，弄得黑熊哭笑不得。这些情节一个悬疑扣一个，让看故事的人特别好奇，也让故事显得特别有趣。其中黑熊是个老实的生意人，体型胖胖的，样子憨憨的；狐狸大嫂很狡猾，总想着骗人、占便宜，两个角色个性鲜明，对比明显，幼儿一听便知。

里面的动词、表情词丰富，适合表演：推，边走边喊，瓮声瓮气，钻进了木房子，静静地提醒自己，顺着溪水游走了，钻进草丛不见了，扑通、扑通跳进湖里，迈开长腿跑了……

二、改编技巧

有时幼儿故事虽然内容有趣但是只适合阅读，拿来表演还不是特别合适。这时就要根据表演的需要把手头的幼儿故事进行适当的改编，使其动态性更强，更适合表演。

（一）让语言多描述性的语言或对话

叙述性的语言表演起来比较单调，改成描述性的语言，里面会有很多动态的词语和形容词。这些词语比较适合表演，形容词会让作品显得更生动、形象。对话多，角色语言变化频繁，表演效果会更丰富。

（二）让语言更富有节奏感

语言节奏感强，相应的态势语节奏感也会更强。节奏感强的表演表现力强，更容易进行表演。

（三）多用拟声词

拟声词语多了，有声语言表演起来就更丰富，形象性也更强。

大萝卜

阿·托尔斯泰

一个老头儿种下了萝卜，对它说："长大呀，长大呀，萝卜啊，长得甜哪！长大呀，长大呀，萝卜啊，长得结实啊！"

一个萝卜长出来了，长得又甜又结实，又大得不得了。老头儿就去拔萝卜：他拔了又拔，拔不出来。

老头儿把老婆儿叫来。

老婆儿拉老头儿，

老头儿啊拔萝卜——

他们拔了又拔，拔不出来。

老婆儿把孙女儿叫来。

孙女儿拉老婆儿，

老婆儿拉老头儿，

老头儿啊拔萝卜——

他们拔了又拔，拔不出来。

孙女儿把小狗儿叫来。

小狗儿拉孙女儿，

孙女儿拉老婆儿，

老婆儿拉老头儿，

老头儿啊拔萝卜——

他们拔了又拔，拔不出来。

小狗儿把小猫儿叫来。

他们拔了又拔，拔不出来。

小猫儿拉小狗儿，

小狗儿拉孙女儿，

孙女儿拉老婆儿，

老婆儿拉老头儿，

老头儿啊拔萝卜——

他们拔了又拔，拔不出来。

小猫儿把小耗子叫来。

小耗子拉小猫儿，

小猫儿拉小狗儿，

小狗儿拉孙女儿

孙女儿拉老婆儿，

老婆儿拉老头儿，

老头儿啊拔萝卜——

他们拔了又拔——萝卜拔出来了。

拔萝卜

老公公种了个萝卜，他对萝卜说："长吧，长吧，萝卜啊，长得甜呐！长吧，长吧，萝卜啊，长得结实啊！"萝卜越长越大，大得不得了。

老公公就去拔萝卜。他拉住萝卜的叶子，"嗨哟，嗨哟"拔啊拔，拔不动。老公公喊："老婆婆，老婆婆，快来帮忙拔萝卜！""唉！来了，来了。"

老婆婆拉着老公公，老公公拉着萝卜叶子，一起拔萝卜。"嗨哟，嗨哟"拔呀拔，还是拔不动。老婆婆喊："小姑娘，小姑娘，快来帮忙拔萝卜！""唉！来了，来了。"

小姑娘拉着老婆婆，老婆婆拉着老公公，老公公拉着萝卜叶子，一起拔萝卜。"嗨哟，嗨哟"拔呀拔，还是拔不动。小姑娘喊："小狗儿，小狗儿，快来帮忙拔萝卜！""汪汪汪！来了，来了。"

小狗儿拉着小姑娘，小姑娘拉着老婆婆，老婆婆拉着老公公，老公公拉着萝卜叶子，一起拔萝卜。"嗨哟，嗨哟"拔呀拔，还是拔不动。小狗儿喊："小花猫，小花猫，快来帮忙拔萝卜！""喵喵喵！来了，来了。"

小花猫拉着小狗儿，小狗儿拉着小姑娘，小姑娘拉着老婆婆，老婆婆拉着老公公，老公公拉着萝卜叶子，一起拔萝卜。"嗨哟，嗨哟"拔呀拔，还是拔不动。小花猫喊："小耗子，小耗子，快来帮忙拔萝卜！""吱吱吱！来了，来了。"

小耗子拉着小花猫，小花猫拉着小狗儿，小狗儿拉着小姑娘，小姑娘拉着老婆婆，老婆婆拉着老公公，老公公拉着萝卜叶子，一起拔萝卜。"嗨哟，嗨哟"拔呀拔，大萝卜有点动了，再用力地拔呀拔，大萝卜拔出来啦！他们高高兴兴地把大萝卜抬回家去了。

上一篇故事是原文，下一篇故事是改编后的作品。原文是"老公公把老婆儿叫来"，改编后的语言是："老公公喊：'老婆婆，老婆婆，快来帮忙拔萝卜！''哎，来了，来了。'"改编后的故事把原来叙述性的语言变成了对话，整个文章就生动起来了。表演的时候也可以加入角色语言模拟技巧，使表情丰富、有趣。又比如把第一段中原文"长大呀"改成"长吧"，减少一个字后，节奏感变强了，表演起来动感就会加强。改编的作品里面还增添了诸如"嗨哟"、"嗨哟"、"来了"、"来了"之类节奏感很强的词语，用有声语言表现出来会给人精炼、悦耳的感觉。第二篇作品中小狗儿、小花猫和小耗子都增添了他们本身的叫声，采用"汪汪汪"、"喵喵喵"、"吱吱吱"的模拟表演，整个表演更加生动起来了。

三、创作技巧

有了选材技巧和改编技巧的基础，我们甚至还可以尝试着进行幼儿故事创作，独立创作适合表演的幼儿故事。

首先选取与幼儿生活息息相关的素材。幼儿认识世界、了解世界的主要途径是文学。可以把需要幼儿学习的一些生活技能、生活常识揉入作品中；另外作品中要多多采用动物角色，让小动物来完成创作者所要表达的内容；还要注意运用选材技巧和改编技巧，这样精心创作的作品幼儿才会易于接受、乐于接受。当然创作幼儿故事难度大，对一般学生来说要求比较高。那些基础好、学有余力的学生可以在这方面多琢磨，一般的学生可以鼓励在这方面进行尝试，主要还是要在选材和改编的技巧上进行锻炼。

实例分析

没礼貌的小猪

森林里有很多小动物，爱睡觉的小象、爱跳舞的小猴子、爱唱歌的小鸟，还有一只没有礼貌的小猪。

一天大象正在睡觉呢，小猪昂着头，哼着歌走来了。它没看见睡觉的大象，一脚踩在了大象的尾巴上，"哎哟！"大象叫了起来，小猪看了大象一眼转身走了。大象生气了："小猪你给我站住，你踩了我的尾巴，打搅了我睡觉，难道不应该对我说点什么吗？"小猪说："你……你……你下次注意点，别睡在路上，差点害我摔倒呢，哼！"说完小猪转身走掉了，只留下大象在那里生气！

小猪继续往前走，树上的小鸟看见了它："小猪！小猪！"小猪抬起头看了小鸟一眼："干嘛呀！"小鸟说："小猪，我唱首歌给你听吧！"小猪说："不听！不听！你的歌声太难听！"小鸟生气地说："小猪，你太过分了！"小猪不理小鸟，头也不回地走掉了！

走着走着，它看见了小猴子在树枝上荡来荡去，小猪走上前去说："嘿，小猴，你荡来荡去，荡得我眼睛都花了，影响我散步的心情！"小猴不高兴了："小猪，我明明在跳舞呢，你怎么可以这样说！""你那也叫跳舞，太好笑了！"说完，小猪哈哈大笑跑开了，气得小猴在树枝上蹦得老高！

小猪朝前跑，一不小心掉进了猎人的陷阱里，小猪大哭起来："呜呜呜，救我，谁来救救我！"正在睡觉的大象听见了哭声连忙跑过来，看见小猪掉进了陷阱里："哦，原来是没有礼貌的小猪啊！"说着它转身就要走。小猪见了忙大哭道："呜呜呜，别走！我知道错了，求求你救救我吧，呜呜呜！"

大象见小猪认错了，便说："好吧，你等着，我去找藤条来救你。"大象到大树下看见小猴和小鸟在一起跳舞、唱歌，玩得可高兴了。大象急忙跑过去说："小猴，快，找根藤条去救小猪，它掉进陷阱了！"

小猴一听："什么，救小猪？我不去！"小鸟说："小猴，不要这样，小猪掉进猎人的陷阱多可怜啊，我们还是去救他吧。""对，小猪知道错了，我们不去救他，他就会被猎人抓走了。"大象说道。小猴听了，说："好吧！"说完三个小伙伴找了根藤条去救小猪了。他们来到陷阱口，把藤条扔下去，让小猪抓住藤条，小猴子抓住藤条的另一端，大象用鼻子勾住小猴子，小鸟给他们喊口号："一，二，一二……"三个小伙伴一起使劲把小猪给拉了出来。小猪上来后，低下头说："对不起，我太没礼貌了，以后再也不这样了。谢谢大家来救我。"

三个小伙伴齐声说："没关系，只要改正了就是好孩子。"从此，小猪成了一个有礼貌的好孩子，大家都很喜欢他。

这是隆昌幼儿师范学校的学生刘恋创作的幼儿故事，略有修改。这个幼儿故事动物角色语言较多，角色个性鲜明：爱睡觉的小象、爱跳舞的小猴子、爱唱歌的小鸟，还有一只没有礼貌的小猪。小猪和小伙伴们的对话比较多，可以充分地展示有声语言的表现能力。没礼貌的小猪和各个动物都发生了矛盾，但小猪掉下陷阱时，其他小伙伴不计前嫌都来救他，最后他成了一个有礼貌的好孩子。编写的故事有情节性，比较生动活泼，说理浅显易懂。对于一个初学表演、爱好文学的学生来说，创作出这篇幼儿故事，是值得表扬的。

实战运用

1. 请同学们对比这两个幼儿故事，分析哪个幼儿故事更适合表演，为什么？并尝试进行表演。

鼠爸爸和鼠儿子逛街

鼠爸爸对一窝小老鼠说："你们谁跟我出去遛遛啊？"

一只连胡子都白了的老老鼠，惊慌地说："孩子们，谁也不要跟他去！这是白天，街上人多，你们会丧了小命的！"

鼠爸爸说："太爷，'老鼠过街人人喊打'的时代已经过去了！"

说着给他其中一个鼠儿子使了一个眼色，就出了门。

那个鼠儿子跟着出来了。

鼠爸爸领着鼠儿子去了菜市场。啊，这里好吃的真多啊！

鼠爸爸不慌不忙、大摇大摆地领着儿子在路上走着。

"看！两只老鼠！"一个妈妈指给孩子看。但并没有喊打。

鼠爸爸和鼠儿子继续向前走。

"妈呀！老鼠！"一个女人尖细的嗓音喊叫起来。鼠爸爸对鼠儿子说："快走几步。"并没有跑。小老鼠听了，本能地跑了起来。

"孩子，不用慌，女人是叫给男人听的。男人要打我们，只是因为女人的喊叫。"

"那样，男人真的要打我们了！还不快跑！"小老鼠显得非常不安。

"不用急，男人斯文得很！要找合适的家伙，他们不会弄脏了自己的手。我们有的是时间逃走。"

鼠爸爸和鼠儿子前面出现了一只猫。

小老鼠浑身打战，迈不动步了。

爸爸说："不要怕。如今的猫有的是好吃的，不用为填饱肚子来抓我们。很多时候，他们已经成为我们的玩伴。"

果然，那只猫只是站在原地，看了他们一眼，就懒散地走开了。

一条狗突然从后面闯了过来，小老鼠吓坏了！

鼠爸爸笑着说："不要怕，早就有'狗拿耗子多管闲事'的说法，如今连专业人员都不管的事，他更不管了！"

狗只是从他们身边走过，连瞅都不肯瞅他们一眼。

小老鼠看到爸爸说的都是事实，就放心大胆、挺胸抬头、意气风发地走在大街上。并且和爸爸一起唱起了小曲："两只老鼠，两只老鼠跑得快，跑得快……"

钓　鱼

小河旁边，有人在钓鱼。

垂柳也想钓鱼。它把长长的柳条儿当成钓线，在水面上一晃一荡，一晃一荡，钓呀，钓呀，总是钓不着。

丫丫说："爷爷钓鱼，不是这样的！"

花猫也想钓鱼。它把长长的尾巴当成钓线，在水面上一晃一荡，一晃一荡，等呀，等呀，总是不见鱼。

丫丫急了："爸爸钓鱼，也不是这样的！"

丫丫找来一根小竹竿，捡来一条风筝线，借来一只小铁钩，做成了一副最好的渔具。

丫丫钓呀，等呀，等呀，钓呀，心里对自己说，别着急，别着急。

终于，丫丫钓起了什么？是一只草鞋，不是鱼。

2. 请运用选材、改编技巧修改下面这个幼儿故事，使其更适合表演。

小兔学长跑

小兔灰灰跟着马老师学习长跑。马老师带着灰灰一边跑一边讲解，他们穿过了一片小树林，又越过了一座小山坡，不久灰灰就累得汗流浃背了。他多么希望能够停下来，好好休息一会儿啊。

灰灰渐渐落后了，一不小心被一根树枝狠狠地绊倒在了地上。这一下可摔得不轻，连新裤子都磕破了，灰灰痛得大声哭了起来。马老师听到哭声马上返了回来，说："灰灰，坚持才能胜利，遇到一点困难就退缩肯定不行。"

灰灰听了老师的话，从地上站了起来，树上的小鸟也鼓励道："灰灰，加油！你一定会成功的。"灰灰点了点头，擦干眼泪继续向前跑。

后来呀，哭鼻子的小兔灰灰在森林运动会上赢得了长跑冠军，他可高兴啦！

3. 请同学们运用选材、改编、创作技巧，尝试创作一个适合表演的幼儿故事。

第四节 幼儿故事的表演技巧

训练目标

1. 掌握并熟练运用幼儿故事表演的技巧。
2. 能够流畅、生动、形象地进行幼儿故事表演。

训练指导

一、有声语言表演技巧——"磁铁般"的语言

幼儿故事表演分为两个方面：有声语言表演和无声语言表演。幼儿活泼好动，注意力不集中。我们的有声语言表演要能像磁铁一样，紧紧地把幼儿给吸牢。要具备"磁铁般"的语言，需要从以下几个方面去训练，把握以下几个原则：

（一）"坐过山车"原则

"坐过山车"的原则就是让有声语言像"坐过山车"一样，随着故事剧情的变化，声音有起伏变化，并且变化要明显、夸张。这样的有声语言才能吸引观众的注意，才会让观众有仿佛"坐过山车"的刺激感。

1. 理解作品。

我们首先要熟悉作品，知道表演的对象是幼儿。那么我们表演的目的要针对幼儿的特点明确化，表演时要牢记：表演的目的是只要幼儿能基本了解作品的内容，知道大概说明了一个什么道理就行了。针对具体的作品，在表演前把内容理解透彻，在表演的时候语言表达就会更有针对性，效果也会更好。

以《小猫和老虎》为例——

在一座高高的山上，左边有一条路，右边也有一条路。一只小猫从山右边爬上了山顶，一只老虎从山的左边爬上了山顶。小猫身上的斑纹，跟老虎一模一样，小猫和老虎一见面都觉得非常奇怪。

小猫想：这大概是只顶大的大猫吧！老虎想：这大概是只顶小的小老虎吧！他们在山顶上面面对面说起话来，不一会儿，就成了好朋友。

忽然，砰！一声枪响，老虎吓得四脚朝天地倒了下去，小猫吓得捂住耳朵往草丛里钻，一个猎人拿着枪从树林里走了出来，看见老虎四脚朝天地躺在地上，可高兴了："啊哈，今天运气太好

了，我打着大老虎了。"猎人见拖不动老虎就转身叫他的伙伴去了，小猫赶紧跑了出来，使劲地拖着老虎，"喂！喂！快起来呀！子弹好像没有打到你呀！你被吓昏啦？快醒醒，猎人再回来就要抓住你了。"小猫拼命摇着老虎，骨碌碌，老虎顺着山坡滚下山去了。

就在这时，猎人的伙伴兴冲冲地走近一看，地下躺着的是一只虎皮小猫，他大声说："哎，这就是你打着的大老虎吗？"猎人一看，也呆住了，怎么搞的？"走吧，走吧，要这样的小猫有什么用呀！"他的伙伴在一边嘟嘟囔囔地说，猎人也只好跟着下山去了。

"嘻嘻嘻，真好玩。"他们刚走，小猫就张开眼睛调皮地笑了，他一骨碌跳了起来，去找老虎，老虎呢？也正往山上爬呢！他们在山坡上碰面了，"喂，你没事儿吧？"小猫问。"没事！"老虎高兴地回答。

小猫和老虎大笑了起来，从此以后他们成了最要好的朋友。

这篇幼儿故事主要讲一只小猫和一只老虎无意中相遇了，因为两者有相似的地方，所以大家都觉得对方很亲切，一起聊天。突然，遇见了猎人打猎，小猫自己装死代替老虎把猎人骗了过去，两人的感情更好了。把内容理解透彻了，我们的语言就得跟着故事里面的情节变化而变化，尤其要夸张，要凸显遇见猎人之前的和谐轻松的场景，遇见猎人之后情节陡然发生巨大转折——听众都以为老虎被打死了，结果小猫发现老虎是被吓晕了，紧张的情绪暂时缓解了一下；可是猎人马上就要来查看了，气氛又紧张起来；小猫急中生智自己冒充老虎躺在地上骗过猎人，气氛又开始缓和。情节内容本身就跌宕起伏，理解清楚情节的转折点，在表演的过程中就要凸显情节高低起伏的过程，犹如"坐过山车"一样，把观众不停地带入刺激又缓和的状态，这样我们的表演就会牢牢地把观众吸引！

2．感受作品。

学生在理解作品的基础上还要感受作品，把作品字面上没有表达出来的意思理解清楚，感受作品的"潜台词"，挖掘更多可供表演的内容，并把它们表达出来，这样又多增加了观众"坐过山车"的次数，作品的表演显得更加曲折、生动。

以《**两只笨狗熊**》为例——

狗熊妈妈有两个孩子，一个叫大黑，一个叫小黑，他们长得挺胖，可是都很笨，是两只笨狗熊。

有一天，天气真好，哥儿俩手拉手一起出去玩儿。他们走着、走着，忽然看见路边有一块干面包，捡起来闻闻，嘿，喷喷香！可是只有一块干面包，两只小狗熊怎么吃呢？大黑怕小黑多吃一点，小黑也怕大黑多吃一点，这可不好办呀！

大黑说："咱们分了吃，可要分得公平，我的不能比你的小。"

小黑说："对，要分得公平，你的不能比我的大。"

哥儿俩正闹着呢，狐狸大婶来了，她看见干面包，眼珠骨碌碌一转，说："噢，你们是怕分得不公平吧，让大婶来帮你们分。"哥儿俩说："好，好，咱们让狐狸大婶来分吧。"

狐狸大婶接过干面包，恨不得一口吞下去，可是她没有这样做，而是随手把干面包分成两块，哥儿俩一看，连忙叫起来："不行！不行！一块大，一块小。"

狐狸大婶说："你们别急，瞧，这一块大一点吧，我咬它一口。"狐狸大婶张开大嘴巴，啊呜咬了一口，哥儿俩一看，又叫起来了："不行，不行，这块大的被你咬了一口，又变成小的了。"

狐狸大婶说："你们急什么呀，那块大了我再咬它一口吧。"狐狸大婶张开大嘴巴又啊呜咬了一口，哥儿俩一看，急得叫起来："那块大的被你咬一口，又变成小的了。"狐狸大婶就这样这块咬一口，那块咬一口，干面包只剩下小手指头那么一点儿了。她把一丁点大的干面包分给大黑和小黑，说："现在两块干面包都一样大小了，吃吧，吃吧，吃得饱饱的。"

大黑和小黑你看看我，我看看你，一句话也说不出来。小朋友说说看，他们是不是两只笨狗熊？

这篇幼儿故事讲述的是两只又笨又贪心的小狗熊因为争夺捡到的干面包，都怕自己吃亏，结果让狐狸钻了空子，最终上当受骗的故事。"有一天，天气真好，哥儿俩手拉手一起出去玩儿。他们走着、走着，忽然看见路边有一块干面包，捡起来闻闻，嘿，喷喷香！"这"喷喷香"本来只是一句叙述性的语句，但我们可以深层次理解、感受：这句话是小狗熊看到干面包，口水直流，情不自禁说出来的。把这一层意思理解、感受了，再把这个感受用小狗熊的声音、表情、肢体语言表演出来，把我们的"感受"通过表演的方式带给幼儿，才能让他们也"感受到作品的内容"。所以，我们表演时一定要把自己置身在当时的情景当中，才能深刻地感受并表现作品的内容。这是嗅觉形象引起的嗅觉感受，当表演者表演到"喷喷香"时，不由自主地好像吸收到了香味，虽然其实什么都没有闻到。但是表演者把自己置身到那个场景中时，用语言表现出来就好像闻到了香喷喷的干面包。表演者表演的时候要把自我的情感调动起来，把自己的情感传达给幼儿，使他们感动起来，幼儿很能抓住表演者"变化"的东西。作为表演者把情绪带在表演之中，那么作品的情绪也能带动观众，带动观众的嗅觉感受，觉得身临其境。

3．运用表达技巧。

（1）运用重音。重音在语言表达中经常用到。重音即是在声音轻重方面进行处理，以达到强调的作用。

例如，《两只笨狗熊》中有："狗熊妈妈有两个孩子，一个叫大黑，一个叫小黑，他们长得挺胖，可是都很笨，是两只笨狗熊。"

这里面强调狗熊"笨"，那么"笨"字就要突显出来，需运用重音的技巧。重音不一定都是重读，有时轻读也可以起到强调的作用。所以重音应该有两种：重重音和轻重音。怎么才能体现重音呢？有三种方法：加大音量；拖长音节；一字一顿。据此，上面的例子中，强调狗熊娃娃很笨，"都很笨"的"笨"可以加大音量；"是两只笨狗熊"中的"笨狗熊"就可以一字一顿。

（2）学会停连。停，就是停顿；连，就是连接。停连的位置是以感情表达为标准的，是表演者思想感情的延续。什么时候"停"，什么时候"连"，是有标准的，这个标准就是：文章感情的体现。停连的位置其实就是一个表演者的思想和感情的延续。

表现停连要把握住以下三个方面：

第一，气息是关键。在需要大大停顿的时候要及时地换气；在小停顿的时候要学会偷偷地换气，也就是换气不能明显，表面上要让人觉得是一气呵成的。

第二，衔接要紧密。这个技巧主要针对内容相关、位置相邻的两个句子。读第一句话的时候要把句尾压低，第二句起音的时候也要低，这样就不容易听出两个句子中的音位差，给人感觉就像两个环紧紧地扣在了一起，紧密相连。

第三，层次要"抱团"。不论是每句话还是每段话，文字内容必定会体现它独有的层次。那么每个层次应该紧紧地抱在一起，才能更好地体现层次。

以《小螃蟹找工作》为例——

爱吐泡泡的小螃蟹 | 长大了，他想去找一件工作 | 干干。

他来到理发馆，挥动大螯为顾客理发。小螃蟹剪发 | 又快又好，可是电吹风的热气烤得他很难受，嘴里的泡泡 | 都吐不出来了。

小螃蟹到图书馆去当（图书管理员），他为小朋友 | 送上书和画报。小螃蟹有（许多手），一次 | 可以拿许多书。可是，他的大螯（一不小心）就把书撕破了，嘴里的泡泡又弄湿了书。

小螃蟹到饭店去做 | 服务员，他端着菜走得（又快又稳）。一对大螯就像钳子，开啤酒瓶盖（可方便了）。啤酒瓶里冒出 | 许多泡沫，小螃蟹的嘴里 | 也冒着泡泡。小螃蟹想，来吃饭的小朋友看到自己（一个劲儿）冒泡泡，会不高兴的，还得 | 另外找一个工作。

小螃蟹走到食品店门口，他想，我 | 会冒泡泡，别人会以为我很馋，我还是去请医生 | 治一

治，不再吐泡泡了再来吧。

医院的医生对小螃蟹说，螃蟹｜都会吐泡泡，这｜不是病。你耐心地去找，一定会找到｜适合自己的工作。

小螃蟹走到服装店门口，看着漂亮的衣服，担心自己的大螯｜会撕破衣服，还担心｜吐出的泡泡会弄湿了衣服。

小螃蟹沿着街道｜走啊走，来到卖肥皂和肥皂粉的商店，他想："这才是适合我干的工作。"他用肥皂水｜吹出了一个个大泡泡。大泡泡像气球一样｜飘在商店门口，把大家都吸引来了。顾客真多啊，小螃蟹心里｜快活极了。

小螃蟹给妈妈｜写了一封信："妈妈，我找到了工作，每天都（很快活）……"

"｜"表示停顿，"（ ）"表示抱团。

以《两只笨狗熊》为例——

狐狸接过干面包，恨不得一口吞下去，可是她并没有这样做，而是随手把干面包分成了两块，哥儿俩一看，连忙叫起来："不行！不行！一块大，一块小。"

哥俩儿都很贪吃，又怕对方比自己多吃了，所以狐狸帮他们分面包时，心里又急迫又紧张。当狐狸把面包分成大小不一的两块时，哥俩儿特别着急，这样的情况下，他们脱口而出的"不行！不行！"一定要连读，这样才能体现哥俩儿急迫的心态！

（3）控制语气、语调。

第一，从感情色彩方面去控制语气。根据内在的感情，通过声音气息的变化来体现语气的感情色彩，也就是主要从"声"和"气"两方面去把握感情的语气体现：

爱——气徐声柔　　　　憎——气促声硬　　　　急——气短声促

喜——气满声高　　　　怒——气粗声重　　　　悲——气沉声缓

惧——气提声滞　　　　疑——气细声黏

例如：

① "才不是。我不是贪吃的小熊。"小熊又委屈又伤心地说。（气沉声缓）

② "我不画大坏蛋！"小白兔乐乐生气了。（气粗声重）

③ "说得很好，画得也很有趣！大家看看乐乐画的大灰狼！"哼哼将乐乐的画举起来，让大家看。（气满声高）

④ 小鸭子一不留神掉进一个坑里，它急得大喊："救命啊！救命啊！"（气短声促）

⑤ 小獾马上练习了一遍："我爱你，阿姨。"（气徐声柔）

⑥ 小猪惊恐地叫道："小……小……小，小兔，快……快……快，快跑，大灰狼在你身后！"（气提声滞）

⑦ 仙鹤老师疑惑地看着小螃蟹："小螃蟹，是你把书撕坏的吗？"（气细声黏）

第二，语调的基本类型。

语调，指的是说话的一种腔调，详细说来就是指一句话里声调高低抑扬轻重的配制和变化。一般分四类：平直、下降、上扬、曲折。用不同的语调所表达的意思完全不一样。

平直调：多用于陈述、说明语句，常表述庄重、严肃、回忆、思索的情形，表现平静、闲适、忍耐、犹豫等感情心理。下降调：多用于感叹及某些陈述句，常表示祈求、命令、祝愿、感叹等方面内容，表现坚决、自信、肯定、夸奖、悲痛、沉重等。上扬调：多用于疑问句、反问句，或者某些感叹句、陈述句，适用于提问、称呼、鼓动、号召、训令等场合，表达激昂、亢奋、惊异、愤怒等情绪。曲折调：多用于语意双关、言外之意、幽默含蓄、意外惊奇、有意夸张等地方，表示惊讶、怀疑、嘲讽、轻蔑等心绪。在实际应用中四个语调不是孤立的，语调变化不以句子为单位体现，而表现在语流中的千差万别的变化。

以《没有牙齿的大老虎》为例——

在大森林里（平直调：表叙述），谁都知道老虎的牙齿厉害（下降调：表示对老虎厉害的牙齿的感叹）。

小猴伸着舌头说："嗬，比柱子还粗的树，大老虎只要用尖牙一啃就断，真怕人哪！"（下降调）

"大老虎嚼起铁杆来，跟吃面条一样……"小兔说着，害怕得缩起了脑袋（下降调）。

可小狐狸却说："你们怕大老虎的牙齿，我就不怕！我还要把他的牙齿全部拔掉呢！"（曲折调、下降调）

哈哈哈，哈哈哈，谁相信小狐狸的话呢？（曲折调）

"吹牛！吹牛！""没羞！没羞！"小猴和小兔一个劲儿地笑小狐狸（曲折调、上扬调）。

"不信，你们就瞧着吧！"小狐狸拍拍胸脯走了（曲折调、下降调）。

嗬，狐狸真的去找大老虎了，他带了一大包礼物："啊，尊敬的大王，我给你带来了世界上最好吃的东西——糖。"（森林里面老虎的牙齿非常厉害，所有的小动物们都很害怕，只有聪明的小狐狸想到一个对付老虎牙齿的方法，所以他送糖给老虎吃是有深层含义的，总体来说要用曲折调。他最后告诉老虎他带的好吃的东西是——糖，这里面有鼓动老虎吃糖的意味，那表现这句话时还应该带入上扬调。）

糖是什么？（上扬调：因为老虎从没有见过糖，所以必定很惊奇）老虎从来没尝过，他吃了一粒奶油糖，啊哈，好吃极了！

狐狸以后就常常给老虎送糖来。老虎吃了一粒又一粒，连睡觉的时候，糖还含在嘴里呢（平直调）。

这时，大老虎的好朋友狮子忙来劝他："哎哟哟，糖吃得太多，又不刷牙，牙齿会蛀掉的。狐狸最狡猾，你可别上他的当呀。"（平直调、下降调）

"嗯。"大老虎答应着，他正要刷牙，狐狸来了："啊，你把牙齿上的糖全刷掉了，多可惜呀。"（曲折调、上扬调）

"可听狮子说，糖吃多了会坏牙的。"（平直调、上扬调）

"唉唉，别人的牙怕糖，你大老虎的牙这么厉害，铁条都能咬断，还会怕糖！"（曲折调）

馋嘴的老虎听了狐狸的话，不刷牙了（平直调）。

过了些时候，半夜里，老虎牙痛了，痛得他捂住脸哇哇地叫……（平直调、上扬调）

老虎忙去找牙科医生马大夫："快，快把我的牙拔了吧！"马大夫一听要给老虎拔牙，吓得门也不敢开了（平直调、上扬调）。

老虎又去找牛大夫，牛大夫也忙说："我，我不拔你的牙……"（平直调、上扬调）

驴大夫更不敢拔老虎的牙了（平直调）。

老虎的脸肿起来了，痛得他直叫喊："谁把我的牙拔掉，我让他做大王。"（下降调）

这时候，狐狸穿了白大衣来了，狐狸一看老虎的嘴巴就叫了起来："哎哟哟，你的牙全得拔掉！"（曲折调）

"啊！"老虎歪着嘴，一边哼哼，一边说："唉，只要不痛，拔……就拔吧……"（下降调）

吭唷，吭唷，狐狸拔呀拔，拔了一颗又一颗……最后一颗牙，狐狸再也拔不动了（平直调、曲折调）。

嘿，有办法了！狐狸拿着一根线，一头拴住大老虎的牙，一头拴在大树上。然后他拿个鞭炮放在老虎耳朵边，一点火，呼——啪！"啊哟！"老虎吓得摔了个大跟头。最后一颗牙齿也掉下来了！（曲折调、上扬调）

哈哈，哈哈……这只没有了牙齿的大老虎成了瘪嘴老虎啦！他还用漏风的声音，对狐狸说："还是你最好，又送我糖吃，又替我拔牙，谢谢，谢谢！"（曲折调、上扬调）

（4）注意节奏。"大弦嘈嘈如急语，小弦切切如私语。嘈嘈切切错杂弹，大珠小珠落玉盘。"这是唐代大诗人白居易的名篇《琵琶行》中的名句。那位琵琶女弹出的乐曲之所以让人觉得绕梁三日，是因为她的节奏把握得非常好，给人留下了深刻的印象。这里的"急语"、"私语"、"莺语"和"大珠小珠"就是对琵琶音乐节奏的轻重快慢及起伏停顿的绝妙写照。这个例子说明了节奏在表达方面有着非常重要的作用。这里需要指出的是，节奏和语速是有关联的，但绝不等同于语速。语速指的是说话的快与慢，节奏不仅包括快与慢，还包括说话的起伏和说话的强弱。这样的说话就叫做有节奏，有节奏的说话是有快有慢的，也是有起有伏、有轻有重的；有节奏的说话才会像音乐家唱歌一样，给人以生动的乐感。

节奏有慢与快之分。第一，慢节奏主要用于对事件进行叙述，对景物进行描写。这时的节奏适合慢，更容易达到引人入胜的效果；在表现诸如伤心、失望、平静等负面情绪时也适合采用慢节奏。第二，相对的，快节奏就适合表现一些积极、向上的情绪：快乐、兴奋等，恐惧、辩论、恐慌、愤怒……也适合采用快节奏。

总之，可以这么说，节奏就是融合了重音、语气、语调等表达技巧的一种快或慢的表达方式。

以《熊爸爸的袜子》（节选）为例——

熊爸爸每天早晨一起床，就大声嚷嚷："我的袜子，我的袜子哪儿去了？"

熊爸爸手里拎着一只袜子，找不到另一只袜子哪儿去了。

每一天，都是这样的故事。

有时候，他的另一只袜子被塞进鞋子里去了。

有时候，他的另一只袜子被塞进口袋里去了。

有时候，他的另一只袜子被塞进裤腿里去了。

更多的时候，是这一只找不到那一只了。

这一段故事主要讲熊爸爸每天早上找他的袜子的事情。早上起床赶着去上班，可是每天早上都找不齐他的袜子，该多着急啊。所以，总体说来这一段故事要用快节奏的表达方式。

再以《小仓鼠的困惑》（节选）为例——

小仓鼠想解释，但看着这到处都浸染成红色的淡蓝上衣，真是心痛，想说又不愿开口了。小仓鼠本倒想为减轻妈妈的负担，天气热了，省得妈妈每天要老早起来洗衣服，就想把衣服还有床上换下的床单被套什么的用肥皂粉泡一下，到早晨好容易洗一点，这样洗起来也可以省力一点的，哪知会出现这样的事情。看着染了红色的淡蓝衬衫，小仓鼠只感觉难过，再加上妈妈的一顿骂，真让他后悔好心办坏事了。

既然这样那我以后凡事就不要太积极了，免得再犯同样的错误！小仓鼠这样告诫着自己，小仓鼠呢就尽量不去想早晨那窝心的事，尽量让自己忙碌起来，这样可以让自己忘记一切烦恼。

小仓鼠本来看妈妈很辛苦，很想为妈妈做点什么事情。可是它好心办坏事，把妈妈的衣服染成了其他的颜色，被妈妈训斥了一顿。小仓鼠心里面又委屈又难过，所以这一段故事要用慢节奏来表现。

（二）角色语言形象化原则

技巧一，根据"性别"不同进行处理。

从性别方面分，我们的角色语言可以分为男性和女性。由于男性的声带较粗较厚，女性的声带较细较薄，所以男性的角色声音应低沉，女性的角色声音应尖细。发男性角色声音时我们的舌头要靠后，发女性角色声音时我们的舌头应靠前。在故事讲述中，经常会遇到很多动物，如果动物角色按性别来划分的话，像狮子、小狗这样的角色依惯例就应该划分为男性，小兔、小猫此类的角色应该归为女性。这是因为什么呢？因为狮子、小狗这类动物的动作更趋向于男性的矫健，而小兔、小猫等动物的形象更类似于女性的柔美形象。

常见动物角色分类：

男性：狮子、牛、老虎、马……

女性：小兔、小猫、小松鼠、小绵羊……

技巧二，根据"年龄"不同进行处理。

从年龄方面来分，故事的角色语言可以分为儿童、年轻人、中年人、老年人。各个年龄阶段的人由于生理特征不同，气息和语速就不同。儿童的声音接近女声，声音亮，但因为年龄小，身体发育不成熟，气息弱，所以稚气；朝气蓬勃的年轻人语速较快；稳重的中年人显示出的是成熟之美，语速自然较慢；老年人身体状况已走下坡路，苍老、缓慢的他们的角色语言就像没有电的单放机——沙哑、颤抖、断断续续。如果用动物来代表，那么小鸡就代表儿童，梅花鹿代表年轻人，牛代表中年人，乌龟代表老年人。

常见动物角色分类：

儿童：小鸡、小鸭、小老鼠……

年轻人：孔雀、梅花鹿、仙鹤……

中年人：牛、狮子、老虎……

老年人：乌龟、山羊……

技巧三，根据"体形"不同进行处理。

从体形方面来分，像大象、熊这类体形庞大、行动迟缓的动物声音就同它们的体形一样，应该大、粗、低沉。发音时，舌头要靠后，气息要足。像小猫、小兔这类体形娇小的动物的声音就同它们的体形一样，要细、柔，发音时舌头要靠前，气息要弱。此外，我们应该注意的是体形的划分是相对的。比如猪、象的体形都比小兔大，但象的体形比猪更大。象和猪同时出现时，如果象的声音处理为粗，猪的声音就应处理为略粗。

技巧四，根据"情感"不同进行处理。

从情感方面来划分，大约有十多种常见的情况。这些情况主要是靠气息和声音的关系来体现。当我们高兴时，我们是气满声高。比如："我中了五百万！"高兴之情溢于言表。当我们悲伤时，我们是气沉声缓。当我们充满爱意时，我们是气缓声柔。当我们憎恨某人时，我们是气足声硬。当我们很生气时，我们是气粗声重。当我们怀疑某个人、某件事时，我们是气细声黏。当我们感情平静时，我们是气舒声平。当我们遇到急事、非常着急时，我们是气短声促。当我们心如止水、毫无感情时，我们是气少声淡。当我们遭遇可怕的事情、恐惧万分时，我们是气提声抖。

技巧五，根据"性格"不同进行处理。

这个技巧主要是从语气、语调方面进行恰当的模仿。谦虚的人物说话平静、真诚，骄傲的人物说话盛气凌人，自尊自爱的人物说话不卑不亢，奉承拍马的人物说话低三下四，性格刚强的人物说话铿锵有力，性格懦弱的人物说话有气无力……拿到一个作品时，首先应该分析它的角色语言，只有分析清楚了，模仿才能恰当、精彩。分析角色语言时要综合运用以上的技巧，它们绝对不是孤立的。

比如我们分析小鸭子这个角色语言，一般从性别、体形等方面来进行总体分析。小鸭子类似一个小男孩的角色，但是它本身的生理特征：嘴巴扁，又决定了它的发音应是扁扁的。狐狸这个角色的声音往往定位为尖细、曲折、声黏，类似妖精。但在《小狐狸送被子》中的狐狸是可爱的，是一个善良的小狐狸，住在温暖的洞穴中的小狐狸担心在寒冷的冬天朋友们会被冻坏，于是抱起被子冒着严寒到外面四处去送被子。这样的狐狸的声音只需根据体形处理为"尖"就行了，不要再处理为曲折、声黏了。

所以我们在分析故事技巧时一定要记住：技巧不是绝对的，而是相对的，应在故事的具体环境中来进行具体理解，并且要灵活运用。这样，我们的故事讲述肯定会形象、生动、富有感染力。

实例分析

小狐狸变成小皮球

夜深了，狐狸妈妈｜搂着小狐狸说："乖宝宝，我们（该上床睡觉了）。"（气徐声柔、平直调）

小狐狸的眼睛｜滴溜溜地转，他｜使劲地摇着头："（不嘛不嘛），我一点都不困，我还要玩。"（气短声促、下降调）

小狐狸说着｜挣脱了妈妈的怀抱，跳到地上｜骨碌碌地打了一个滚——哦，金黄色的小狐狸｜变成了一只金黄色的小皮球。妈妈笑了，轻轻地｜推了小皮球一下。小球，打着滚儿摇摇晃晃地｜向前滚去。小狐狸｜一会儿（头朝下），一会儿（脚在上），哎哟，头也晕了！（平直调）

妈妈知道小狐狸｜肯定转得（头晕眼花），她便抱起了他，然后轻轻地｜（向上一抛）——小狐狸在空中（翻了几个跟头），哈哈，飞起来了！（气满声高、曲折调）

哎呀，小狐狸跳得实在是｜（太高太高了），这不，撞到了衣柜角上（曲折调）。

哇，（好疼啊）！小狐狸忍不住｜想哭了，小皮球也瘪了下去（下降调）。

狐狸妈妈｜（赶紧）抱起缩在地上的小皮球，（这儿揉揉），（那儿揉揉）；（这儿吹吹），（那儿吹吹）（上扬调）。

小皮球在妈妈的怀里｜滚来滚去，他舒服地伸长了脖子，伸直了手脚，伸了一个（大懒腰），光溜溜的小皮球｜长出了一根根小毛毛，接着，这里｜（凸出来一块），那里｜（凹进去一块）。一眨眼，金黄色的小皮，又变成了金黄色的小狐狸（平直调）。

"啊，真的有点累了，"小狐狸打着哈欠说，"我想睡觉了。"（平直调）

说完，小狐狸把头钻进了妈妈怀里，安静地闭上了眼睛。妈妈一只手｜抱着小狐狸，另一只手｜在他的背上轻轻地拍着，一边拍一边唱："小宝宝，快睡觉，妈妈眯眯笑；小宝宝，睡着了，妈妈陪到老……"（气徐声柔、平直调）

这则幼儿故事列出了一些主要的表现技巧。其实这些技巧都不是绝对的，而是相对的，甚至是融合在一起的。并且根据表演者的不同理解，在遵守大原则的基础上可以有自己细微的不同处理方式。

根据"性别"不同进行处理：狐狸妈妈处理为女性；为了对比明显，小狐狸处理为男性。

根据"年龄"不同进行处理：狐狸妈妈处理为中年人；小狐狸处理为小孩。

根据"体形"不同进行处理：狐狸妈妈和小狐狸虽然体形苗条，都处理为细、柔，但是妈妈体形比小狐狸大，妈妈的声音要处理成比小狐狸更粗一点。

根据"情感"不同进行处理：整个幼儿故事表现小狐狸和妈妈玩耍的场景，给人以温馨之感，所以总体来说感情基调处理为喜悦。

根据"性格"不同进行处理：狐狸在传统观念里面被认为是坏角色，但这个故事表现的是亲子感情，所以狐狸的声音处理为尖、细就行了，不用处理为一般的曲折调。

实战运用

请运用有声语言的表演技巧对以下幼儿故事进行分析，并表演。

小刺猬找食物

小刺猬一家三口住在小树林里，生活得非常幸福。

有一天，小刺猬的爸爸、妈妈生病了，而家里储存的食物也刚好吃光了，因此小刺猬决定自己出去找食物。

小刺猬走出家门，来到了一片树林里。他看见树根旁边长着几个色彩鲜艳的大蘑菇，像一把把撑开的小花伞。他想：这么大的蘑菇炖汤一定很有营养。想到这儿，小刺猬跑了过去，抱着一个大蘑菇使劲一推。只听"咔嚓"一声，大蘑菇被推倒了。小刺猬高高兴兴地抱着这个大蘑菇回家了。一进家门，他就大声嚷道："妈妈，您看，我找回来一个大蘑菇！"妈妈看了看，急忙说道："孩子啊，这是毒蘑菇，不能吃的。"爸爸说："你要找树上结着的红色果实我们才能吃……"

小刺猬跑出了家门，来到了一个菜园。他看见一些绿绿的植物上，挂着一串串长长的、红红的东西，像燃起的一团火。小刺猬心想：这就是爸爸让我找的食物吧？小刺猬摘下几个红红的果实，扛着回家了。一进家门，小刺猬就嚷嚷："爸爸，您要的红色食物我找回来了。"妈妈一看，笑了笑说："孩子，这是辣椒，我们不能吃的。"爸爸说："孩子，要到果树上找那些长红了的果实，能不能吃，自己尝一尝就知道了。"小刺猬高兴地说："我知道了。"

小刺猬走出家门，来到一个果园。他看见果树上结满了又大又红的果实，好像挂了一树的红灯笼。小刺猬心想：这应该就是我要找的食物吧。他跑到一棵果树下，"噌噌噌"爬上树，拽下一个来，闻了闻，好香；咬一口，好甜啊，真好吃！于是小刺猬抱着一根果枝，使劲儿摇晃着，扑通、扑通、又大又红的果实落了一地。小刺猬心想：这么多果实我怎么拿回家啊？他想啊想，终于想到了一个好办法，于是，他在地上打了几个滚，红红的果实便扎了满身。小刺猬高高兴兴地背着果实回了家。小刺猬的爸爸、妈妈一看，高兴地说："这才是我们最爱吃的苹果呢！"小刺猬听了，开心地笑了起来。

小刺猬一家人吃着香甜可口的苹果，开心极了！

二、体态语表演技巧——形象性的体态语

（一）表情丰富

如果要问幼儿故事表演中处于核心地位的体态语是什么，毫无疑问应该是表情语。表情语指人的面部肌肉、眼神、眉、嘴等的变化。表情担负着"决定表演生动性"的任务，表演大部分的信息和核心信息的传达，靠的就是表情语。表演者表演中最容易犯的问题就是"面无表情"，会使整个表演显得呆板。要想表情丰富，我们需要调动五官同时行动起来。反复地训练五官的运动方向，表情自然就灵活起来了。一般说来，故事表演对表情没有特殊要求时，应一直保持微笑，然后根据故事的内容，尽可能随时"变脸"。

最常见的表情不外乎有五种：喜——眉开眼笑，嘴角上翘；怒——横眉立目，咬牙切齿；哀——双眉紧锁，眼角下垂，嘴角向下；惊——双目圆睁，双眉上举，嘴呈"O"型；蔑——嗤之以鼻。

"眼睛是心里的窗户"、"画龙点睛"，这些我们常常耳闻的语言都说明了眼神在表情语中的重要性。对眼神的要求是：有神、灵活。眼神的方向不同，所表达的意思也不同。不同眼神表达的意思不一样：正视表示庄重、诚恳，斜视表示轻蔑，仰视表示崇敬，环视表示与听众交流，俯视表示关心。

以《小鹿和小猴比本领》为例——

小猴子觉得自己是最聪明的（骄傲），小鹿呢，和自己比起来可笨多啦！小猴子经常取笑小鹿（嘲笑），还找小鹿比本领。

小猴子对小鹿说："我的本领比你大，我可以上树。"（骄傲）

小鹿不服气，说："我比你跑得快。"（不服）

"我可以'倒挂金钩'荡秋千！"（不服）

"我背上可以驮东西！"（不服）

……

他们俩又争又吵，又吵又争，谁也没有决出胜负来。于是，他们就找大象伯伯评理去了。

大象伯伯可没有马上说谁的本领大，而是转了转眼珠子说："这样吧，看你们谁先到达对岸摘

到桃树上的果子，谁的本领就最大。"（思考）

小鹿和小猴子都不想输，于是，他们异口同声地回答："好！"（坚决）

"预备——开始！"大象一声令下，小鹿撒腿就跑。他"噔噔噔"地趟过了河。而小猴子呢，呆呆地站在河边。河水又深又急，小猴子根本没办法过去，只能急得干跺脚（着急）。

小鹿见状，对着小猴子叫道："小猴子，你还是早点认输吧！"（骄傲）

小猴子也不甘示弱，回敬道："哼——你过了河也上不了树，还想让我认输，门儿都没有。你还是死心吧！"（不服）

"谁说的！"小鹿说完就跑到了桃树底下。他跳起来想摘桃子，可惜跳得再高还是够不着桃子（使劲）。他不甘心，使劲再跳，还是落空了。第三次，他使出了九牛二虎之力往上跳，这次不但没摘到桃子，还狠狠地摔了一跤。小鹿坐在地上又急又气（着急、生气）。对岸的小猴子可是在幸灾乐祸呢——又是拍手又是做鬼脸（幸灾乐祸）。小鹿见了那个气啊，简直是怒发冲冠。小鹿努力静下心来，他就不信摘不到桃子，忽然，他想到了一招——撞！（高兴）小鹿用头使劲撞大树干，可惜，桃子没撞下半个，头倒是撞出了一个大包（难受）。小鹿撞得晕头转向，眼冒金星，辨不清东西南北中。对岸的小猴子捧腹大笑（嘲笑）。笑罢，小猴子想：他摘不到，我也摘不到啊！怎么办？怎么办？（发愁）忽然，小猴子想到了一个双赢的办法（高兴）。

小猴子冲着对岸的小鹿叫道："喂，鹿兄，还是你驮我过河，我负责摘桃子吧！"（高兴）

小鹿摸摸自己发疼的脑袋，想想也只有如此了，于是，他回岸去驮小猴子过河了。

小猴子过了河，马上发挥出了他的独门绝招——上树，摘桃。

小猴子不停地把摘下的桃子扔给小鹿："鹿兄，接招！"就这样，他们俩没花多少力气就摘了满兜又大又红的桃子。小鹿笑了，小猴子更是开心！（开心）

小鹿和小猴子抱着一大堆桃子去答谢大象伯伯，因为是大象伯伯让他们俩明白了：团结就是力量，合作才是最大的本领！

（二）肢体协调

1. 身姿优美。在幼儿故事表演的整个过程主要采用站姿的形式。要求做到"站如松"，肩要平，腰要直，身要正，立要稳。这样在幼儿故事表演的过程中才能给人身姿挺拔、优美之感，也更能体现幼儿故事活泼、欢快的特质。可根据作品的内容做出相应的身姿变化，要想表现优美的身姿，可以结合舞蹈的形体训练来研究，与舞蹈结合的身姿语更有一种肢体的表现力。

2. 手势到位。手势语是语言表演中用得最多的肢体语言。手势语一般分为三个区域：肩部以上的上区主要表现积极、振奋、肯定、张扬等意义；肩部到腰部的中区主要表现坦诚、平静、叙述等中性意义；腰部以下的下区主要表现憎恶、鄙视、压抑、否定等贬义。要根据作品的内容准确地在相应的区域内传达意思。手势语做出来要大方、到位，还要和作品的节奏相匹配。

下面用真人图片展示常见动物体态语言设计——

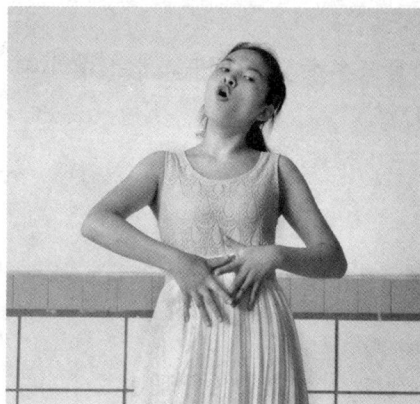
小猪

小狗

大猩猩

小牛

狐狸

小花猫

小山羊

小熊

小鱼

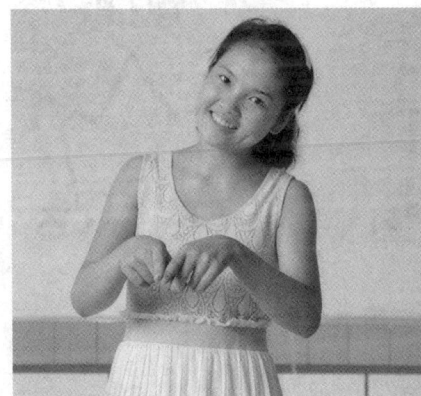

小鸡

大公鸡

小青蛙

小鸭子

小猴子

小白兔

大老虎

（以上图片由隆昌幼儿师范学校刘恋同学提供）

下面用手绘图片展示常见动物体态语言设计——

大猩猩

大公鸡

企鹅

小鸭子

小青蛙

小猫

乌龟

蜗牛

蛇

狐狸

大象

老虎

鸵鸟

小鸡

小猪

小牛

猩猩

小兔

小鱼

小猴

（以上图片由隆昌幼儿师范学校王明巧同学提供）

141

下面用文字说明常见动物体态语言设计——

小猪——瞪眼，嘟嘴，表情为呆状，手好似抱着一个大球放在身体两侧或是头两旁。

小狗——四指并拢，与拇指成90度，拇指放在头上，并拢的四指向前倒。

猩猩——眼睛圆瞪，鼻孔外翻，舌头抵住上齿龈的外部；腿弯曲，两手举过头顶，小臂不使劲，自然悬空。

小牛——拇指和小指伸直，其余手卷向手心，把两只手分别放在头顶两侧。

狐狸——手成兰花指，挺胸、扭腰、翘臀，眼睛斜视，表情妩媚。

小猫——两只手五指张开，分别放在脸的两旁，边说话边用手向两边拉。

小羊——体态语类似"小牛"，只是手指还可以采取拇指、食指、小指同时伸直的体态。

小熊——两手成握球状放到头两旁，嘟嘴。

小鱼——手一前一后，划"波浪"。

公鸡——五指分开，手竖起，拇指放在头顶或是鼻子上。

青蛙——两只手放在身体两旁，五指张开；两只脚成外八字，腿张开超过肩宽尽量下蹲；眼睛瞪大，嘴张大。

鸭子——两腿呈外八字下蹲；两只手腕接触，手掌分开，放在胸前。

小兔——两只手分别比V字形放在头顶。

老虎——曲两肘在身两边，手成爪型，表情凶恶。

老鼠——蹲姿，拳手，中指可以略微翘起，双手放在嘴巴前面，嘴巴啄着，发出"吱吱"的叫声。

蜗牛——一只手握成拳头，另一只手做V字形，把握成拳头的那只手放在V字形手的手背。

小蛇——五指并拢，手心微微隆起，放在胸前。

乌龟——两只手放在身体两旁；头保持直立不动；脖子向前伸，脖子与身体呈90度。

企鹅——两腿呈外八字下蹲，两只手五指并拢放在身体两侧，一摇一摆走路。

鸵鸟——五指并拢，手心微微隆起，整个手臂举高。

需要注意的是，一个动物的体态语设计不是只有一种方式，只要贴切，可以有多种设计方式。

以《小猪照镜子》为例——

小猪的脸总是很脏。

小猪过生日那天，他的朋友小兔送给他一面镜子，要他每天出门前照一照，"这样你就能知道脸上哪儿脏，就可以把脏东西擦掉。"

第二天一早，为了不让镜子照出脏来，小猪把脸洗得干干净净的。

但当他正要照镜子时，飞来一只苍蝇，扔炸弹一样，把一点苍蝇屎掉到镜子上。这样，镜子里的小猪就成了一只脏小猪。

小猪赶紧拿毛巾来擦脸。擦一次，照一次镜子……怎么老是擦不掉？

"小猪！"小兔来叫小猪去玩。

小猪说："等一等，我不把脸擦干净是不能出门的。"

"对。"小兔就在门外等。可是等了好久还不见小猪出来。

小兔进去一看，这才弄明白是怎么回事。

"小猪呀，你搞错了，"小兔把镜子上的苍蝇屎指给小猪看，"脏的是镜子，你的脸已经擦得很干净很干净了。"

从这以后，每当小猪照镜子，看到镜子里的小猪脸上脏了，他就想："这是镜子脏了，我的脸其实是很干净的。"

所以，尽管小猪天天照镜子，他还是一只脏小猪。

"小猪的脸总是很脏。"（两手放到头顶，做个小猪扇耳朵的动作）"小猪过生日那天，他的朋友小兔送给他一面镜子"（两手手心面向脸部，表示镜子），"要他每天出门前照一照"（两手保持镜子的姿势，并左右摇摆，头也跟着左右摇晃），"这样你就能知道脸上哪儿有脏，就可以把脏擦掉"。第二天一早，为了不让镜子照出脏来，小猪把脸洗得干干净净的。"（两手保持镜子的姿势，并且顺着脸庞顺时针或逆时针做擦脸的动作。因为是小猪在做动作，所以幅度可以大一些、慢一点，用以表现小猪的可爱和笨拙）

实例分析

尴尬的斑马线	体态语言设计
跳跳猴和嘻嘻熊是邻居，也是同班同学，每天一起上学、放学，形影不离。	〔先后做一个猴和一个熊的动作，然后做一个手牵手的动作（喜）〕
森林里的动物学校离他俩的家有一公里的路程，他俩每天步行去上学，家长不送他们；放学回家，他俩结伴而行，家长也不去接他们。	（右手竖起食指表示"一公里"，甩手齐步走两步，然后摆手）（同上）
今天是星期一，路上的车辆川流不息，骑车的动物急匆匆地赶路，步行的动物的速度也不慢，大家都急着赶路。	（一只手在身前"画个波浪"）（皱眉）
跳跳猴和嘻嘻熊走到一个十字路口的时候，黄灯开始闪烁，大部分动物都停了下来。跳跳猴才不管信号灯呢，跟着几个不守交通规则的动物蹦蹦跳跳地朝前冲。嘻嘻熊呢，胆小，一看见黄灯闪烁，马上就停了下来，站在斑马线外侧等绿灯。嘻嘻熊牢记着妈妈的话："过马路，左右看，斑马线，保平安；红灯停，绿灯行，黄灯是提醒。"	（两只手的食指比"十"）（蹲一下，不屑的表情，眼神斜视）（蹦蹦跳跳）（蹲一下，害怕状，眼睛圆睁）（边说边认真点头）（头左右摆动，表情认真）
斑马线看到这几个动物踩着自己的身体，闯红灯过马路，他大声喊道："喂，你们不能闯红灯啊，危险！"可是，谁也不愿意搭理他，斑马线尴尬极了。	（右脚提高使劲踩下地）（着急）
动物们闯红灯，车辆没法正常行驶，司机使劲按着喇叭，喇叭"呜呜"地响着，震耳欲聋。这些噪音让人无法忍受，嘻嘻熊不得不用手捂住了耳朵。	（囧）（生气、着急）
这时，哈哈猫和爸爸正好经过这儿，哈哈猫望着傻乎乎地站在斑马线外一动不动的嘻嘻熊，嘲笑道："胆小鬼，跟我们一起走吧！"	（难受，生气）（呆呆地）（嘲笑）
嘻嘻熊眼角的余光看见一辆车从拐弯处飞速地驶来，他没来得及回答，急忙伸手拽住正要往前冲的哈哈猫。伴随着一阵刺耳的刹车声，流氓兔驾驶着一辆卡丁车扬长而去。"咦，好险啊，我差点儿被撞了！"哈哈猫被吓得目瞪口呆，浑身直冒冷汗。	（眼睛斜视，两手做握方向盘状，右手在身边拉一下）（惊吓，呆状）
哈哈猫的爸爸一边感谢嘻嘻熊，一边拉着哈哈猫，	

严厉地教训道："刚才多亏嘻嘻熊救了你，否则，你的   （表情严肃，生气）
小命就难保了！"望着这一幕，斑马线尴尬地笑了。

人人都遵守交通法规，斑马线才不会尴尬。

实战运用

1. 请给下面的常见动物设计不同的体态语言，比一比谁设计的最多，并表演出来。

小鸡、小猴、小鸭、小狗、小羊、小兔、小鱼、小鸟、小猪、小熊、狐狸、河马、大象、狮子、大公鸡、大猩猩。

2. 请用体态语言表演技巧对以下这个幼儿故事进行设计，并进行表演。

公寓保安员——河马先生的故事

阳光公寓新搬来的河马先生是个热心人。邻居们的床呀、柜子桌子呀、冰箱彩电呀等一些大家具搬不动时，河马先生总是呵呵笑着赶来帮忙。大家都很感激河马先生。

但河马先生也有个让人心烦的缺点，那就是他的嘴巴特大，鼻子却偏小，睡觉时特爱打呼噜。一到晚上，河马先生的呼噜声就"轰隆！轰隆……"不停地钻向阳光公寓的每一个角落，使得正在睡觉的邻居们就像坐在一列不停地钻山洞的火车上，根本无法睡着。几天下来，邻居们受不了了：白天上班直打瞌睡，兔小姐的心脏病发了，山羊公公的血压直往上"蹦"，小猴子烦躁得到处找人吵架……唉，再这样下去，可怎么得了？

兔小姐说："我们给河马先生做个大口罩吧，捂住他的呼噜声。"

山羊公公说："不行不行，呼噜声用口罩是捂不住的，再说大热天的，让河马先生捂着大口罩睡觉，那多难受啊。"

狐狸说："要不让他搬出阳光公寓吧，我可真受不了他的呼噜声了。"

狐狸这话刚一出口，马上遭到鸡妈妈和鸭太太的反对："不能赶他走！想想河马先生对我们大家那么好，我们哪个没得到过他的帮助？我们可不能做无情无义的事。要是河马先生晚上不睡觉白天睡觉就好了。"

小猴子一听，猛拍一下脑袋跳起来："嘿！有办法了！我们可以请河马先生当本公寓的保安员，晚上值班巡逻，白天睡觉。"

大家一听，都说："妙！妙！"可不，河马先生下岗后天天出去找工作，到现在还没找着。让他当保安员，既为他找到了工作，又对公寓里的居民们大有好处——他个头大又热心！这真是个两全齐美的好办法呀！

此时，河马先生正背大包拎小包地走出家门呢，一见许多邻居到来，忙说："对不起！我刚才无意中听到了你们的谈话，才知道我的呼噜声太大了，影响了大家。我要走了，我想回到河边的老房子住。再见！朋友们。"

"是这样的……"山羊公公捋着白胡子，将大家决定聘请他当阳光公寓保安员的想法说了一遍，并问："不知你愿不愿意？"

河马先生一听，立即扔下大包小包，拥抱着大家，连声说："愿意！愿意！谢谢大家对我的信任，我保证晚上不打呼噜白天打呼噜！"

自从有了河马先生当保安员，阳光公寓的动物居民们，晚上睡觉更香、更甜、更放心了。

第三章　童话剧表演训练

本章目标

1. 在剧本改编阶段，培养学生根据戏剧艺术的特点去审视、重组作品的能力。
2. 在童话剧排练指导中，培养学生解读剧本、合理分配角色、台词表达、编排等能力。
3. 在童话剧表演中，培养学生根据剧情合理设计舞台场景；根据舞台角色的特点设计服装、道具、化妆；根据剧情发展处理好灯光、场景切换等能力。

第一节　童话剧剧本选择与改编

训练目标

指导学生掌握童话剧剧本选材与改编的方法，练就改编童话剧剧本的能力。

训练指导

一、童话剧表演的概念

童话剧表演，是一种以童话或故事改编成的童话剧剧本为原型，演员进行表演的一种高级游戏形式。它是演员通过扮演儿童文学作品中的角色，运用一定的表演技能（言语、动作、手势）、道具、场景等，再现儿童文学作品的内容（或某一个片断）的表演形式。

二、童话剧剧本的选择与改编

（一）童话剧剧本的选择

开展童话剧表演，首先需要对剧本进行选择和改编。一般来说，剧本的选择要考虑以下三个要素：

1. 要有健康活泼的思想内容。
2. 要有富于幼儿情趣的戏剧冲突。
3. 要有符合幼儿心理和思维方式的情节。

（二）童话剧剧本的改编

童话剧剧本的编写是开展表演的基础，改编童话剧剧本时需要注意以下几个问题。

1. 选择恰当的文学作品

选择恰当的文学作品的标准应该包括三个方面的因素。

（1）易于改编和适合表演：故事、童话或幼儿叙事诗，主要人物 3~5 个为宜，人物形象鲜明；

情节或语言有一定反复，幼儿容易学会和表现；场景变化相对集中，矛盾冲突较为紧张，吸引人。

（2）内容贴近幼儿生活、幼儿感兴趣，符合幼儿思维能力和心理特征。

（3）必须存在一定的矛盾冲突成分。

下面以童话《小鹿历险记》为例——

一天，小鹿出门玩，没走多远就碰到了大灰狼。小鹿害怕极了，它撒开腿就拼命地向森林里跑去。

小鹿跑呀跑，遇到了小壁虎："小壁虎，救救我，大灰狼在追我。"小壁虎说："别急别急，我来帮你，你可以学我把尾巴断掉，大灰狼就抓不到你了。"小鹿试着拉了拉自己的尾巴："不行，不行，太疼了，我还是继续跑吧。"

小鹿跑呀跑，遇到了黄鼠狼："黄鼠狼，救救我，大灰狼在追我。"黄鼠狼说："别急别急，我来帮你，你可以学我放个臭屁，大灰狼就抓不到你了。"小鹿撅起屁股，憋足了气："不行，不行，太难了，我还是继续跑吧。"

小鹿跑呀跑，遇到了花狐狸："花狐狸，救救我，大灰狼在追我。"花狐狸说："别急别急，我来帮你，你可以学我躺下装死，大灰狼就抓不到你了。"小鹿试着躺下来："不行，不行，我学不了，我还是继续跑吧。"

小鹿跑呀跑，遇到了小青蛙："小青蛙，救救我，大灰狼在追我。"小青蛙说："别急别急，我来帮你，你可以学我这样做，大灰狼就抓不到你了。"小青蛙边说边跳入一大片荷叶丛中，不见了。

"噢，我明白了。"小鹿说着就飞快地跑进了一片小树林。阳光洒进小树林，小鹿身上的斑点像树林里的点点阳光，大灰狼睁大了眼睛，可怎么也找不到小鹿，只好灰溜溜地走开了。

该童话中有幼儿熟悉并憎恶的"大灰狼"，性格特征明显的"黄鼠狼"、"花狐狸"、"小青蛙"等动物，人物形象鲜明；故事简单但冲突紧张，吸引幼儿，同时情节有反复，理解非常容易；角色对话也多次反复，特别适合幼儿的语言特点，如"×××，救救我！大灰狼在追我"、"别急，别急，我来帮你，你可以学我××××，大灰狼就抓不到你了"、"不行，不行，×××，我还是继续跑吧"……各种动物的动作性强，适合幼儿好动的特点，幼儿容易学会和表现，深受幼儿喜爱。

2. 改编文学作品

要把故事或童话作品搬上舞台，需要进行改编，主要指以戏剧艺术的特点去审视、重组作品。具体可从以下几个方面构思。

（1）设计提示语。提示语即剧中非人物语言的叙述性语言。改编时要依据原作的环境描写和叙述语言来设计提示语，安排场景和人物活动，包括舞台提示语和角色提示语。舞台提示语用于交代人物角色、时间、场景及上下场等；角色提示语用于说明人物言语时的内在情绪、外部动作等。

下面以方轶群的童话《萝卜回来了》的开头为例——

雪这么大，天气这么冷，地里、山上都盖满了雪。小白兔没有东西吃了。饿得很。他跑出门去找。

小白兔扒开雪，嘿，雪底下有两个萝卜。他多高兴呀！

开头一句的环境描写，突出雪之大，但是"地里"、"山上"不太好在舞台上表现，可以改为"地上"、"树上"、"屋上"，通过布景道具体现出来；"他跑出门去找"这句就提示场景里要有小兔的家。解读后面三句叙述语言，分析出小兔找吃的东西时的内在情绪和外部动作，从而设计出提示语。改编为：

场景　地上、树上、屋上都是积雪。舞台中央是小兔子的家。

〔幕启：小兔从屋里走出，站在门口。

小兔　呀！好大的雪啊！地上白了，树上白了，屋顶上也白了。我小兔肚子饿了，到外面去找点东西吃。（小兔在雪地上走一圈，蹲下，做扒雪状。突然，在雪地里扒到了一个大萝卜，高兴地拿在手上）我找到大萝卜了！太好了！太好了！（欲吃，又停住，做考虑状）

（2）设计角色人物，改换或增添角色。塑造鲜明、生动的角色形象是改编童话剧剧本的根本任务。因此，我们在进行剧本改编的时候，要充分考虑角色的形象特点是否符合幼儿的年龄和心理特征。选定作品以后，先考虑故事中的角色是否具有鲜明的个性，是否易于表现，是否符合幼儿的认知。当同一个作品中出现相同类型的角色，他们的语调和表现手段非常相似，使作品显得单调和乏味时，可以考虑改换或增添一个类型截然不同的角色。

比如在故事《小青蛙找朋友》里，同时出现了"小熊"和"小猪"这两个同属于憨厚类型的角色，此时若将其中一个角色改成不同类型的动物角色，如乖巧灵活的"小兔"，或增添一个古灵精怪的"小猴"，或者是诡计多端的"小狐狸"，可以使角色个性鲜明，对比突出，便于语调、体态上的表现，能够让表演增加生机和可观性。

（3）设计角色语言。台词要个性化、动作化、口语化，能充分表现人物的性格特征，引起相应的动作、表情变化，推动剧情发展，便于演员表演与观众理解。

以柯岩的《小熊拔牙》为例，其中有这样一段台词：

小熊　先洗洗小熊眼，再擦擦熊嘴巴；

熊鼻子抹一抹，熊耳朵拉两拉；

熊头发梳三下，嗯，就不爱刷牙。

"洗"、"擦"、"抹"、"拉"、"梳"，动作性极强，便于演员表演；台词口语化、韵文化，"巴"、"拉"、"牙"一韵到底，演员易记易演，观众也容易理解。通过这样的台词表演，小熊憨厚、稚拙的形象十分鲜明。"就不爱刷牙"也为后面拔牙做好了铺垫。

对于一些旁白多、对话少、心理活动多、表现较困难的故事，可以将旁白的表述、角色心理活动等改编成易于表演的角色语言。

比如在故事《咕咚》里有一句叙述性语言："小兔子听到'咕咚'一声，心里好紧张，转身就跑。"可改编成小兔的台词："啊！这是什么声音？咕咚？咕咚是什么？一定是个大怪物吧！啊！太可怕了，我还是逃命要紧！"

通过这样的改编，剧本更具有趣味性、生动性和表演性，演员能够更投入地将角色人物此时此景的心态表现出来。

（4）设计戏剧情节与冲突，在冲突中展示人物形象。对情节安排，要特别强调一下开头，应从接近冲突高潮的地方开始切入，尽快"入戏"，切忌拖沓。

以安徒生童话《皇帝的新装》的开头为例——

许多年以前，有一位皇帝，他非常喜欢好看的新衣服。为了要穿得漂亮，他不惜把他所有的钱都花掉。他既不关心他的军队，更不喜欢去看戏，更不喜欢乘着马车去游公园——除非是为了去显耀一下他的新衣服。他每一天每一点钟都要换一套衣服。正如人们一提到皇帝时不免要说"他在会议室里"一样，人们提到他的时候总是说："皇上在更衣室里。"

他居住的那个大城市里，生活是轻松愉快的。每天都有许多外国人到来。有一天来了两个骗子。他们自称是织工，能够织出人类所能想到的最美丽的布。这种布不仅色彩和图案都分外地美观，而且缝出来的衣服还有一种奇怪的特性：任何不称职的或者愚蠢得不可救药的人，都看不见这衣服。

这篇童话讲述的是一位国王每天只顾着穿衣服，不管其他任何事，竟然还受骗，什么都没穿去游行！没有人去揭穿谎言，人们甚至还彼此夸耀，最后是一位孩子一句天真的话才结束了这场闹剧。该故事告诉我们：总是做华而不实的梦，虚伪不诚实，这样的人必将会受到应有的惩罚。由此，我们可以把戏剧冲突设计为角色人物（上至皇帝，下到平民）自身的性格冲突。改编如下——

　　场　景　宫殿：舞台中央是金光四射的皇帝宝座。

　　〔旁白：从前，有一位皇帝，他每天做梦都要穿漂亮的衣裳。

　　〔幕启：音乐声中，皇帝和王后在随从的簇拥下走向宝座，侍卫分开站在两旁。

　　随从 A　（手捧新衣）陛下！

　　陛　下　（点头）嗯。（随从 B 为他换上新衣）

　　随从 A　陛下，你今天真是威风凛凛，神清气爽啊！

　　随从 B　陛下，你今天这身衣服，那可是宫廷裁缝从千里迢迢的波斯古国精心挑选缝制的。

　　〔音乐起。

　　陛　下　（唱）想穿就穿要穿得漂亮，哪怕把所有的钱都花光。至少我还能够勇敢地自我欣赏。

　　〔音乐停。

　　哼，愚蠢的裁缝，饭桶！我要的是世界上独一无二、最昂贵、最华丽的衣裳。去，给我物色几个优秀的裁缝来！

　　随从 AB　是，陛下！

　　随从 A　国王有令：召天下奇才进宫献技，如有令国王满意者，重赏！

　　〔旁白：这天，城里来了两个骗子，他们自称是纺织大师。

　　〔音乐声中，骗子上场。

　　开篇写皇帝热衷于穿新衣服，夸张地描绘了他喜欢新衣服的多种表现，不适合直接表演。改编成童话剧时，一开始用一句旁白："从前，有一位皇帝，他每天做梦都要穿漂亮的衣裳。"就勾画出了皇帝的形象。接着皇帝出场，换一件新衣服，代替原文开篇一大段的铺叙内容。为了推动情节发展，紧接着设计出皇帝对新衣服不满意，下令寻找世界上独一无二、最华丽衣裳的情节，从而引出骗子。这样一改，戏剧入戏就比较快。

　　（5）对主要情节加入音乐、舞蹈、快板等元素。既能丰富表现内容，又能增强表演的观赏性。

　　以童话《水果王国选国王》为例——水果王国的国王猕猴桃得了重病，他觉得自己快不行了，于是召集了全体水果，选一位能够料理国家的国王。于是水果们争先恐后地展示自己，争当国王。竞选部分是主要情节，所以，在水果们推荐自己时，就可以采用唱、跳、数快板等方式来表现。

　　（6）掌握戏剧的文本格式。首先，要确定人物、时间、地点、场景。其次，要把提示语和台词区分开。舞台提示用"〔"标示；角色提示用"（　）"标示。台词以对白为主，以独白、旁白为辅。角色称呼与台词之间不加冒号，只需空格即可，台词不加引号。最后，全剧结束要注明"剧终"或"闭幕"等字样。

　　以鲁兵的童话诗《雪狮子》为例——

　　　　小朋友，
　　　　小朋友，
　　　　雪地里，
　　　　滚雪球。
　　　　雪球堆个大狮子，
　　　　狮子，狮子，开大口。
　　　　少条尾巴怎么办？
　　　　有了，插上一把破扫帚。

　　改编：

　　　　人　物　小朋友、小猫、小狗、雪狮子

时　　间　早上

场　　景　院子里，地上、树上、篱笆上都是积雪。

〔幕启后，音乐声中，小朋友、小猫、小狗在雪地里滚雪球。

小　朋　友　下雪天，真好看，

　　　　　　房子变成胖老汉。

　　　　　　小树好像大白伞，

　　　　　　地上铺了白地毯。

　　　　　　我也变成小神仙，

　　　　　　嘴巴鼻子冒白烟。

小朋友甲　（唱）北风呼呼叫，大雪飘呀飘。

　　　　　　下雪了，真正好！我来把雪玩。

　　　　　　（白）哎，堆一个雪狮子好不好？

众　　　　　（唱）堆一个雪狮子，好，好，好！

〔音乐起，众人一起跳堆雪狮子舞。

小朋友乙　真像，真像！哎，怎么没有尾巴？

小　　狗　（提一把扫帚）汪汪汪，尾巴在这。

（众人把尾巴插好）

雪　狮　子　（摇摇头，伸伸腰）小朋友，谢谢你们！

众　　　　　（兴奋）雪狮子好！

雪　狮　子　我带你们滑雪去吧！

〔音乐起，大家围着雪狮子。

众　　　　　（唱跳）嘿，冲破大风雪，我们坐在雪橇上，快奔驰过田野，我们欢笑又歌唱……

　　　　　　鞭儿抽得啪啪响啊，雪狮子快快跑。叮叮当叮叮当，铃儿响叮当，坐上雪橇多快

　　　　　　乐，我们飞奔向前！

……

（剧终）

实例分析

1. 童话剧剧本选择

"妙乎"回春

方园

人物　猫大夫（著名的动物医生）

　　　小猫"妙乎"（猫大夫的儿子）

　　　小兔　小牛　小鹅

时间　早晨

场景　"动物医疗站"：一间芭蕉叶盖的房子，墙上挂着写有"妙手回春"的横幅，猫大夫的

　　　椅子像只倒放的灯笼辣椒，病员坐的是扁豆荚形的长凳，床、桌等各有特色。

〔幕启时，只见小屋外戴眼镜的猫大夫在打太极拳。远处公鸡叫，一会儿，他侧耳听听屋里，见没有动静，摇摇头，向树林跑去。躺着的小猫"妙乎"翻过身蒙头大睡。不一会儿，猫大夫回来，敲窗。

猫　妙乎，该起来了！唉！还想当名医呢！

妙　（又翻了一个身）呜……呜……

猫　（进门）妙乎，妙乎，怎么不响啊？

（掀开被，拎妙乎耳朵）

妙　妙——呜！妙——呜！爸爸，您不知道我在背书吗？

猫　背书？我看你连书都不翻，还背什么书？

妙　您在家，我跟您学！您不在家，我才念书！

猫　好了，我没空和你斗嘴，我要去出诊了，有谁来了你就记下来。有急事，你打电话来，号码——369。

（拿起电话拨号，听筒和话筒是苹果形，柄是香蕉形）

　　喂，喂！嗯，没人接电话，一定病得很重，我得赶快去了。

妙　（起床坐到桌边）爸爸，您去好了！有谁来看病，我给看！

猫　你还没学会，好好看书，将来我教你。（匆匆忙忙下）

妙　（边吃东西边翻书）ABC、CBA，看书真想打瞌睡，当个医生谁不会？胡说八道信口吹！哎哟，好累呀！（伏在书上睡着）

〔小兔挎着草莓篮上。

兔　猫大夫！猫大夫！

妙　（抬起头）妙呜妙呜！（开门）喂，你是谁？

兔　我是小兔。猫大夫在吗？我请他看病。

妙　不在家。

兔　您是他的儿子吗？

妙　我不回答你。不过我告诉你，我是大名鼎鼎的妙乎医生。

兔　真的吗？我怎么没听说过？

妙　我才当医生，你当然不知道。不过，有句话你该知道。

兔　什么？

妙　人家赞扬我医术高明，是"妙乎回春"！

兔　好像只有妙手回春……

妙　不对，你记错了，我这儿有书为证。（翻书）翻不着，反正是你错了。

兔　我不跟您争了。妙乎医生，今天猫大夫不在家，请您给我看看好吗？

妙　行，小事一桩，坐下吧。（给小兔按脉，看面色）哎哟，不好！你生大病啦！

兔　（吓一跳）什么什么？

妙　你生一种出血病，危险透了！

兔　（吓坏了）啊！

妙　（拿起镜子）你看，你的眼睛都变红啦！

兔　（松了一口气）我们从小就是红眼睛，我爸爸妈妈、爷爷奶奶、哥哥姐姐、弟弟妹妹……生来就是红眼睛，不是出血。

妙　生来就这样？那就是遗传性的毛病，非看不可。

兔　（糊涂了）那……那猫大夫怎么从来没讲过？

妙　（一本正经）你到底听谁的？

兔　那请您给看看吧。

妙　这是红药水，一天吃三顿，还用它滴眼睛，也是一天三次。（拿一大瓶红药水给小兔）

兔　（不敢接）红药水能吃、能滴眼睛吗？

妙　你不照照你的眼睛，都红成什么样了！坐着马上吃，马上滴！

（兔怀疑地接过，坐着犹豫不决。）

〔小牛上。

妙　还磨蹭什么？谁不知道我"妙乎回春"！

牛　哞——谁的喉咙这么大呀？

兔　（如获救）小牛快来，妙乎医生让我吃红药水，还要用红药水滴眼睛。我有点儿害怕……

牛　从没听说红药水能吃呀！

妙　妙呜妙呜，你是谁，来这儿大发议论？

牛　哞——我是小牛，您是医生吗？

妙　我是得过"妙乎回春"锦旗的医生——妙乎！

牛　什么！"妙乎回春"？

妙　对。

〔小牛反刍，胃里的草回上来，用口嚼着，没有能接话。

妙　你怎么啦？不做声光努嘴？

牛　（咽下草）哞——不是刚才我胃里的东西回上来了吗？得嚼一嚼。

妙　（拍拍小牛背）得了，又是一个病号！

牛　怎么啦？

妙　你呀，生了大病啰！

牛　什么病？

妙　吃的东西要回上来，那是胃病；经常回上来，那就是胃癌。

牛　癌？

妙　对，这非我看不可！

牛　我们从小吃东西都要回上来嚼嚼，我爸爸妈妈、爷爷奶奶、哥哥姐姐……

妙　得了，跟小兔一样，遗传的病。你可得开刀才行！要不半路上倒下去，我可不会救啰！

牛　（害怕地）那我怎么办呢？

妙　躺到那床上去，我来磨刀，给你做手术。

（妙乎拿起一把大菜刀，在门槛上磨起来。）

〔小鹅上。

牛　（慢腾腾地躺上去）真害怕呀！怎么拿菜刀给我动手术……

兔　（坐立不安地）真害怕呀！红药水吃下去肚子不疼吗？

鹅　（鞠个躬）戆戆戆，请问，谁在里面叫害怕？

妙　（抬起头）是小兔小牛，我给他们治病。喔，你也是来看病的？

鹅　我没生病。

妙　不，很明显，你生了大病。

鹅　（镇静地）什么大病？

妙　脑瘤。脑子里的瘤都长到外面来了！非开刀不可！

鹅　（笑）戆——我们生来就这样……

妙　那你和他俩一样，得了遗传病！

鹅　（继续笑）戆戆戆，你这样的医生我也会当。

妙　乱讲！我可是得了"妙乎回春"的锦旗的！

鹅　戆戆戆，只有妙手回春，没有"妙乎回春"！

妙　你们三个都一样地读白字！

鹅　（端详着他，灵机一动）好吧，就算你对。（看看发抖的小兔、小牛）不过，我也学过一点儿医，我看你也生了大病。

妙　（有点儿紧张）别骗人！我生了什么病？

鹅　戆——你生了未老先衰病。

妙　（不明白）怎么讲？

鹅　你小小年纪就衰老得不行了，不医好马上得完蛋。

妙　（更紧张，凑近他）你，你有什么根据？

鹅　自然有。（拿起镜子给他）你自己瞧瞧，瞧你的胡须有多长！

妙　（照着）胡须？这胡须一生下来就……

牛　（疑问地）哞——那也是遗传病？

妙　啊！我？

鹅　是吧？你爸爸妈妈、爷爷奶奶、姐姐哥哥、弟弟妹妹，生下来都有胡须……

妙　（害怕起来）难道我也是遗传病，那我当不了名医了！妙呜呜呜……

（哭起来）

鹅　（推推小兔、小牛）有一个办法可以治好。

〔这时猫大夫回来了，在门外拄着手杖听。

妙　只要能救我，用什么办法都行！

鹅　我先问你：小兔和小牛到底得了什么病？

妙　天知道他们生什么病！

兔　你不是说我得了出血病，眼睛都变红了吗？

牛　哞——不是说我得了胃癌，走不到家半路就会倒下去吗？

妙　我是随便说说。

牛　哞——随便说说？我差点儿没让你用菜刀宰了！

兔　嘿，我差点儿没把红药水吃掉！

鹅　（笑）戆戆戆，他俩没病，你倒是真有病啊！

妙　（又紧张起来）怎么办？

鹅　小兔小牛帮个忙。（拿出一根细绳，在墙上一个铁环中穿过，一头交给兔、牛，另一头拿着）来，"妙乎回春"大夫，把胡须结在这一头，拉它七七四十九次，胡须掉下来就好啦！

妙　不疼吗？

鹅　有一点儿，可是要治好病哪。（用绳子扎住他的胡须）

兔、牛　（开心地用力拉）嗨哟，哞——！

妙　（怪叫）哎哟！妙——平！妙平！妙——平！……

鹅　（一本正经）一下、两下、三下、四下……

妙　哎哟、哎哟，哎哟哟！（全身跟着绳一上一下）

兔、牛　哈哈，哈哈！

妙　（忍不住）几下啦？

鹅　十三，十四，十五……妙乎大夫，还有二十几下就行啦！

妙　什么大夫不大夫，我连书都没好好看过一本。（把绳子从胡须上取下，抓起电话拨号）369，喂喂！

〔猫大夫出现在门口。

兔 ⎫
牛 ⎬　猫大夫好！
鹅 ⎭

妙　　爸爸！您可回来了……

猫　　我早就在窗外边，瞧你吹得晕头转向的！（搂住小鹅肩）孩子，你今天帮助了妙乎，我谢
　　　谢你，也谢谢小兔、小牛！（小动物们摇头表示不用谢）

妙　　爸爸，（摸摸胡须羞愧地）我今后一定老老实实学习，不吹牛了！

鹅　　到时候啊，我送你一面锦旗，就写上"妙手回春"四个大字！

〔众笑。幕落。

　　方园的《"妙乎"回春》，比较适合幼儿园大班或学龄初期的儿童观看欣赏。

　　首先，思想内容积极健康。剧中讲述了主人公"妙乎"不爱读书、认错别字、渴望成为像爸爸一样的名医，吹牛夸口，最后"搬起石头砸自己的脚"的故事。通过演绎，告诉孩子：只有老老实实、认认真真地看书学习，刻苦钻研，才能走上成功的道路。

　　其次，戏剧冲突富有游戏性和趣味性。小猫"妙乎"借爸爸出诊的机会充当医生给人看病，这就像幼儿常玩的角色游戏，游戏性很浓。小猫"妙乎"雅号的获得、看病时反复错误的诊断，最后鹅大叔采用归谬法诊断小猫患了"未老先衰病"，要拔去胡须才能治病，种种谬误，使该剧具有浓厚的趣味性，幼儿情趣浓郁。

　　再次，情节设计符合幼儿的心理和思维方式。小猫"妙乎"看病时一连串的"臆断"：兔子眼睛红是"得了出血病"，牛胃里的草经常回上来是"胃癌"，鹅头上的包是"脑瘤"……这些情节设计恰恰符合幼儿的心理和思维方式，看似在情理之中，实质与真理相悖。

　　该剧20世纪80年代获我国第一届儿童文学园丁奖优秀作品奖，当之无愧。

2. 童话剧改编

张瓜皮的裤子逃跑了

人物　张瓜皮　扣子
同学　A、B、C、D、E
裤子　A、B、C
蚊子　A、B、C
大树　A、B、C、D、E
花　　A、B、C

场景一

〔张瓜皮生日宴会，开场舞。

瓜　　皮　（俏皮地）大家好，我叫张瓜皮，什么？瓜屁？No，是瓜皮！

（激动）今天是我五岁的生日，这些是我的朋友们！（瓜皮跳着转一圈介绍自己的朋友）

同学＋瓜皮　（跟大家打招呼）嗨！

瓜　　皮　（期待地）我生日你们送我什么生日礼物啊？

同　学　A　我们给你带来了一个惊喜！（说完捂住瓜皮眼睛，同学B、C下场推上礼物箱）

瓜　　皮　（惊喜地去拿礼物箱）呀，这么大的礼物箱啊！这都是些……咦！背带裤、喇叭
　　　　　裤、牛仔裤……啊！怎么全都是裤子，我最讨厌裤子了，我再也不要穿裤子！
　　　　　（愤怒地抱着礼物箱下场）

〔同学纷纷去追瓜皮，留下同学 A ＋ B。

同　学　A　（无奈）瓜皮平时就不爱惜裤子，这下他不穿裤子了！

同　学　B　（疑惑）瓜皮不穿裤子了，这可怎么办啊？

同　学　A B　哎！瓜皮！瓜皮！（追瓜皮）

场景二

裤　子　B　（哭腔）哎哟，哎哟，摔疼我了。

裤　子　C　（气愤）哼，这个最不爱惜裤子的家伙，他讨厌我们，我们还讨厌他呢！

裤　子　A　可不是吗？张瓜皮看见一个斜坡，就呼呼地滑下去；看见一棵树，就蹭蹭地爬上去；谁招惹他了，他就一个屁股坐在地上，两脚乱蹬！你们说，他这样折腾我们，我们能不疼吗？

扣　　　子　（可怜）还有我呢，还有我呢！像我们这样缝在衣服上的小扣子，同样也很可怜的，他不开心就拿我去乱蹭，把我的漆都蹭掉了！

〔大家一起哭了起来。

裤　子　C　哭！哭有什么用！老是让他这么欺负我们，我可受不了，不如……咱们逃吧！

裤　子　B　不行不行。小朋友有了缺点我们应该帮助他们，让瓜皮光着屁股上学，同学们会笑话他的。这样不太好吧！

裤　子　C　就是要让同学们笑话笑话他，等他知道他做错了，我们再回来！

〔全部裤子相互点头表示同意，蹑手蹑脚地跑了。

瓜　　　皮　（着急）哎！！你们干嘛呢！回来！气死我了！

　　　　　　（神气地）哼，握不住的裤子，干脆丢了它……没有裤子我一样去上学！

场景三

〔音乐起。

同学 C、D　"太阳当空照，花儿对我笑……"

同　学　C　咦，那不是张瓜皮吗？你好，张瓜皮！

瓜　　　皮　你们好！

同　学　C　（惊讶）啊，张瓜皮没穿裤子！

同　学　D　啊！张瓜皮为什么不穿裤子？

同学 C＋D　羞羞羞，张瓜皮不穿裤子，光屁股到处跑！羞羞羞！

瓜　　　皮　（自我安慰）你们！！！！呼呼……不生气，我淡定，不生气，深呼吸！

同　学　E　哎？那不是张瓜皮吗？

瓜　　　皮　呀！二球！嘿嘿！

〔两人打闹着玩。突然，好像发现了什么……

同　学　E　咦，瓜皮，你今天怎么有点奇怪呢？

瓜　　　皮　哎哟，哪里奇怪了？

同　学　E　羞羞羞，瓜皮，你没穿裤子！对了，告诉你们一个秘密：瓜皮最不爱惜裤子了，听说他的裤子都逃跑了！哈哈哈哈！

〔瓜皮愤怒地追过去。

场景四

全部花和树　大家好，我们是来自大自然的大树和鲜花！我们用我们美丽、健康的身子装扮

　　　　　我们的家！

〔音乐起，"邋遢大王"曲调。

瓜　　皮　（自豪）张瓜皮，真呀真瓜皮，瓜皮大王就是我，大家都爱我！

（全部树、花笑）

瓜　　皮　（生气）笑！笑什么笑！有什么好笑的，小心我爬到你们身上去，把你们的叶子全部拔掉！哼，说干就干！（爬去拔花的花瓣，然后去摘叶子，被树枝扎伤）哎呦，哎呦，以前从来没有失手过，今天是怎么回事啊？

树　　A　这个讨厌鬼，不穿裤子还到处跑！

花　　A　就是！把我的衣服都弄破了。

全体花和树　（愤怒）你这个光屁股的小坏蛋，不扎你扎谁呀！哼！

瓜　　皮　（向前倒地睡觉）爬树不成，我睡觉还不行吗？

场景五

蚊　子　B　大家好！我叫白蚊子。

蚊　子　C　大家好！我叫黑蚊子。

蚊　子　A　大家好！我是蚊子中的蚊子，蚊子中的郁金香，蚊子中的女王！嗨！（到处送飞吻）

蚊　子　C　女王，我去给你探探路吧！

蚊　子　C　（跳出去，拿望远镜张望）报告女王，前面有一块大肥肉！

〔女王摆摆手，示意前去，大家围着瓜皮唱歌、跳舞。黑白蚊子抢食物，女王咳嗽，蚊子B、C让女王先喝血，然后蚊子B喝血被瓜皮发现，瓜皮踢了蚊子B一脚，蚊子们逃跑。

瓜　　皮　（哭）呜呜，好大一个包啊！呜呜，我不要被同学嘲笑，我不要被树扎，我也不要被蚊子咬，我想我的裤子了。呜呜……

（裤子和扣子悄悄上场）

扣　　子　瓜皮！

〔瓜皮看了看大家，哭得更伤心了。

裤　子　C　（踱踱地）这下你知道错了吧？

瓜　　皮　（可怜地点点头）我知道错了，我再也不欺负你们了，我会爱你们的！不单单只爱护你们，还爱护其他的东西！

裤子＋扣子　瓜皮，我们还是好朋友！

〔音乐起，"我爱我的家"的曲调。

瓜　　皮　（唱）我爱我裤子，还有那颗小扣子，裤子和大家，每天陪我长大！

（全部演员上场）

裤子、扣子　（唱）我们爱瓜皮，虽然有时很调皮，我们帮助他，瓜皮终于长大！

全　部　演　员　（唱）我们爱大家，希望大家都长大，别做大傻瓜，聪明健康快乐呀！

（剧终）

　　该剧本是隆昌幼儿师范学校2009级五年制大专学生唐鑫珂、张琰婷根据故事《裤子逃跑了》改编而成，比较成功，演出效果也不错。

　　第一，作品选择比较恰当。原作是一篇童话，通过主人公"乖独独"不喜欢裤子、不爱惜裤子，使得裤子们集体逃跑，最后因没穿裤子而被人"羞羞"的故事，告诉孩子们任何东西都要学会爱惜。内容贴近幼儿生活，富有幼儿情趣，情节比较简单，符合幼儿的思维能力和心理特征。

　　第二，舞台提示语设计得好。依据原作的叙述语言来安排人物活动，改编了许多有关戏剧的舞台提示语，生动、形象的角色提示语有助于演员表演。

第三，角色语言设计基本做到了个性化、口语化。比如"张瓜皮"口语化的台词："笑！笑什么笑！有什么好笑的？小心我爬到你们身上去，把你们的叶子全部拔掉！哼，说干就干！"就充分刻画出"张瓜皮"使小性子、蛮横的性格特征。

第四，设计戏剧情节与冲突，在冲突中展示人物形象。"乖独独"要上学前班，该剧改为同学为他庆祝五岁生日，既使开场气氛热烈，又通过同学们的对话，从侧面介绍了他不爱惜裤子的毛病，"入戏"较快。选取戏剧冲突比较集中的片段——裤子全逃跑了，"乖独独"光屁股出去，添加"张瓜皮"被树扎、被蚊子咬的情节，富有喜剧色彩，使内容游戏化，易于观众理解和接受。

第五，在开场加入了舞蹈，渲染出欢快活泼的氛围；结尾处也加入了"我爱我的家"曲调的音乐，把剧情推向高潮，也点明了主题。这样的改编，既能丰富表现内容，又能增强表演的观赏性。

该剧还有待改进的是人物的台词设计，动作性不是很强。

附原作：

裤子逃跑了
谭小乔

明天是开学的日子，乖独独该上学前班啦。嗬，来了这么多客人祝贺，礼物摆了满满一桌子，瞧，光新裤子就有整整十条。

"干嘛他们都送我裤子，不送我手枪呢？"乖独独问妈妈。

"当然喽，"妈妈说，"谁不知道乖独独顶费裤子呀！"

"哼！"乖独独撅着嘴，把裤子狠狠地往衣柜里面一扔，"讨厌，我讨厌你们这些裤子。"说完，砰一声关上衣柜门，玩去了。

新裤子们可气坏了。"呸！"海军裤说，"这个最不爱惜裤子的小家伙，他讨厌我，我还讨厌他呢！"

"可不是！"喇叭裤说，"我住在商店的时候，就听人家说，乖独独看见一个斜坡，就呼呼滑下去；看见一棵树，就噌噌爬上去。谁招惹他了，就往地上一躺，双腿乱蹬。你们说，他这样折腾咱们不痛吗？"

"还有呢，"一只缝在裤子上的小猴蹦起来说，"还有我们这些小动物，缝在乖独独的裤腿上，那真是倒了大霉啦。他爬树的时候，让树丫刺坏我们；他玩玻璃球的时候，就跪在地上蹭来蹭去，让沙石硌破我们。听说他没事干的时候，还拿剪刀剪我们的毛，拿刀子划我们的手和脚，拿针扎我们的眼睛。"

"唉！唉！"听了小猴的话，裤子们都难受得直叹气。那些缝在裤子上的小鹿、小猫、小狗、小鸡、小鸭、小白兔，干脆捂住眼睛，咿咿呜呜地哭起来。

"哭有什么用？"牛仔裤说，"咱们逃吧。""不，不行！"海军裤着急地说，"小朋友有了缺点，咱们应该帮助他呀，咱们都逃跑了，让乖独独光着屁股上学前班呀！"

"叽叽叽！"小鸡笑了，"那学前班的小朋友会刮着脸羞他哩——光屁股！光屁股！"

牛仔裤赶紧说："是呀，就是要让小朋友羞羞他。对啦，还有老师。等学前班的老师帮助乖独独改正了缺点，咱们再回来，好不好？"

"好的，就这样决定了。"新裤子们一齐使劲，拱开了衣柜门，逃跑了。糟糕，连原来的旧裤子也一齐跟着逃跑了。

哎呀，都跑了，这可怎么办呀？听，妈妈叫乖独独洗澡呢。乖独独刚把脏裤子脱下，"窸窸窣窣！"脏裤子也逃了。

"站住，站住！"乖独独看见裤子逃跑，急忙跳出澡盆去追。他忘了光着屁股啦。"羞呀羞呀！"街上的小朋友都冲他刮脸蛋呢。乖独独急忙跑回家去，他打开衣柜门，翻呀，找呀。怎么，一条裤子都不剩，都逃啦！

"呜呜呜，我要裤子，不要光屁股，我要上学前班，不要光屁股呀……"

乖独独哭啦，哭得好伤心。那些裤子呢，其实也没跑远，它们躲在乖独独看不见的地方在看，在商量——要不要回到乖独独那儿去呢？

实战运用

请灵活运用改编技巧，将下面的故事改编成童话剧剧本。

拔河马比赛

你会说：错了，题目错了，应该是拔河比赛。

不，我说的就是拔河马比赛。

河马先生是个大胖子，他不喜欢运动，越长越肥胖。他的朋友毛驴先生呢，是个瘦子，他也不喜欢运动，越长越瘦。

有一天，河马先生来毛驴先生家做客。

他一进门，就一屁股坐在毛驴先生家的一把漂亮椅子上了。可是当他离开的时候，无论如何也站不起来了。

胖胖的河马先生，被毛驴先生家的瘦椅子给卡住了。

毛驴先生请来了医生白鹤和木匠老狼，来解救河马先生。

医生白鹤拿出听诊器，仔仔细细地听了河马先生的心脏，他安慰河马先生，说他没有生命危险，但要从椅子里拔出来，只有一个办法——减肥。河马先生一个星期不吃不喝，也许瘦椅子会放开他。

"天啊！"河马先生叫了起来，"一个星期不吃不喝，我会给饿死的！"

木匠老狼在边上插嘴了，他说："还是我来吧，让我用斧子、锯子，把椅子拆了，河马先生不就出来了吗？"

"天啊！"这次轮到毛驴先生叫了，他说，"这把椅子可是我家祖传的珍藏品啊，我爷爷的爷爷的爷爷，就曾经在上面坐过……"

最后还是机灵的小兔提出："我们来举行一次拔河马比赛吧！"

大伙儿把河马先生和椅子抬到河边上。

小熊、小兔、小猴、白鹤、松鼠一边，抓住河马先生的手；老狼、獾、熊猫、公鸡、刺猬一边，拉住椅子的腿。

河马先生嘴里喊着"一、二、三"，大伙儿一使劲儿，终于把河马先生从椅子里拔出来了。

从此，大伙儿都爱上了这个"拔河马"活动，不过他们是用一根绳子代替了河马先生和椅子，因为他们不能让河马先生老卡在椅子里。

大伙儿把这项有趣的活动叫做拔河马比赛。

河马先生呢，他挥舞着小旗，是个当然的裁判。

第二节　童话剧表演的语言表达技巧训练

训练目标

1. 掌握童话剧台词表达、戏剧表演的要点。
2. 能富有表现力地展示戏剧台词。
3. 能形象地进行童话剧的表演。

训练指导

儿童眼中的世界是一个五彩缤纷的世界。他们渴望了解神奇的周围世界，并在他们天马行空的幻想中体验世界。童话剧成了儿童了解世界、发展想象、丰富生活经历的舞台。儿童对童话剧的热爱是真挚而热情的。

美国心理学家平特纳研究认为：出生到五岁是儿童智力发展最快的时期，也是儿童教育的最佳时期。语言是人类传达信息、表达情感、进行交流的重要工具，可以说人的生活是离不开语言的。在新《纲要》中也明确地指出："语言能力是在运用的过程中发展起来的，发展幼儿语言的关键是创设一个能使他们想说、爱说、会说，并能得到积极应答的环境。"一部优秀的童话剧不仅可以给儿童在视听上带来强烈的震撼，从而提高儿童对语言的理解和表达的能力，还可以通过童话剧形象丰富的表演带给儿童生活、做人方面的启迪。

童话剧对儿童的重要性由此可见。作为一名学前教育专业学生更应该掌握童话剧表演的各项技巧。本节主要从童话剧的台词表达、态势表演、舞台综合能力等方面进行训练。

一、台词表达训练

（一）台词表达的总要求

作为童话剧表演，台词是构成一个剧本的基石。如果没有台词，就没有剧本，没有人物的冲突，更没有剧情的发生、发展、高潮和结局。剧中的人物（或称之为角色），必须通过台词才能表达各自的身份、地位、性格、特点等。由此可见台词在剧本中的重要性。另外，在台词表达中必须做到清晰、标准、夸张与富有情趣性。

（二）台词表达训练

1. 科学的发声方法训练

吊嗓时要边走边唱，就像散步一样，始终保持着松弛自如的姿态。要注意使声音共鸣保持准确位置，行腔运气保持长久稳定，不是仅把力量用在喉咙处，而是全身都在运动。持续两三个小时，吊完嗓不会觉得喉咙疲劳不堪，说话的声音仍然明亮。

吊嗓时，口腔上颚微微吸起，下颚松弛，口形不大，两肩不垂，两肋拉力像弹簧一样，一张一弛，口腔各个器官都能有机配合，形成头、鼻、胸三腔的强烈共鸣。

2. 快口训练

顾名思义，快口是指台词技巧中演员能够在一定的时间内比较快速地运用语言进行表达的能力。它是台词训练中不可缺少的一个重要训练环节，是气、声、字音的深化，是为表演艺术中语言表达整体能力的提高所做的必要技术准备。

快口技巧主要借鉴了戏曲、曲艺中的"贯口"技巧。"贯口"是相声"说"这一要素中非常重要的一个技巧。

"快口"的训练要点包括如下四点。

一是学会分析材料。分析作品要掌握作品的基调，考虑作品针对的对象，分析气口。"气口"这一戏曲名词是指唱曲时吸气的方法。气口包括"换气"与"偷气"。"换气"指唱腔间歇中的吸气。唱曲时凡遇长腔或拔高处，必先吸气，做好行腔的充分准备。换气不是停腔再唱或稍顿再接下去，而应在行腔吐吞字音的瞬间，趁便呼吸，蓄气待换。"偷气"是在乐句若断若续中吸气，而不使听众察觉。

二是熟悉台词。在准备过程中，一定要熟悉台词，不然不会做到"快"。

三是咬字清晰。不能在求"快"中忽略了"清晰"，应该在熟练中慢慢加快节奏，做到吐字清晰。

四是把握好节奏和气息，让听者惬意，让说者畅然。

3. 台词的重音训练

抓住台词的重音，让观众更容易听清台词的内在含义，分辨台词的情感，激发观众鲜明的内心视像和强烈的内心感受。选择重音的表达方式应该正确把握重音的内在含义和基本性质，以及你想让观众听懂的和感受到的主要内容。在重音训练中我们要做到：一，展开想象调动自己的全身感官，建立自己鲜明的内心世界；二，用各种声音技巧来表达重音。体现重音的基本方法有如下三点。

（1）强弱法：这是一种用声音的轻重、高低变化来强调重音的方法。

（2）快慢法：这是一种用声音的急缓、长短、顿连等变化来强调重音的方法。

（3）虚实法：这是一种通过声音的虚实变化来强调重音的方法。

4. 台词语言的情趣性训练

童话剧的台词不仅要说得流畅、清晰，还要说得有魅力、富有感染力，使语言能够鲜明地表情达意。那么如何将台词表达得更富有情趣性呢？

（1）调动"愿望"——调动自身的表现欲望从而产生想说话的愿望。一个人想要表达自己的愿望时会情不自禁地将语言的魅力体现出来，演员想要说好台词，必须让自己产生与所饰角色相同情景的愿望，这样才能身临其境，感同身受。

（2）明确"态度"——态度不同说话的腔调是不同的，所以在进行台词表达时必须弄清所饰者此时此刻的态度，这样才能将台词恰如其分地表达出来。

二、童话剧态势语表演训练

美国心理学家艾伯特·梅拉比安说："信息的效果＝百分之七的语言＋百分之三十八的声音＋百分之五十五的表情。"可见态势语的重要性。在童话剧表演中更离不开态势语的表演。用这种无声的语言能有效地表现角色的性格，让儿童直观地感受，带来强烈的视觉冲击。

在童话剧表演中态势语的总要求是：夸张、协调、富有个性化。

（一）夸张

在童话剧的表演中，因为饰演的角色都十分个性化，所以在表演中我们的表情、动作应该做到极度夸张，这样可以使我们的举手投足都具有浓郁的表演性。

（二）协调

我们的动作和表情要做到夸张中的自然和协调。

（三）个性化

因为童话剧中所扮演的角色个性十足，所以在表演中我们的态势语要做到个性化。根据以上分析，我们将童话剧表演中的态势语具体分为以下几种类型：

1. 善良类：表情应该温和，以甜甜的微笑为主，动作优雅或是可爱。

2. 憨厚类：表情应该傻憨憨，笑时眼睛微闭，嘴巴张大、摸头、翘肚等态势语居多，走姿和跑姿可处理为同手同脚，增加憨厚感。

3. 狡猾类：表情变化极为丰富，擅转动眼珠以体现狡猾，动作轻巧，协调感强。走路谨慎，站立时擅打量周围情况。

4. 凶恶类：表情以瞪目、龇牙居多，动作幅度大，具有力量感。

实例分析

小猪和十二只蚊子（童话剧节选）

角　　色　小猪、小兔、小羊和十二只蚊子
背　　景　小猪家。
〔小猪坐在屋里看电视，可一群蚊子老跟他捣乱。
〔音乐起。
小　　猪　（抬头数蚊子）天哪，有十二只蚊子。这么多蚊子，叫我一个人怎么对付得了？
蚊子老大　（嘲笑）你再找一个人来就好受了！
〔十二只蚊子大笑。
小　　猪　（点头）那好，那请你们现在别吸我的血！
十二只蚊子　好吧！快点！
〔这时，小羊上台。
小　　猪　（招手）小羊，小羊快点来帮帮我！
小　　羊　（点头）好的，小猪。
〔小羊一进屋，蚊子马上分成两群，一群围住小羊，一群对付小猪。
小　　猪　现在有六只蚊子还在咬我，另外六只咬你去了。哈哈，我觉得好受一些了。
小　　羊　（皱眉）可我觉得一点儿也不好受。
小　　猪　（拉住小羊的手）咱们再找个伙伴来看电视，你肯定会觉得比现在好过。

小猪态势语设计：根据剧本内容可以看出：小猪是一只可爱但是做事不爱动脑子的小动物，所以它的态势语应该属于憨厚类。

小羊态势语设计：根据剧本内容可以看出小羊是一只热心单纯的小动物，所以它的态势语应该属于可爱类。

十二只蚊子态势语设计：根据剧本内容可以看出蚊子是满脑子坏主意、惹人生厌的角色，所以它的态势语应该属于狡猾类。

实战运用

1. 数数游戏：请你轻声快速地数 1 ~ 10 十个数字，检测你一口气能反复数多少次。
（18 次以上——优秀；15 ~ 18 次——良好；10 ~ 15 次——合格；8 次以下——有待加强）

2. 绕口令训练：请你将下面的绕口令清晰快速地读出来，看谁读得又快又准。

（1）六十六岁刘老六，推着六十六只大油篓；六十六枝垂杨柳，拴着六十六只大马猴。

（2）山前有只虎，山下有只猴。虎撵猴，猴斗虎，虎撵不上猴，猴也斗不了虎。

（3）街南来了个瘸子，右手拿着个碟子，左手拿着个茄子；街上有个橛子，橛子绊倒了瘸子，右手摔了碟子，左手扔了茄子。

（4）《喇嘛和哑巴》：打南边来个喇嘛，手里提拉着五斤鳎目（音读 ma）。打北边来个哑巴，腰里别着个喇叭。南边提拉鳎目的喇嘛要拿鳎目换北边别喇叭的哑巴喇叭。喇嘛抡起鳎目抽了别喇叭哑巴一鳎目，哑巴摘下喇叭打了提拉鳎目喇嘛一喇叭。也不知提拉鳎目的喇嘛抽了别喇叭哑巴一鳎目，也不知别喇叭哑巴打了提拉鳎目的喇嘛一喇叭。喇嘛炖鳎目。哑巴嘀嘀嗒嗒吹喇叭。

3. 分组比赛：请按照学习小组进行擂台赛，看哪组能将《报菜名》报得又快又好。

有蒸羊羔、烧花鸭、烧雏鸡、烧子鹅、卤猪、卤鸭、酱鸡、腊肉、松花小肚儿、晾肉、香肠儿、什锦苏盘儿、熏鸡白肚儿、清蒸八宝猪、江米酿鸭子、罐儿野鸡、罐儿鹌鹑、卤什件儿、卤子鹅、山鸡、兔脯、菜蟒、银鱼、清蒸哈什蟆、烩鸭丝、烩鸭腰、烩鸭条、清拌鸭丝儿、黄心管儿、焖白鳝、焖黄鳝、豆豉鲇鱼、锅烧鲤鱼、抓炒鲤鱼、抓炒对虾、软炸里脊、软炸鸡、什锦套肠儿、卤煮寒鸦儿、麻酥油卷儿、熘鲜蘑、熘鱼脯、熘鱼肚、熘鱼片儿、醋熘肉片儿、烩三鲜儿、烩白蘑、烩鸽子蛋、炒银丝、烩鳗鱼、炒白虾、炝青蛤、炒面鱼、炒竹笋、芙蓉燕菜、炒虾仁儿、烩虾仁儿、烩腰花儿、烩海参、炒蹄筋儿、锅烧海参、锅烧白菜、炸木耳、炒肝尖儿、桂花翅子、清蒸翅子、炸排骨、清蒸江瑶柱、糖熘莛仁米、拌鸡丝、拌肚丝、什锦豆腐、什锦丁儿、糟鸭、糟熘鱼片、熘蟹肉、炒蟹肉、烩蟹肉、清拌蟹肉、炸花件儿、清拌粉皮儿、炒肉丝、炒肉片儿、烩酸菜、烩白菜、烩豌豆、焖扁豆、炓毛豆、炒豇豆，外加腌芥蓝丝儿。

——选自《报菜名》

4. 请按要求完成下列各题。

（1）请用强弱法说下面台词。

小青虫惊讶地说："天使姐姐，我从小就喜欢跳舞，梦想成为一名出色的舞蹈家，可是我没有蜜蜂小姐的小细腰，也没有瓢虫小姐漂亮的花裙子，天使姐姐，请你告诉我，我的梦想能实现吗？"

（2）请用快慢法说下面台词。

蟋蟀先生说："我们舞林大会选取舞蹈之王的比赛是公平公开的，只要你热爱丛林家园，热爱舞蹈，都可以参加。各位请填好报名表，好好练习，20 天之后在比赛场上自然能比出谁是舞蹈之王。"

（3）请用虚实法说下面台词。

爪印说："我看，先得请喳喳和翠翠在森林里广播一下，请丽丽妈妈回家等丽丽，再请在森林里见到丽丽的动物们告诉丽丽，她的妈妈在等她回家。我们分头去找丽丽。大家说这主意行吗？"

（4）请你说出下面一句话所能表现出的不同潜台词。

我说过我们可是好朋友，应该互相帮助啊！

（5）请你说说下面的台词，让台词表达得具有情趣性。

〔背景：森林里的一片空地，方块熊的流动售货亭。

〔方块熊坐在板凳上，她的孩子小熊坐在她的腿上，方块熊揽着小熊，和小熊一起拿着一本图画书。

方块熊　（放下书）小熊放学回家迷路了，天快黑了，小熊着急了！

小　熊　（看着妈妈）妈妈，小熊遇上大灰狼了。

方块熊　（指着书）书上不是这么写的啊，好吧，小熊遇上大灰狼了，然后发生什么事了？

小　熊　（双手举起）大灰狼说，小熊，你的爸爸妈妈呢？他们没跟你在一起吗？那太好了，我要吃了你。

5. 请根据节选童话剧《小青虫的梦》，分析各个角色态势语的特点，并试着表演出来。

演员角色　小青虫、蜘蛛小姐、蜜蜂小姐、瓢虫小姐、蜻蜓小姐、蟋蟀先生（六位）

主持小姐　天使姐姐

评　　委　蝴蝶、蟋蟀（二位）

舞蹈演员（八位）

第一幕

〔旁白：森林里又迎来了一个美丽的清晨，清新的空气，凉爽的风，吹着树叶沙沙的响，丛林里的小昆虫们聚在一起，商量着举行一场舞林大会，选出舞蹈之王，这下，森林里可热闹起来啦。

蜘蛛小姐　森林里要举行舞林大会啦！大家快来呀！

〔舞蹈。蟋蟀先生和四位昆虫小姐跳交谊舞。

蜜蜂小姐　是个好机会，我会成功。

蜘蛛小姐　杰出的舞蹈家就快诞生！

瓢虫小姐　最美丽的舞姿当然是我！

蜜蜂小姐　是我！

瓢虫小姐、蜜蜂小姐　是我！

小青虫　我也爱音乐爱翩翩起舞。

蜜蜂小姐　你也爱跳舞，哈哈哈哈，笑死我了！瞧瞧你的身材，看看，看到没，跳舞要有小细腰。

小青虫　你……

瓢虫小姐　漂亮的裙子吗？看你那鼓鼓囊囊的大围裙，丑死了！

小青虫　大会比的是舞姿，不是外表。

蜘蛛小姐　练舞蹈的腿要纤细、修长，唉，你有腿吗？哈哈哈哈，连腿都没有。

全体　唉，还真没腿！

小青虫　可是成为舞蹈家是我的梦想。

大家　哈哈哈哈哈，丑八怪！做白日梦！哈哈哈哈哈……

小青虫　你们欺负人！

蜜蜂小姐　评委会主席蟋蟀先生来啦！

全体　蟋蟀先生您好！

小青虫　蟋蟀先生您好！

蟋蟀先生　你们在吵什么呢！谁有资格，谁没资格参加比赛，我说了算。

蜘蛛小姐　当然啦，蟋蟀先生，您是森林乐队的权威。

瓢虫小姐　您不会让她也参加比赛吧？

蟋蟀先生　我们舞林大会选取舞蹈之王的比赛是公平公开的，只要你热爱丛林家园，热爱舞蹈，都可以参加。各位请填好报名表，好好练习，20天之后在比赛场上自然能比出谁是舞蹈之王。

小青虫　我是个丑八怪，又不会跳舞，还想参加舞林大会，我肯定没有机会，呜呜……

第三节　童话剧表演的舞台设计训练

训练目标

1. 掌握童话剧舞台设计的要点。
2. 能充分利用各种舞台设备充实童话剧表演。

训练指导

优秀、成功的童话剧表演离不开合理的舞台设计。在这里我们将从舞台调度、配乐选择、舞蹈编排、道具制作及摆放、灯光处理这五个方面进行训练。

一、舞台调度训练

舞台调度也就是舞台行动的外部造型形式，又叫场面调度。它通过演员的体态（身段）、演员与演员以及演员与舞台景物之间的组合，通过演员在舞台上活动位置的安排与转换，或通过一组形体动作过程，构成艺术语汇，使舞台生活形体化、视觉化。

舞台调度是指导演员在舞台上对表演活动的位置变化进行处理，是舞台排练和演出的重要表现手段，也是为了把剧本的思想内容、故事情节、人物性格、环境气氛以及节奏等，运用场面调度方法，传达给观众的一种独特的舞台语言。

那么我们如何安排角色的站位呢？有三个原则。第一，保证主角居中的原则；第二，要注意配角站两边，或与主角相对的原则；第三，要注意全体演出时要铺满舞台的原则。

实例分析

小熊请客（童话剧）

角　色　小熊、小猫咪、小狗、小公鸡、狐狸
背　景　大森林（场景一）、小熊家（场景二）
道　具　食物、礼物、头饰、家庭布置、石头道具等

第一场

〔森林里，大树下。

狐　狸　我的名字叫"狐狸"，一肚子的坏主意，人人见我都讨厌，说我好吃懒做没出息。太阳升得高又高，可我肚子里还没吃东西，饿得我呀两条腿一点劲儿都没有了，嗨！还是让我到大树底下歇一会儿吧！

〔小猫咪提着一包礼物，唱着歌跑出来。

狐狸站在正中说话，说话完后退到大树后；小猫站正中位置说话。

狐　狸　小猫，小猫咪，你今天打扮得这么漂亮，这是要到哪里去呀？

小猫咪　今天过节，小熊请客，我们到他家去，又吃又玩又唱歌，真呀真快活！

狐　狸　（焦急地）小猫咪，你带我一块去吧！

小猫咪　（指着狐狸的鼻子）狐狸狐狸你不做工，还想白白吃东西。哼！我才不带你去呢！

〔说完就跑掉了。

狐狸与小猫相对，分别站在舞台中线的两边，位置靠前。

狐　狸　小猫咪真是个坏东西！（狐狸叹了口气，刚想躺下去，忽然看见小花狗蹦蹦跳跳地提着一件礼物跑出来）

狐　狸　小花狗，小花狗，你今天打扮得这么漂亮，这是要到哪里去呀？

小花狗　今天过节，小熊请客，我们到他家去，又吃又玩又唱歌，真呀真快活！

狐　狸　（焦急地）小花狗，小花狗，你带我一块去吧！

小花狗 （指着狐狸的鼻子）狐狸狐狸你不做工，还想白白吃东西。哼！我才不带你去呢！

〔狐狸与小狗相对，分别站在舞台中线的两边，位置靠前。

狐　狸　小花狗真是个坏东西！

〔狐狸叹了口气，刚想躺下去，忽然看见小公鸡蹦蹦跳跳地提着一件礼物跑出来。

狐　狸　小公鸡，小公鸡，你今天打扮得这么漂亮，这是要到哪里去呀？

小公鸡　今天过节，小熊请客，我们到他家去，又吃又玩又唱歌，真呀真快活！

狐　狸　（焦急地）小公鸡，小公鸡，你带我一块去吧！

小公鸡　（指着狐狸的鼻子）狐狸狐狸你不做工，还想白白吃东西。哼！我才不带你去呢！

〔说完就跑掉了。

狐　狸　（生气地）你们这些坏东西！好哇！你们不带我去，我偏要去。到了小熊家，我就把好吃的东西，一口气都吞到肚子里，你们等着吧！

〔说着舔舔舌头，摇摇尾巴，挺着胸，大摇大摆地朝小熊家走去。

狐狸与小狗相对，分别站在舞台中线的两边，位置靠前。

二、配乐选择训练

剧作家在纸章上制造剧情，演员在舞台上把剧情特性活现过来。音响与配乐是在听觉感官上吸引观众的注意力及对剧情的兴趣，带领观众跟随剧情的节奏走并维护剧情的进展及主题的拓展。

关于配乐的注意要点有以下几个方面：

（一）了解情节，把握剧情的要点。音乐和音效是要配合剧情发生的时代才有说服力。不同时间的配乐是不同的：早晨场景的童话剧需要配置有晨间气氛的音乐；晚上场景的童话剧需要配上夜间气氛的音乐。不同季节的配乐也不同：春天以鸟叫、蛙鸣居多；夏季以蝉叫居多。

（二）了解人物，把握角色的要点。不同性格的人物出场要配合不同的音乐，主角出场一般是欢快的配乐，反面人物出场则配合阴森恐怖或是滑稽的音乐。

（三）根据情节发展配合不同的音乐。如紧张的情节需要节奏偏快的音乐，舒缓的情节需要悠扬的音乐。

（四）特效音乐可以增加剧情的感染力，如脚步声、开门声、飞翔、击破、打斗等。

实例分析

小猪和十二只蚊子（童话剧节选）

角　色　小猪、小兔、小羊和十二只蚊子

背　景　小猪家

〔小猪坐在屋里看电视，可一群蚊子老跟他捣乱。

〔音乐起。

（配乐指导：蚊子出场用舞蹈《猫鼠之夜》第一分钟的音乐，滑稽幽默富有感染力。）

小　　猪　（抬头数蚊子）天哪，有十二只蚊子！这么多蚊子，叫我一个人怎么对付得了？

蚊子老大　（嘲笑）你再找一个人来就好受了！

〔十二只蚊子大笑。

小　　猪　（点头）那好，那请你们现在别吸我的血！

十二只蚊子　好吧，快点！

〔这时，小羊上台。

（小羊的出场采用配乐《菊次郎的夏天》，体现小羊的欢快。）

　　小　　猪　（招手）小羊，小羊快点来帮帮我！

　　小　　羊　（点头）好的，小猪！

〔小羊一进屋，蚊子马上分成两群，一群围住小羊，一群对付小猪。

（加入特殊音效——蚊子飞动的嗡嗡声和吸血的夸张音效。）

　　小　　猪　现在有六只蚊子还在咬我，另外六只咬你去了。哈哈，我觉得好受一些了。

　　小　　羊　（皱眉）可我觉得一点儿也不好受。

　　小　　猪　（拉住小羊的手）咱们再找个伙伴来看电视，你肯定会觉得比现在好过。

（选用《滑稽的脚先生》活泼风趣符合情节要求。）

三、舞蹈编排训练

　　为了让童话剧更具有观赏性，一般在童话剧的编排中会融入舞蹈片段，所以童话剧中舞蹈的编排不可缺少。这与专业的舞蹈编排是有区别的，童话剧的舞蹈编排比较简单，主要是为充实舞台，增加观赏性，一般动作简单，富有个性化特色，讲究队形的整齐和充实。所以我们在为童话剧编排舞蹈时，要从以下几个方面来考虑：

　　1. 舞蹈队形：圆形队形，棱形队形，对称队形，不对称队形。

　　2. 动作：符合各种角色的性格特点，便于幼儿模仿。

　　3. 时间：不超过 30 秒钟。

实例分析

大手套（小班童话剧）

　　道　具　房子（大手套）、荧光盘（雪花）、六种动物头饰、

〔旁白：在一个很冷很冷的下雪天，有只大手套掉在了森林里。

（老鼠出场采用舞蹈《猫鼠之夜》第一分钟的舞蹈造型，如下图，合计 30 秒。）

幼儿扮演的老鼠出场舞蹈

小 老 鼠 （发现了大手套）咦，真不错，正好可以做我们的家。大手套的家暖暖的，真舒服。

〔大手套外。这时，小青蛙来了。

小 青 蛙 住在大手套里的是谁啊？

小 老 鼠 是小老鼠！

小 青 蛙 那我能进来吗？

小 老 鼠 请进！

（青蛙出场采用《疯狂的青蛙》的音乐和舞蹈，如下图，合计20秒。）

幼儿扮演的青蛙出场舞蹈

〔大手套外。

〔这时小兔子来了。

小 兔 子 住在大手套里的是谁呀？

手套内齐 是小老鼠和小青蛙。

小 白 兔 那我能进来吗？

手套内齐 请进、请进！

（小兔出场采用《快乐小兔》的音乐和舞蹈，如下图，合计30秒。）

幼儿扮演的兔子出场舞蹈

〔大手套外。

〔这时狐狸和大灰狼来了。

大　灰　狼　住在大手套里的是谁呀?

手套内齐　是小老鼠、小青蛙和小兔子!

狐狸和大灰狼　我们能进来吗?

手套内齐　还装得下吗?

狐狸和大灰狼　稍微挤一挤就行了哦!

手套内齐　那好吧!

(狐狸和大灰狼出场采用《欢天喜地小白兔》中大灰狼出场的音乐和舞蹈,如下图,合计30秒。)

幼儿扮演的大灰狼出场舞蹈

〔大手套外。

〔这时大熊来了。

大　　熊　额,住在大手套里的是谁呀?

手套内齐　是小老鼠、小青蛙、小兔子、狐狸和大灰狼!

大　　熊　那我能进来吗?

大手套齐　可能装不下了吧?!

大　　熊　行不行要试试才知道! 嘿嘿!

〔大熊撅着屁股,挤呀挤呀,终于挤了进去。

〔旁白:大手套里挤得满满的,大手套的家暖暖的,大手套的家是大家的家。

(全体演员两两相对,播放《杜鹃圆舞曲》,跳圆舞曲,合计35秒。)

四、道具制作训练

　　戏剧是一门综合性艺术,舞台美术只是其中的一个组成部分,并不是一种独立的艺术形成,成功与否要由戏剧演出的整体效果来决定。同样,舞台道具和舞美制作,也是舞台美术中一部分,从属于戏剧,从属于舞台美术设计的艺术"共性"。戏剧演出成功与否,离不开舞台美术的共同创造,离不开舞美制作的辛勤劳动,哪怕一件小小道具或一块景片,都会影响到戏剧演出的整体效果。我们在童话剧中一般常用以下几种类型的道具。

1. 生活用具或劳动用具：拿在手中的生活用具或劳动用具（草帽、镰刀等），它们常与舞蹈表现的内容有着非常密切的联系，并对舞蹈动作的样式起着重要的影响。

篮子、帽子增加了舞台的生活化

灵活运用铲子、凉亭等增加舞台效果

2. 演员贴身道具：童话剧大多数是扮演小动物，所以演员身上的道具是必不可少的。为了节省开支，可以利用废旧物品制作小型的贴身道具，如动物的耳朵、胡须、触角、翅膀、手掌、脚掌等。

利用盒子和手工纸制作的动物的鼻子、耳朵

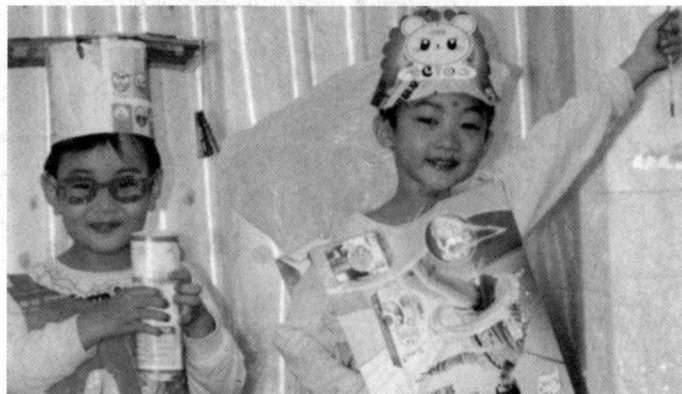

利用废旧报纸和广告纸制作帽子和服装

3. 置景道具：用来布置舞台场景的道具，可以营造气氛。童话剧中常用的置景道具一般有大树、草、花、房子、小桌子、小椅子等。

用硬纸制作的"美容院"

用卡纸、泡沫纸制作的草丛、大树

实例分析

香香猪（童话剧）

场景一

〔森林里的一片空地，方块熊的流动售货亭。

〔方块熊坐在板凳上，她的孩子小熊坐在她的腿上，方块熊揽着小熊，和小熊一起拿着一本图画书。

（道具安排——舞台左侧靠后摆放一棵大树，舞台正中靠后位置摆放流动售货亭，舞台前方摆放小草和小花。）

方块熊　小熊放学回家迷路了，天快黑了，小熊着急了！

小　熊　妈妈，小熊遇上大灰狼了。

方块熊　书上不是这么写的啊，好吧，小熊遇上大灰狼了，然后发生什么事了？

小　熊　大灰狼说，小熊你的爸爸妈妈呢？他们没跟你在一起吗？那太好了，我要吃了你。

〔小狮子尤尤上，手里拿着一只手套。

尤　尤　熊阿姨，有动物来您这里找过手套吗？

方块熊　没有动物来找过手套，倒是小白兔丽丽的妈妈来问过，今天，丽丽来过这里吗？我说，丽丽已经好几天没来这里了。丽丽的妈妈就走了。

尤　尤　熊阿姨，您看，多漂亮一只手套！我在一棵大树下捡到的。

〔尤尤把手套递给方块熊。方块熊接过手套。

方块熊　真是漂亮！像秋天的树叶一样的金黄色，点缀着绿色的叶子红色的花朵。我猜一定是哪个粗心的小动物丢的，说不定，正在着急呢。

尤　尤　是啊，这一定是哪个小动物的妈妈给他打的手套，他一定喜欢得不得了。我得赶紧去找他。熊阿姨小熊再见。

〔尤尤跳跃着离开。

方块熊　尤尤，喂，尤尤，看到丽丽和她说快回家，她妈妈在找她。

〔尤尤已跑远了。

方块熊　哎，尤尤这孩子，是个热心肠的好孩子，就是性子太急了。

小　熊　妈妈，我也要手套，像秋天的树叶一样的金黄色，点缀着绿色的叶子红色的花朵的。妈妈，点缀是什么意思？

方块熊　点缀就是……

〔咕咚上。

咕　咚　熊阿姨，今天早晨，我看到丽丽的妈妈了，她的眼睛比平时红很多，问我见没见到丽丽。我说，丽丽好多天都不来找我玩了，丽丽的妈妈就走了。丽丽来过这里吗？

方块熊　丽丽没来过，丽丽的妈妈也来这里找过丽丽。难道，丽丽不见了？哎，真令人担心。天快黑了。也不知道丽丽找到没有。

〔小鸟喳喳翠翠飞上。

喳　喳　还没找到，刚才，我看到丽丽的妈妈在路边掉眼泪呢。我问她怎么了，她说，丽丽不见了。我说，阿姨别着急，我去找朋友们，大家一起找丽丽，一定能找到。

方块熊　尤尤捡到一只漂亮的手套，去找手套的主人去了。香香猪和爪印也许在家，我们去通知一下他们吧。你们先去，我把货亭放回家，马上就去找。

五、舞台灯光的处理训练

舞台灯光设计要根据剧本要求和舞台道具摆放、舞台空间大小和舞台背景等进行处理。关于灯光的处理一般遵照以下方法：

1. 主角单独出场采用追光，用以强调主角的表演。

2. 童话剧的舞蹈采用黄色面灯，脚灯、顶灯、背景灯和侧灯采用红、蓝、绿一明一暗（要根据舞蹈服装进行随机更改，尽量少用红光，红光会影响摄影效果）。

3. 反面角色出场也要采用追光加以强调。

4. 展示野外环境多采用绿光。

5. 展示恐怖阴险环境采用蓝光。

6. 展示温馨和谐氛围采用黄光或红光。

 实例分析

蝴蝶法师（童话剧节选）

第一幕

〔森林的一棵树上居住了很多毛毛虫，清晨，毛毛虫努力向树顶爬去想要占据有利的树叶结茧。

（开场渐亮，次序为：背景灯、脚灯、面灯、侧灯。）

（灯光色彩处理：背景灯——彩色；侧灯——绿色；面灯——黄色。）

〔主角毛毛虫伊尔出场。

伊　　尔　都说一千只毛毛虫可以变成一千只蝴蝶；一千只蝴蝶只有一只可以变成蝴蝶法师。

（灯光处理：面光去掉，采用追光强调主角。）

毛　毛　虫　（所有的毛毛虫爬上来围住伊尔，唱道）他有蓝色的翅膀，他有无穷的法力，他可以让万物听从他的指令，哦，神奇的蝴蝶法师！美丽的蝴蝶法师！

灯光处理：面光渐起渐变用黄光，侧灯自由闪，让舞台一明一暗，具有神奇的效果。

伊　　尔　我想成为蝴蝶法师！

众毛毛虫　（指着伊尔，嘲笑）就你，又瘦又丑，怎么会成为蝴蝶法师！哈哈哈！

（灯光处理：全亮，黄光。）

〔伊尔听到同伴的嘲笑伤心地哭了，众毛毛虫得意地回到自己的叶子上休息。

（灯光处理：侧灯暗，面光渐暗。）

实战运用

1. 请你为《小熊请客》第二场设计舞台调度。

第二场：小熊的家

小　　熊　（在家里正忙）把地扫干净，桌子椅子擦干净，朋友来了多高兴！（忽然听到敲门声）谁呀？

小猫咪　我是小猫咪。

小　　熊　欢迎你，欢迎你！

小猫咪　这包礼物送给你！

小　熊　谢谢你，谢谢你，我也请你吃东西。这是骨头、小鱼和小虫，随便吃点别客气！
小猫咪　骨头、小虫我不爱，小小鱼儿我最欢喜！（小猫咪在吃的时候又响起了敲门声）
你的设计为：

小　熊　谁呀？
小花狗　我是小花狗。
小　熊　欢迎你，欢迎你！
小花狗　这包礼物送给你！
小　熊　谢谢你，谢谢你，我也请你吃东西。这是骨头、小鱼和小虫，随便吃点别客气！
小花狗　小鱼、小虫我不爱，香香的骨头我最欢喜！（小猫咪和小花狗在吃的时候又响起了敲门声）
你的设计为：

小　熊　谁呀？
小公鸡　我是小公鸡！
小　熊　欢迎你，欢迎你！
小公鸡　这包礼物送给你！
小　熊　谢谢你，谢谢你，我也请你吃东西。这是骨头、小鱼和小虫，随便吃点别客气！
小公鸡　骨头、小鱼我不爱，小小虫儿我最欢喜！（门咚咚响，狐狸在门外拼命敲门）
你的设计为：

小　熊　谁呀？
狐　狸　（大声地）快开门，我是大狐狸！
小　熊　（吓了一跳，急得团团转）哎呀！是这个坏东西来了。
狐　狸　（把门敲得更响了）快开门，把好吃的东西都拿来！
小　熊　（悄悄地与伙伴围在一起商量）
你的设计为：

合　　好！（小熊把石头分给了大家，小熊开门，狐狸大踏步地走进门，东瞧瞧，西看看）
狐　狸　快把好吃的东西拿来！

合　　　给你！给你！（大家边喊边扔石头）
狐　狸　（抱着头）哎呀！疼死我啦！（边喊边逃走了）
合　　　我们胜利啦！

你的设计为：

2. 请你为童话剧《国王和老鼠》第一幕设计配乐。

　　材料准备　大奶油蛋糕盒子、小球三个、服装道具若干
　　音乐准备　军队进行曲、狮王进行曲
　　演　　员　国王一位，大臣二位，老鼠六位，小猫三位，小狗三位，狮子一位，大象一位，
　　　　　　　公主一位

〔国王出场。

请设计国王出场音乐：

国　王　（伸出双手，得意）我是国王我是国王，我有王宫，我有大臣，我爱吃奶油，我爱吃
　　　　蛋糕，我爱奶油蛋糕，奶油蛋糕。在我的王宫有各种各样的奶油蛋糕，有香蕉味的，
　　　　草莓味的，菠萝味的。味道好极了。大臣，上——蛋——糕！
大　臣　（弯下腰）国王，这是您喜欢的草莓蛋糕！请您慢慢享用！
国　王　（点头）谢谢！——嗯，吃饱了，让我去睡一会儿吧！

〔两只小老鼠爬到台中间。

请设计老鼠出场音乐：

鼠　合　（左闻闻、右闻闻）我是老鼠我是老鼠，吱吱叫，吱吱叫，闻到了香味，闻到了香味，
　　　　我就往前跑，我就往前跑。
老鼠1　（兴奋）啊，什么东西这么香，让我看看去。
老鼠2　（点头）啊，是奶油蛋糕，（尝一口）真香，我去叫朋友们一起吃。

〔叫同伴上场，从后台绕场到台中央吃蛋糕。

请设计特殊声效：

鼠　合　（得意）小小老鼠，跑来跑去，跑来跑去，跑来跑去，王宫变成大马路。
老鼠1　（兴奋）走，去散步。

老鼠2　（兴奋）在王宫散步可真快活呀！

〔老鼠舞。

请设计音乐：

〔国王上，老鼠们两三人一组站位。

请设计特殊音效：

国　王　（惊讶，指着老鼠）啊，怎么有这么多老鼠，大臣，快来呀！

大　臣　（弯腰）尊敬的国王，您有什么吩咐？

国　王　（指着老鼠，生气地说）快把这些老鼠赶走。

大　臣　（点头）没问题，这很简单。

3. 请你为童话剧《有朋友真好》设计舞蹈队形和动作。

时　间　早上

地　点　大树下

人　物　小公鸡、小黄鸭、小白兔、小蜗牛、小鸟

〔旁白：小朋友们，你有好朋友吗？好朋友在一起玩可开心了！森林里住着一群可爱的小公鸡，他们的朋友是谁呢？你知道吗？瞧！小公鸡们来了！

第一幕

〔场景：森林里。

〔旁白：有一天在大树下，小公鸡正在捉虫子。

小公鸡　一只两只三四只，五只六只七八只，哈哈，这么多！

〔旁白：小黄鸭走过来，眼睛笑眯眯的，捧着一束鲜花。

小公鸡　早上好！小黄鸭，你要去哪里？

小黄鸭　早上好！小公鸡，我要去看我的好朋友，把花送给它。再见。

小公鸡　有朋友真好！

请设计舞蹈：

第二幕

〔场景：森林里。

〔旁白：大树下，小公鸡继续在捉虫子。

小公鸡　一只两只三四只，五只六只七八只，哈哈，这么多！

〔旁白：小白兔蹦过来，眼睛笑眯眯的，提着一篮子胡萝卜。

小公鸡　早上好！小白兔，你要去哪里？

小白兔　早上好！小公鸡，我要去看我的好朋友，把萝卜送给它。再见。

小公鸡　有朋友真好！

请设计舞蹈：

第三幕

〔场景：森林里。

〔旁白：大树下，小公鸡继续在捉虫子。

小公鸡　一只两只三四只，五只六只七八只，哈哈，这么多！

〔旁白：小蜗牛爬过来，眼睛笑眯眯的，托着一片树叶。

小公鸡　早上好！小蜗牛，你要去哪里？

小蜗牛　早上好！小公鸡，我要去看我的好朋友，把树叶送给它。再见。

请设计舞蹈：

第四幕

〔场景：森林里。

〔旁白：小公鸡不能继续捉虫子了，它在大树下来来回回地走，不停地叹气。小鸟飞过来，眼睛笑眯眯的，扛着一把小提琴。

小　鸟　小公鸡，你为什么总叹气啊？

小公鸡　我没有朋友，正为这事烦着呢！

小　鸟　我是你的朋友啊，来，我演奏给你听。

〔1234567 的音乐。

〔旁白：曲子真好听，小公鸡的眼睛也笑眯眯的了。

小公鸡　真好听。

小黄鸭　太好听了！

小白兔　小鸟唱歌好棒！

小蜗牛　我们都爱听小鸟唱歌。

小　鸟　我们都是好朋友。

请设计舞蹈：

4. 请你为《香香猪》第二幕设计舞台道具。

场景二：香香猪的家

〔香香猪坐在茶几前看电视，他左手拿着雪米饼，右手拿着一瓶牛奶。一会儿吃雪米饼，一会儿喝牛奶。

咕　咚　香香猪，见到丽丽了吗？

香香猪　没见到，丽丽已经有一个礼拜没来找过我了。丽丽的妈妈也来找过丽丽。我，我连门都没给她开，因为，我和丽丽闹矛盾了，因为，我正在看电视。哎！觉得真对不起丽丽的妈妈，正为这事心里难受呢。

〔爪印进来听到了香香猪的话。

爪　印　我要是心里难受，就吃不下饭，睡不好觉。像你这样大吃大喝的，说什么心里难受，简直开玩笑！

香香猪　有的动物伤心就哭哭啼啼，有的动物伤心就摔摔打打。我伤心就吃吃喝喝，有什么可笑的？你就爱挖苦人，丽丽应该不和你玩才对，可她偏偏和你最要好，可见她是只笨小兔。

爪　印　我会讲好听的故事，我会做好玩的游戏，你会吗？除了吃吃喝喝不停地长胖外，你还会什么！

香香猪　你瞧不起我，哼！你走！你走！

咕　咚　香香猪、爪印，你们别吵了，丽丽不见了，快想想办法吧。

爪　印　我看，先得请喳喳和翠翠在森林里广播一下，请丽丽妈妈回家等丽丽，再请在森林里见到丽丽的动物们告诉丽丽，她的妈妈在等她回家。我们分头去找丽丽。大家说这主意行吗？

尤　尤
咕　咚
喳　喳　｝好主意！爪印你真聪明！
翠　翠

你的舞台道具设计为：

5. 请你为《蝴蝶法师》第二幕（节选）设计舞台灯光。

〔螳螂出场，众毛毛虫见到害怕地下场，只有伊尔留下。

螳螂　我是螳螂，看我的大剪刀。我可以将蚜虫剪成三十三段，所以我就是"神勇螳螂三十三连斩"，哈哈哈哈。

请设计舞台灯光：

螳螂　（发现哭泣的伊尔）哈哈哈哈，今天运气真好，发现一只毛毛虫！嘿！小家伙，给我起来！

伊尔　（抬起头）哦，螳螂先生！你好，你说我能成为蝴蝶法师吗？

螳螂　哦，居然问我这个问题！难道你不知道你已经遇到麻烦了吗？

伊尔　我知道我很丑，但是我们毛毛虫可以变的，我一定会变成蝴蝶法师的！

螳螂　这只傻毛毛虫！你已经没有机会了，因为我现在就要用我的大剪刀把你剪碎！因为我是"剪碎蚜虫三十三连斩"！哈哈哈。

请设计舞台灯光：

伊尔　（摆摆手）三十三先生，我不是蚜虫，我是毛毛虫！我是一只可以变成蝴蝶法师的毛毛虫！

螳螂　哦！是吗？

伊尔　（点头）一定会的！先生！

螳螂　那我就相信你！如果你变不了，我再把你剪碎！

伊尔　三十三先生，我现在要爬到大树的顶端结茧，这样我才会变成蝴蝶法师！

螳螂　那好吧！我看看你这个小不点儿怎么爬上去！

请设计舞台灯光：

6. 结合本节所学内容，请排演童话剧《小狐狸卖药》。

第一幕

〔音乐起，狐狸慢慢从舞台一角走出。

狐狸　（边唱边说）小狐狸我最聪明，只有傻瓜才劳动。晒晒太阳吹吹风。

狐狸　（捂着头）哎哟！哎哟！最近我总是头昏眼花，浑身无力，我得找医生看看。医生、医生，快来呀！

〔小兔医生上。

小兔　（边唱边说）小兔我身穿白衣裳，手里提着医药箱，每天给人去看病，小兔医生真正忙！

狐狸　小兔医生，你快给我看病吧！

小兔　你怎么了，哪里不舒服？

狐狸　我头昏昏的，浑身软绵绵的，不想动。

小兔　让我来给你检查检查吧！我来给你听听（做听心脏的动作），心脏没问题。我看看你的嗓子，（检查喉咙）嗓子也没毛病。我再帮你量量体温，咦？不发热呀！

狐狸　小兔医生，我没发热，可我为什么不想动呀？

小兔　（挠头）嗯，让我想想，有了。你在家里每天都做些什么呀？

狐狸　我什么活也不干，晒晒太阳吹吹风，每天就爱睡懒觉。

小兔　怪不得呢。我知道，你得的是懒惰症，原来你是一只大懒虫。

狐狸　我最怕累了！我才不干活呢。医生你就治治我的病吧！

小兔　好吧！那我就给你配一瓶药，这瓶药叫勤劳药，吃了，你就变勤快了！

狐狸　真的，让我试试！（拿出一颗药，吞下一颗药，伸伸手臂）哇！我真的有力气了，我想去干活赚钱了！

狐狸　（眼珠咕噜噜一转）哎！有了，我去卖这瓶勤劳药，卖给懒惰虫，那我就能发大财了！（哈哈大笑）小兔医生，Bye-bye！

〔狐狸抢过药瓶，拔腿就跑，小狐狸下。

小兔　小狐狸，你还没给钱呢！（小兔追着狐狸下）

狐狸　（边唱边说）今天我运气真正好，拿到一瓶勤劳药。把它卖给懒惰虫，保准让我发大财。

猴子　（随音乐上）小狐狸，你怎么这么高兴呀？

狐狸　我要发大财了！

猴子　是怎么回事呀？

狐狸　我这里有瓶勤劳药，把它卖给懒惰虫，我就能挣大钱了！

猴子　那你准备到哪里去卖呀！森林里的小动物可都爱劳动，你在森林里卖，森林里的小动物都爱劳动，你肯定卖不出去！

狐狸　那我就到森林幼儿园里去卖，那里有许多小朋友，我想，我肯定能找到懒惰虫的。

猴子　那我祝你好运！小狐狸，再见！

第二幕

〔音乐声中，一小女孩拿着皮筋跑上来，接着在这小女孩的招呼下，又上来五位小女孩，边唱边舞。

众　　幼儿园，真快乐，小朋友们哈哈笑。你拉皮筋我来跳，你拍皮球我来数。我们就像快乐的小鸟，快乐的小鸟唱歌谣。我们就像快乐的小鸟，快乐的小鸟唱歌谣。

〔伴随笛子声。

众　　马兰花，马兰花，风吹雨打都不怕，勤劳的人儿在说话，请你马上就开花。

〔一皮球滚上来，小胖缓缓跟上。

小胖　你们替我把皮球捡起来。

〔小女孩停止了跳皮筋，没人理睬小胖，小胖蛮横地乱拉皮筋。

众　　哎哎！小胖，你要干什么？

小胖　把皮球给我捡起来！（蛮横地）

众　　啊！叫我们捡皮球。

小胖　我是小皇帝。

众　　（笑）哈哈……小皇帝，这小皇帝怎么当呀？

小胖　哎，拖了鼻涕妈妈擦，手帕脏了奶奶洗。吃鸡蛋，爸爸剥，爷爷帮我捡玩具。

女1　当这样的小皇帝多丢人！我看你像小懒虫！

众　　哈哈！我们可不是小皇帝！我们可不当小懒虫！

女2　自己不会擦鼻涕。

女3　自己不会洗手帕。

女4　自己不会剥鸡蛋。

女5　自己不会系鞋带。

女6　自己不会叠被子。

众　　我们大家不学你。

小胖　（欲哭但不甘示弱）把皮球给我捡起来！

众　　叫你爷爷来捡吧！

小胖　（终于哭了）嗯……我要告诉妈妈，你们不给我捡皮球，我要告诉爷爷，爷爷，嗯……

〔小狐狸上。

小狐狸　哈哈！我发财了！找到一个小懒虫！卖药啦！卖药啦！吃了勤劳药，你就爱劳动。
　　　　小胖小懒虫，快来买药呀！

众　　　小胖，小胖，你可别当小懒虫，快点自己捡皮球。

〔小胖看看大家，自己捡起了皮球。

众　　　（鼓掌）噢！小胖进步了！他不是小懒虫了！

〔众竖起大拇指，围着小胖和小狐狸。

众　　　（边唱边舞）小胖好，小胖好，有了进步该表扬，自己捡起大皮球，再也不是小懒虫。
　　　　小狐狸，你看，小胖进步了！

狐狸　　是呀，小胖的确进步了。

小胖　　我还要自己擦鼻涕。

〔说完用袖子一抹，众忍不住笑了。

女1　　小胖，擦鼻涕要用小手帕。

〔小胖接过小手帕擦鼻涕，众又鼓掌。

众　　　小胖真好，说改就改了。

小胖　　（得意地）我还要自己刷牙、洗脸，自己吃饭，自己剥鸡蛋。

众　　　对！（边歌边舞）你要学我们，手帕脏了自己洗，积木掉了自己捡。

〔歌唱内容：

自己擦桌擦椅子，自己叠被穿衣服。

每天给花浇点水，再把图书理整齐。

看见垃圾我来捡，地上脏了我来扫。

学做班级小主人，自主管理真快乐！

小胖　　对！我得向你们学习！也做班级小主人！

狐狸　　卖药啦！卖药啦！卖勤劳药啦！便宜了！便宜了！

众　　　小狐狸，我们可不是小懒虫，我们不会买你的药的。

狐狸　　哎！这下我可赚不到钱了！我还是得靠劳动才能赚钱。

众　　　对对对！你也要爱劳动，样样事情自己做。

狐狸　　我再也不做懒惰虫了，这药我不卖了。（将药瓶放掉）我也向你们学习，做个勤劳的人。

众　　　小狐狸，小胖，我们一起来跳舞吧！

狐狸和小胖　好！

众　唱　幼儿园，真快乐，小朋友们哈哈笑。你拉皮筋我来跳，你拍皮球我来数。我们就像
　　　　快乐的小鸟，快乐的小鸟唱歌谣。我们就像快乐的小鸟，快乐的小鸟唱歌谣。

〔伴随笛子声。落幕。

图书在版编目(CIP)数据

幼儿教师语言表达技能训练教程/王向东主编. —上海：复旦大学出版社，2013.10(2023.7 重印)
普通高等学校学前教育专业系列教材
ISBN 978-7-309-10087-7

Ⅰ. 幼…　Ⅱ. 王…　Ⅲ. 汉语-语言表达-幼儿师范学校-教材　Ⅳ. H193.2

中国版本图书馆 CIP 数据核字(2013)第 226004 号

幼儿教师语言表达技能训练教程
王向东　主编
责任编辑/邵　丹

复旦大学出版社有限公司出版发行
上海市国权路 579 号　邮编：200433
网址：fupnet@ fudanpress. com　http://www. fudanpress. com
门市零售：86-21-65102580　　团体订购：86-21-65104505
出版部电话：86-21-65642845
盐城市大丰区科星印刷有限责任公司

开本 890×1240　1/16　印张 12　字数 337 千
2013 年 10 月第 1 版
2023 年 7 月第 1 版第 8 次印刷
印数 20 701—23 800

ISBN 978-7-309-10087-7/H · 2172
定价：38.00 元